KB107133

월가아재의
제2라운드
투자 수업

월가아재의
제2라운드
투자 수업

월가에서 천당과 지옥을 오가며 터득한 이기는 투자 원리

최한철(월가아재) 지음

에프엔미디어

추천의 글

근본부터 되짚어보는 실전 투자론

한국은 금융 후진국이다. 한국의 아이돌이 빌보드를 석권하고 전 세계 어딜 가든 한국이 만든 휴대폰과 자동차를 볼 수 있는 세상이지만 한국의 금융시장은 낙후되었다. 노후를 믿고 맡길 만한 금융상품은 나오지 않고, 여전히 예·적금과 '무리한' 갭투자 사이에서 고민해야 하는 것이 개인의 재테크 현실이다. 그 와중에 일시적으로 주식과 암호화폐 등이 재테크 수단으로 떠올랐지만 이런 '투기성' 상품은 금리 인상 앞에서 쓰디쓴 상처만 안겨줄 뿐이었다.

무엇이 문제일까? 한국에서 마음 편한 투자 문화가 정착하기가 왜 이리 어려울까? 소규모 개방 경제로서 변동성이 큰 환율? 중국과 미국 사이의 샌드위치 구조? 재벌 중심의 경제? 은행 위주의 금융업? 북한과의 대치 상황? 혹은 '성질 급한' 국민성?

가장 근본적인 원인은 '사유의 부족'이라고 생각한다. 금융은 불확실성을 토대로 성장한 산업이다. 멀리 무역을 하러 떠나는 배가 어떤 모양으로 돌아올지 알 수 없기 때문에 지분을 잘게 쪼개어 리스크를 분산한 것이 주식이다. 돈을 빌려주고 못 돌려받을 가능성을 수치화한 것이 금리다. 주식, 채권, 보험 등 금융상품은 모두 미래의 불확실성을 전제로 존재하는 상품이다.

해방 이래 대한민국은 선진국이 걸어온 길을 밟아오며 빠르게 성장했다. 소위 '정답지'가 있는 길을 걸어왔다. 누가 더 허리띠를 졸라매고 이 악물고 한 걸음이라도 더 디디느냐의 싸움을 해왔고, 승리했다. 승리의 과실은 달콤하지만, 달콤함은 자만을 낳는다. 우리는 정답을 원하는 사고, 이분법적 사고에 익숙하다. 열심히 할 각오가 되어 있고 열정이 넘치는 사람일수록 이 함정에 빠지기 쉽다.

누군가 좋은 성과를 냈다고 하면 우르르 쫓아가서 그걸 따라 하고, 본인들의 그런 행위 때문에 가격이 상승한 것인데도 '철학' 혹은 '기법'의 승리인 줄 착각하고는 '열심히' '더 노력'한다. 그들 앞에서 '자기실현적 예언' 같은 이야기는 상아탑의 뜬구름 잡는 소리로 들릴 뿐이다.

이제 뼈아픈 손실을 겪은 한국의 투자자들에게 성숙한 금융시장을 오랜 기간 경험한 '월가아재'는 무슨 이야기를 들려

줄까?

세 가지 공리

저자는 투자 이야기를 시작하며 세 가지 공리를 제시한다. '공리'라니, 이렇게 우아한 단어를 실생활에서 쓸 일이 몇 번이나 있을까? 역시 선진국의 토대는 인문학인가 보다.

필자는 졸저 《거인의 어깨》에서 책의 취지가 '이게 도대체 말이 되는가?'라는 질문에 답을 하기 위해서라고 했다. 도대체 투자란 무엇이며 '평범한 능력을 가진' 한 개인이 시장보다 뛰어난 수익을 올리는 게 가능이나 한 일인가? 가능하다면 어떤 조건이 충족되어야 하며 '나'는 그 조건을 충족할 수 있는가?

'월가아재' 최한철 대표는 마치 그 질문에 대답이라도 하듯, 이 세 가지를 제시한다. 확률적 우위, 자금력의 우위, 그리고 절제의 우위. 하나씩 살펴보자.

저자의 화법에서 동질감이 느껴지는 반가운 표현을 다수 발견할 수 있는데, 그중 하나가 '확률'이라는 표현이다. (저자는 확률이 왜 특이한 표현이냐고 반문할 수 있겠지만.)

행동경제학에는 '기저율 무시 편향'이라는 게 있다. 어떤 일을 시작할 때 평균적인 능력을 가진 사람이 어떤 성과를 낼 것인지를 먼저 파악하고 그걸 기준으로 자신의 성과를 가늠해야 하는데, 보통은 그 과정을 생략하고 그저 무작정 좋은 성과를 기대하고 일에 뛰어든다.

투자를 시작할 때는 반드시 기저율을 체크해야 한다. 쉽게 말하면 '난이도'를 알고 뛰어들어야 한다. 기저율이 낮은 게임에서는 아무리 열심히 하고 잘하더라도 부질없는 성과를 낼 수 있다. 한국에는 "누울 자리를 보고 발을 뻗어라"라는 훌륭한 속담이 있다. '누울 자리'만 잘 골라도 평온한 잠자리를 가질 수 있는데 그 과정을 생략하고 굳이 가시밭길에 잠자리를 펴는 투자자가 부지기수다.

저자는 책의 전반에 걸쳐 꾸준히 '확률적 사고'를 강조한다. 투자의 세계는 확률적으로 존재하며, 단일 사건의 결과로써 함부로 성패를 판단하는 것은 매우 위험하다.

자금 우위란 무엇인가? 단순히 돈이 많으면 유리하다는 뜻인가? 그게 답이라면 저자가 이 책을 쓰지도 않았을 터다.

자금이 많은 사람이 유리한 이유는 베팅을 더 많이 할 수 있기 때문이다. 그렇다면 자금이 적은 사람이라도 베팅 금액을 잘게 쪼개서 베팅 횟수를 늘리면 불리함을 극복할 수 있다. 물론 너무 잘게 쪼개면 승리 시의 이득이 작으니 적정선에서 조절할 필요가 있다. (저자는 친절하게도 그 기준인 '켈리 공식'까지 알려준다.)

확률이 유리하고 자금이 많더라도 마음이 조급해 일을 그

르칠 수 있다. 거꾸로 말해, 전반적인 기저율이 낮고 자금이 부족하더라도 타인의 실수에서 좋은 기회를 발견할 수 있다.

투자의 세계는 냉정하게 숫자로 돌아가는 듯하지만 그 이면에는 수많은 사람 각자의 세계관이 투영되어 있다. 포커의 달인 앞에서 초보자들은 표정만으로 패를 들키지 않는가!

다른 투자자 대비 아무런 우위가 없다 해도, 비록 실패해서 위축되었다 하더라도, 스스로 마음을 가다듬고 차분하게 세상을 바라본다면 언젠가 눈앞에 길이 보이기 마련이다. 결국 중요한 것은 마음이다.

속도보다 방향

저자는 세 가지 공리에서 출발해 인덱스 투자, 가치투자, 차트 투자, 퀀트 투자 등의 허와 실을 낱낱이 파헤친다. 얼핏 가벼운 주제인 듯하면서도 던지는 메시지 하나하나의 무게는 가볍지 않다. 저자가 이런 투자 전략들에 접근하는 방식은 '왜'라는 질문을 끝없이 던져가며 밑바닥에서부터 탑을 쌓아 올리는 실증주의 철학자의 모습을 보는 듯하다.

흥미로운 전개 와중에도 저자는 '행복'이라는 키워드를 끈질기게 붙든다. 투자는 결국 행복해지기 위한 도구다. 투자가 재밌다고 하여, 혹은 단기간 '가슴이 웅장해지는' 자랑스러운 성과가 나왔다고 하여 안정적인 본업을 내팽개치거나, 주변의 소중한 사람을 등한시하는 일은 인생에서 커다란 패착이다. 저자는 이런 패착 또한 특유의 시각화 방법을 사용해 친절하게 설명한다. 패착을 극복하는 방안도 책에 나오니 반드시 끝까지 읽어서 내용을 확인하기를 바란다.

'속도보다 방향'이라는 말이 있다. 생의 어느 순간이든 나보다 더 빠르게 치고 나가는 사람들이 있다. 한때는 그들에게 질투심도 느끼고 앞서가기 위해서 열정을 불태우기도 했으나, 생의 한 변곡점을 지나서 보면 '중요한 것은 방향'이었다는 생각이 든다.

삶이란 그렇게 길지도 그렇게 짧지도 않은 것 같다. 방향을 제대로 잡았다면 지금 당장 얼마나 빠르게 가고 있느냐는 크게 중요하지 않다. 지나는 길의 풍광을 다 놓친다면, 아무리 멀리 간들 무슨 소용이겠는가.

지난 몇 년간 유동성 광풍 앞에서 빨리 달리기 경쟁을 했다면, 이제는 차분하게 방향을 잡는 작업을 하는 것이 어떨까? 이 책이 옆에 있다면 큰 도움이 될 것이다. 저자의 표현을 빌리자면 여의도에서 작은 '개인 커피숍'을 운영하는 필자이지만, '개인 커피숍'의 소중함을 알기에 이 책이 더욱 반갑게 느껴진다.

2023년 2월, 홍진채
라쿤자산운용 대표

차례

1부 | 부를 위한 자격

2부 | 5가지 투자 전략의 허와 실

3부 | 경제적 자유에 이르는 길

프롤로그

'시장의 쓴맛'을 경험한 투자자를 위한
제2라운드 지침서

　땅! 땅! 땅!

　출근 첫날. 종이 울리자마자 목에 핏대가 설 정도로 고성을 지르고 욕설을 내뱉으며 두꺼운 주문지를 집어 던지는 거래소 분위기에 나는 완전히 압도되었다. 시카고로 가기 전에 상상했던 트레이더는 여러 대의 모니터를 앞에 두고 조용히 매매를 하는 전형적인 사무직 직원의 모습이었다. 하지만 시카고옵션거래소와 시카고상품거래소를 돌며 접한 모습은 내 예상과 크게 달랐다.

　트레이더 수십 명이 '핏(pit)'이라고 불리는 공간에 엉겨붙은 채 브로커가 부르는 가격에 따라 미친 듯이 손을 흔들고 소리를 지르며 각종 옵션을 사고팔았다. 동시에 목에 건 태블릿 PC로 온라인 트레이딩을 하면서 관련 정보를 핏 위쪽에 서 있는 우리 견습생들에게 수신호로 전달했다.

　그곳에서는 시간이 쏜살같이 지나가는 것 같았다. 일반적인 수화와 비교할 수 없는 빠른 속도로 옵션 만기일, 계약 가격(strike price), 수량 등의 정보가 수신호를 통해 오갔다. 겉보기에는 그저 2~3초간 주먹만 왔다 갔다 할 뿐이었다. 트레이더의 수화를 인식한 견습생이 헤드셋을 통해 정보를 본사에 공유하는 속도도 순식간이었다. 보고 있어도 무엇을 보고 있는지 몰랐고, 듣고 있어도 겨우 단어 몇 개만 알아들을 수 있었다. 그 몇 단어마저도 트레이더끼리만 통하는 축약어여서 정말이지 별세계에 온 듯했다.

십수 년 전, 이제는 거의 사라져가고 있는 핏 한구석에서 점심을 배달하는 견습 트레이더의 모습으로 내 트레이딩 경력의 첫 페이지가 시작되었다. 그로부터 지나온 기억 중에서 투자나 트레이딩에 관심 있는 20~30대 청년에게 들려주고 싶은 이야기는 산더미같이 많다. 수년간 트레이더 생활을 한 후 헤지펀드 설립을 위해 보스턴으로 갔을 때의 설렘, 은사의 배신과 처절한 실패, 여의도의 어두운 면면들과 다사다난했던 홍콩 시절, 아일랜드인 트레이딩 스승의 죽음, 억대 빚과 파산 그리고 재기를 위한 와신상담의 시간, 인공지능 핀테크 스타트업 켄쇼 입사와 데이터과학자로서의 생활, 대안 데이터 업계에서 일어난 변화와 핀테크 스타트업 창업까지…. 이런 개인적인 실패와 성공의 에피소드도 누군가에게는 분명 교훈이 되고 반면교사 역할도 해주리라 생각한다.

하지만 이 책은 투자 입문서의 역할에 충실하기 위해 개인적인 에피소드보다는 그 삶 속에서 내가 투자라는 주제에 대해 보고, 듣고, 느낀 점을 정리하는 데 집중했다. 언젠가 독자들에게 내 삶의 개인적인 이야기도 나눌 기회가 있기를 소망한다.

돈의 쓴맛을 본 이들을 위해

이 책에는 내가 금융계에서 십수 년 동안 파생상품 트레이더, 포트폴리오 매니저, 그리고 데이터과학자로 일해오면서 정립한 투자 가치관을 고스란히 담았다. 나는 투자에 대한 가치관을 논하기에는 부족한 점이 많다. 20~30년 동안 시장을 이겨낸 존경받을 투자 거장들의 발치에도 미치지 못하며, 현재 다시 자금 운용을 준비하고 있지만 데이터과학자로 전향했던 지난 수년간은 기관 투자가로 활동하지도 않았다. 그럼에도 불구하고 나는 이 책이 투자 입문서로서 독자에게 큰 도움이 되리라 믿어 의심치 않는다.

그 이유는 첫째, 나는 미국 금융계에서도 드물게 지극히 전통적인 방식의 매뉴얼 트레이더로 경력을 시작해 여러 분야를 거친 후 금융계 기술 트렌드의 최첨단이라고 할 수 있는 대안 데이터과학자로 수년간 일하면서, 머신러닝 및 AI 등의 기술 발전이 투자 세계 전반에 미친 영향을 양극단에서 목격할 수 있었다.

둘째, 나는 지극히 평범한 범인(凡人)이다. 옛말에 우인(愚人)은 겪어보고도 모르고, 범인(凡人)은 겪어보아야 알며, 현인(賢人)은 겪어보기 전에 안다고 했다. 간혹 현인을 접할 때가 있는데, 그들은 성정이 올곧고, 수신(修身)과 절제가 몸에 뱄으며, 타고난 슬기와 현명함으로 시작점부터 남보다 앞선 것처럼 보인다.

아쉽게도 나는 현인이 아니었다. 나는 시카고에서의 성공에 도취해 분수에 맞지 않는 욕심을 부리며 본업이 아닌 곳에까지 손을 댔다가 여러 차례 파산했다. 억대의 빚에 짓눌리고도 정신을 못 차리고는 보스턴과 홍콩에서 헛된 욕망을 좇다가 두 차례 더 실패를 겪었다. 이후에도 여러 차례 어리석은 짓을 반복했다. 수년간 허송세월을 하고서야 비로소 깨달은 바가 있어 마음을 조금이나마 정리하고 내 길을 다잡았고, 하심(下心)을 배우고서야 바닥을 다지고 오르막에 올라탈 수 있었다.

대학에서 수업을 듣다 보면, 연구 면에서 너무나 뛰어난 업적을 쌓았으나 강의는 형편없는 교수를 종종 본다. 비상한 머리와 천재성을 가지고 태어나서 그런지, 일반적인 학생의 눈높이에서 이해하기 쉽게 가르치지 못한다. 나는 현인의 자질을 타고나지 못한 것은 아쉽지만 범인으로서 오랜 시간 우여곡절과 고통을 겪으며 이 책에 적은 내용들을 한 땀 한 땀 배울 수 있었다. 그래서 오히려 독자에게는 이 책이 천재 교수의 강의보다 더 접근성 좋은 투자 입문서가 되리라 조심스럽게 생각해본다.

2020년, 코로나19와 함께 많은 유동성이 쏟아진 이래 자본소득의 중요성이 상업적으로 과장되고 '벼락거지'니 '파이어족(FIRE)'이니 하는 신조어가 들불 번지듯 유행했다. 이런 세태를 바라보면서, 내 20~30대 시절과 똑같은 실수를 저지르는 청년이 많으리라는 생각이 들었다. 테슬라 주식이나 비트코인으로 큰돈을 벌어 회사를 때려치운 지인이 심심찮게 보이고, 회사 업무는 비전이 없는 것처럼 느끼는 이도 많다. 쥐꼬리만 한 월급으로는 10년을 일해도 아파트 한 채 장만하기 힘든 것이 현실이기에 이해도 된다.

　여기저기서 '3년 내 10배가 될 종목' 따위를 추천해주는 상황에서 고리타분한 정도(正道) 이야기는 귀에 들어오지 않을지 모른다. 내 청년 시절도 마찬가지였다. 타임머신을 타고 과거로 돌아가 20대 중반의 나를 마주해도, 눈앞의 돈에 혼이 팔렸던 당시의 내게 현재의 내가 해줄 수 있는 조언은 거의 없을 것이다.

　따라서 지금 자본소득에 혼이 팔려 계속해서 실수를 저지르고 있는 청년이 있다면 "일단 바닥까지 잃고 오라"라고 이야기해주고 싶다. 군대를 가보지 않고서는 이해할 수 없는 군생활의 어려움이 있고 아이를 낳아보지 않고서는 이해할 수 없는 육아의 고충이 있듯이, 현인이 아닌 이상 마음을 뒤흔들 정도의 투자 손실을 경험하지 않고서는 절대로 가슴 깊이 깨달을 수 없는 것들이 투자의 세계에도 존재한다. 아이러니하게도 그런 손실의 경험이야말로 꾸준한 수익을 내고 경제적 자유를 이루는 밑거름이자 토대가 된다. 그런 점에서 이 책은 돈의 쓴맛을 보고 나서 투자 인생 제2라운드를 제대로 시작하고자 하는 투자자를 위한 지침서라고 감히 말한다.

주식을 쉽게 보는 이들을 위해

대부분의 주식 투자자가 꿈꾸는 것은 10만 원의 가치를 가진 주식을 7만 원에 사는 것이다. 그러나 이들이 망각하는 것이 있는데, 내가 10만 원짜리 주식을 7만 원에 사기 위해서는 다른 누군가가 10만 원짜리 주식을 7만 원에 파는 실수를 해야 한다는 사실이다.

누군가가 주식 투자를 해보겠다고 마음을 먹는 순간 그는 '투자는 쉬운 것'이라는 세상의 속삭임을 듣게 될 것이다. 주식 투자가 쉬워 보일수록 더 많은 개인 투자자가 시장에 참여할 것이고, 개인 투자자가 더 많아질수록 증권업계는 수수료를 더 챙기고 기관 투자가들은 초과수익을 더 낼 가능성이 높아지며, 주식 투자 관련 유튜버는 구독자 수와 조회 수를 더 늘릴 수 있기 때문이다. 유튜브에서 주식 관련 키워드를 검색해보면 '10년 내 100배 갈 주식을 찍어준다' '1,000만 원으로 10억 원을 만들었다' 등의 자극적인 섬네일이 즐비한 것은 우연이 아니다.

하지만 수많은 변수 속에 불확실성이 상존하는 주식시장에 투자를 할 때는 현실을 직시해야 한다. 월가의 날고 기는 트레이더나 투자자도 단일 매매에서의 승률이 60%에 미치지 못한다. 주식 투자는 절대적인 수익률을 기준으로 보면 포지티브섬 게임이지만 시장 평균 수익률을 기준으로 보면 명백한 제로섬 게임이다. 시장 평균 수익률이 10%인데 내가 12% 수익을 내기 위해서는 누군가가 그 2%에 해당하는 수익률을 시장 평균보다 낮게 내야 한다. 그것이 평균의 정의다. 여기에 증권사 수수료를 추가하면 시장 평균 기준 네거티브섬 게임이 된다.

따라서 투자자는 자신의 모든 행동에 대해 정확히 반대로 행동하는 개인이나 기관이 있다는 사실을 잊어서는 안 된다. 둘 중에 누가 옳고 그른지는 누가 더 많은 정보, 더 깊은 분석, 더 탄탄한 논리를 가지고 있느냐에 달렸다는 사실도 기억해야 한다.

주식시장은 이렇듯 치열한 전쟁터다. 그런데도 지인이나 유튜버가 추천한 종목, 마음에 드는 CEO가 있는 종목, 차트가 특정 모양을 보이는 종목이라는 이유 정도로 매매에 임한다면 과연 초과수익을 낼 수 있을까? 다른 누군가는 일주일간 회사의 재무제표를 살피면서 현금흐름할인모형(Discounted Cash Flow, DCF)을 짜고, 공시 자료를 뒤지며, 임상 결과 논문과 특허를 찾아 분석할 것이다. 초과수익은 그들의 것이 될 가능성이 높다.

　장담하건대 상당수의 개인 투자자는 다른 누군가가 초과
수익을 올리는 데 유동성을 제공해주는 역할을 하고 있을 뿐
이다. 이 책을 읽는 독자는 자신의 투자철학과 투자 전략을
갈고닦아, 초과손실이 아닌 초과수익을 내는 편에 속하길 바
란다.

책의 구성과 목적

　이 책은 내가 생각하는 '투자의 본질'을 담기 위해 진심을
다한 결과물이다. 이 책에는 자본소득에 대한 과장도, 반짝
부자가 되는 표면적인 기법도, 파이어족에 대한 찬양도 없다.
무미건조할지언정 '본질'만 담으려고 애를 썼다. 따라서 이 책
을 읽고서 벼락부자가 될 일은 없을 것이다. 다만 이 책은 물
밀듯이 밀려드는 정보의 홍수 속에서 중심을 잡고 자신을 지
켜내는 데 힘이 되어줄 것이라 믿는다.

　1부에서는 투자라는 행위의 본질에 대해 고찰해본다. 1장
에서는 자본소득과 파이어족을 찬양하는 현 세태에서 경제
적 자유의 본질이 무엇인지를 고민해보고, 그것을 이루기 위
한 4가지 요소가 무엇인지를 살펴본다. 2장에서는 본격적으
로 모든 종류의 투자에 적용되는 세 가지 공리를 살펴볼 것이
고, 3장에서는 자신이 과연 시장 수익률을 이길 수 있는 투자

자인지를 검증해보는 시간을 가질 것이다.

2부에서는 좀 더 구체적이고 실전적으로 개인 투자자가 많이 하는 다섯 가지 투자 방식에 대해 다룬다. 4장에서는 지수 추종 전략을 살펴본다. 지수 추종은 어떤 원리로 수익을 내는 방식인지 살펴본 다음, 주의해야 할 점에 대해 다룰 것이다.

5장에서는 가치투자를 논하기 전에 초과수익이 무엇인지부터 살펴본 다음, 가치투자 과정을 4단계로 나누어 개괄적으로 다룬다. 1단계인 종목 탐색 단계에서는 들여다볼 가치가 있는 종목을 찾고, 2단계인 가치평가 단계에서는 주식이 저평가되어 있는지를 추정해본다. 3단계인 정성적 리서치에서는 재무제표에서 드러나지 않는 기업의 가치에 집중하고, 4단계인 포트폴리오 관리를 통해 리스크를 관리하게 된다.

6장의 차트 매매에서는 차트 패턴 순환의 본질을 살피고 알고리즘 자동화로 인한 차트 매매의 어려움과 현실적인 차트 이용 방법을 알아본다. 7장에서는 퀀트라고 불리는 영역을 거시적인 관점에서 훑어본다. 알고리즘 매매의 본질에 대해 알아보고, 왜 요즘 유행하는 백테스팅 기반의 중장기 퀀트 투자가 과학적인 방법론이 아닌지를 짚어본다.

3부는 내가 독자에게 전하고 싶은 메시지를 담았다. 8장에서는 개인 투자자가 나아가야 할 길을 정리해보았다. 9장에서는 앞서 살펴본 내용을 토대로 투자의 본질 중 핵심을 정리하면서 이분법적 사고를 멀리해야 함을 강조했다. 마지막 10장에서는 투자의 최종 목적인 행복에 대해 고찰해보고 왜 애초에 행복한 사람이 투자도 잘하는지를 실증적인 연구를 통해 설명한다. 투자 입문서이다 보니 여러 가지 실전 투자 방법론에 대한 자세한 이야기를 다 서술할 수 없었던 점이 다소 아쉬웠다. 투자 실전편은 다음 기회로 미루며 그 아쉬움을 달래고자 한다.

지난 2년 동안 지루하기 짝이 없는 내 유튜브를 구독하고 응원해준 구독자에게 진심으로 감사하다. 이 책의 인세 전액을 구독자 중 대학생, 취업준비생, 중장년층을 위한 장학금에 사용함으로써 감사한 마음을 조금이라도 갚으려 한다. 또한 이들 구독자에게 내 개인적인 이야기를 담은 한정판 도서를 나누어주는 데 흔쾌히 도움을 준 에프엔미디어 출판사에도 감사의 마음을 전한다. 그리고 단순히 추천사를 써주는 것을 넘어 내가 보지 못했던 논리적 오류와 부족한 점까지 짚어준 라쿤자산운용의 홍진채 대표에게 진심으로 감사하다.

내 새로운 스타트업 도전에 함께하는 뉴로퓨전(NeuroFusion) 동료들과, 집단지성으로 가치투자를 해보자는 시도인 밸리(Valley) AI 플랫폼의 참가자들에게도 꿈을 향해 걷는 길에 함께해주어 고맙다는 말을 전하고 싶다. 마지막으로, 스타트업이라는 도전을 위해 잘 다니던 직장에 사직서를 내겠다고 했을 때, 둘째 임신 중에도 허락해준 아내에게 감사를 표한다.

1부
부를 위한 자격

월가아재의
제2라운드
투자 수업

1장

경제적 자유의 본질

경제적 자유, 파이어족(FIRE). 현시대에 참으로 많이 회자되는 용어다. 여러분도 경제적 자유를 얻기 위해 이 책을 집어 들었을 것이다. 2008년 금융위기 이후 거의 제로에 가까운 금리와 낮은 성장률 속에서 월급과 예금만으로는 내 집 하나 장만하는 것도 요원한 일이 되었다. 이 때문에 자본소득에 이목이 집중되고 부를 빠르게 축적하는 방법이 있다고 주장하는 책이 베스트셀러가 되는 현상이 쉽게 목격된다. 전업 투자를 하겠다는 청년도 심심찮게 접하게 된다.

자본소득이 중요한 것은 분명한 사실이다. 하지만 지난 몇 년간은 그것이 상업적으로 과도하게 포장되어 숭상되고 있다는 느낌을 지울 수가 없다. 일상을 잘 살아가는 사람도 투자를 하지 않으면 '벼락거지'라는 소리를 듣게 되고 월급 받고 회사 다니는 것이 노예 생활로 폄하되곤 한다. 상식적이고 일반적인 삶을 '열등한 서행 차선'이라 말하면서 막차를 놓치지 말라고 공포를 조장하는 가스라이팅이 미디어에 횡행하기도 한다.

1장의 주제는 경제적 자유의 본질이다. 투자를 논하기 전에 우선 자본소득과 경제적 자유의 본질에 대해서 짚고 넘어가는 것이 중요할 것 같아 맨 앞에 두었다. 1장을 통해 재테크에 대한 중심을 확고히 세우기를 바란다.

경제적 자유의 네 가지 요소

어떻게 하면 경제적 자유를 얻을 수 있을까? 경제적 자유, 다시 말해 부의 축적을 위해 필요한 것은 무엇일까? 나는 부를 축적하기 위해 필요한 네 가지 요소로 실력, 리스크, 비효율성, 시간을 꼽는다.

돈을 버는 데 필요한 능력

경제적 자유를 위한 첫 번째 요소는 당연히 실력이다. 여기서 실력은 돈을 버는 데 필요한 모든 종류의 능력을 통칭한다. 채용시장에서 연봉을 얼마나 받을 수 있는지, 주식시장에서 투자 수익을 얼마나 낼 수 있는지, 일상에서 얼마나 검소

[그림 1-1] 실력과 부의 상관관계

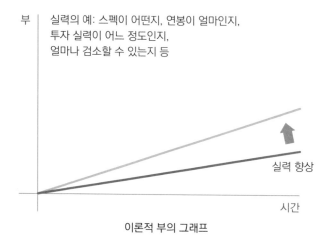

이론적 부의 그래프

하게 살 수 있는지…. 자신이 시간당 축적해나갈 수 있는 부의
기댓값을 올려주는 모든 것을 실력이라 할 수 있을 것이다.

　실력은 시간당 부를 쌓는 속도를 좌우하므로, 이를 향상시
키면 이론적으로 [그림 1-1]처럼 부의 축적 각도가 비교적 가
파르게 상승할 것이다. 투자 실력처럼 복리의 효과가 적용되
는 분야라면 기하급수적으로 가파르게 상승하는 곡선으로 표
현되겠지만 설명의 편의를 위해 복리에 대한 개념은 조금 이
따 다루도록 하겠다.

　다만 [그림 1-1]의 그래프처럼 군더더기 없이 깔끔한 직선
은 이론적으로나 가능할 뿐, 실제 우리의 소득이 이렇듯 일정

하게 쌓이는 것은 아니다. 어떤 소득이든 여러 변수로 인해 변동성이 있을 수밖에 없다. 주식시장에서 매년 동일한 비율로 주가가 상승하는 종목이 존재하지 않듯이, 일상에서도 실력에 따라 매 순간 성공하는 사람은 없다. 4년간 올림픽을 열심히 준비해온 선수도 전날 먹은 음식 때문에 배탈이 나 대회를 망칠 수 있고, '강원랜드'에서 방탕하게 허송세월하던 사람도 어느 날 우연히 잭팟이 터져 거금을 손에 쥘 수 있다.

변동성 혹은 리스크

따라서 두 번째 요소는 변동성이다. 금융시장에서 변동성은 가격이 위아래로 얼마나 크게 널뛰기하는지를 수치로 나타낸 것으로, 보통 리스크와 동일한 의미로 쓰인다. 삼성전자 같은 안정적인 대형주는 변동성이 낮아 하루에 1~2%씩 움직이는 것이 일반적이고, 신약 개발 회사 같은 소형주나 동전주는 변동성이 높아 하루에 몇십 %씩 움직이기도 한다. 금융시장이 아닌 일상에서도 변동성의 개념이 적용된다. 같은 퇴직금을 받더라도 변동성 낮은 성향을 가진 사람은 조심스럽게 예·적금에 고이 모셔놓고 변동성 높은 성향을 가진 사람은 사업을 크게 벌여 흥하면 대박을, 망하면 쪽박을 찬다.

[그림 1-2]를 보면 때때로 실력이라는 요소는 변동성에 가려지기도 한다(불규칙한 곡선). 고등학교 시험을 예로 들면, 평

[그림 1-2] 실력과 변동성의 상관관계

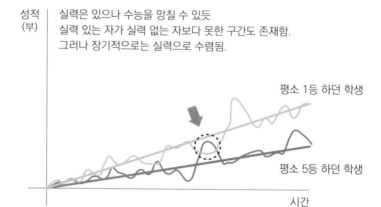

현실: 변동성이 존재

소 1등을 하던 학생이 시험 직전 배탈이 나고 평소 5등을 하던 학생이 시험 전날 풀어본 문제집과 유사한 시험지를 받아보았다면, 두 학생의 석차는 평소와 달리 뒤바뀔 수 있다(동그라미를 친 부분). 그러나 같은 시험을 여러 번 치면 장기적인 결과는 실력에 따른 평소 등수에 수렴할 것이다(직선).

　시행 횟수가 늘어날수록 본연의 확률로 결과가 수렴하는 현상은 자연스러운 통계 법칙이다. 동전을 세 번만 던지면 전부 앞면이 나올 수도, 전부 뒷면이 나올 수도 있지만 수백 번, 수천 번 던지면 결국 50 대 50의 비율에 가까운 결과로 수렴할 것이다. 카지노에서도 마찬가지다. 카지노의 모든 게임에서 플레이어가 이길 확률은 50%보다 낮다. 따라서 잠깐 카지노에 들른 플레이어라면 몇 차례 베팅으로 운 좋게 돈을 벌수 있지만 그곳에 오래 머물수록 필연적으로 돈을 잃게 된다.

극단적 리스크를 질 때

부를 쌓고자 하는 사람은 보통 일차적으로 실력을 키우고 싶어 한다. 실력이 높을수록 부가 빠르게 축적되기 때문이다. 그러나 실력을 갈고닦는 일은 고통과 에너지를 수반할뿐더러, 단기적인 변동성 때문에 그 노력이 가시적인 성과로 이어지지 않을 때도 많다. 따라서 많은 사람이 실력을 갈고닦지 않고도 부를 빠르게 축적하는 방법을 찾아 헤매곤 한다. 그런 방법이 존재할까? 놀랍게도 존재한다. 변동성, 즉 리스크를 높이는 방법이다. 변동성을 적절한 방향으로 높이면 부가 축적되는 속도를 높일 수 있다. 합리적으로 리스크를 지는 행위에 대해서는 보상이 주어지기 때문이다.

회사 채권은 예금이나 적금보다 위험하지만 이자율은 더 높다. 주식은 채권보다 위험하지만 연평균 수익률은 더 높다. 왜 그럴까? 단순한 시장 논리 때문이다. 돈을 가진 사람은 동일한 수익률이라면 당연히 위험이 적은 상품에 투자한다. 따라서 상환 능력이 좋은 주체는 싸게, 즉 저금리로 돈을 빌릴 수 있고 리스크가 작은 상품은 적은 이자만 주어도 투자금이 모이지만, 위험한 상품과 주체는 비싼 이자나 수익률을 제공해야만 투자자의 이목을 끌 수 있다.

변동성과 리스크 개념은 노동소득에도 마찬가지로 적용된다. 원양어선을 타면 큰돈을 벌 수 있는 이유는 무엇일까? 육체적인 고통과 위험을 짊어져야 하기 때문이다. 환락가에서 불법 행위를 통해 벌 수 있는 돈이 일상적인 직업에서 버는 것보다 많은 이유도 구속될 위험에 대한 프리미엄이 붙기 때문이다. 성매매가 합법인 국가에서 성매매 가격이 더 낮은 것은 이런 연유가 있다. 이런 극단적인 예를 들지 않더라도, 동종업계 내에서 직업 안정성이 낮은 직종들은 보통 연봉이 높다.

흔히 리스크를 더 진다고 하면 부정적인 느낌이 강하게 든다. 리스크가 무조건 나쁜 것이라고 생각한다면 주식 투자보다는 예·적금을 활용하는 것이 상책일 것이다. 하지만 적당한 리스크를 지면서 부의 축적 속도를 높이는 것은 오히려 현명한 일이다.

[그림 1-3] 을 보자. 낮은 리스크를 가진 진보라색 선에서 부를 축적하고 있다면 적절한 수준의 변동성을 허용하면서 연보라색 선으로 이동하는 것이 현명한 선택이다. 그러나 검은색 선처럼 감당할 수 없는 수준의 리스크를 진다면 '일이 터질' 경우 부(Y축)가 마이너스로 내려가면서 회생이 불가능할 수도 있다. 투자로 말하자면, 적절한 레버리지를 쓰면서

〔그림 1-3〕리스크와 부의 상관관계

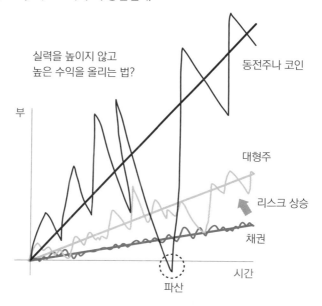

주가가 우상향할 때를 기다린다면 수익률을 극대화할 수 있지만, 지나친 레버리지를 쓰다가 원금을 다 잃으면 원래의 추세선으로 복귀하지 못하고 제로에서 다시 시작해야 할 수도 있다.

시장과 경제의 비효율성

이렇듯 부를 축적하는 과정은 대부분 실력과 리스크 두 가지 요소로 설명이 가능하다. 그런데 세상을 살다 보면 이 두 요소로는 도저히 설명되지 않는 수익률을 올리는 사람이 있다. 예를 들어 워런 버핏(Warren Buffett)이나 조지 소로스(George Soros) 같은 거장의 장기 투자 수익률조차 주가지수의 연평균 수익률보다 10% 포인트 정도 높은 20~30% 정도인데, 간혹 보면 단기에 1억 원을 200억 원으로 만들어버리는 투자자가 나타난다. [그림 1-4]에서처럼 본질적인 실력인 검은색 선에서 갑자기 수직 상승하는 현상이 나타난다.

그런 이들은 대체 어떻게 저런 수익률을 낼 수 있었을까? 버핏보다 투자 실력이 뛰어나기 때문일까? 그렇지는 않을 것이다. 그렇다면 리스크를 어마어마하게 졌기 때문일까? 당연히 큰 리스크를 지겠지만 그것만으로 1억 원을 200억 원으로

[그림 1-4] 시장 비효율성과 수익

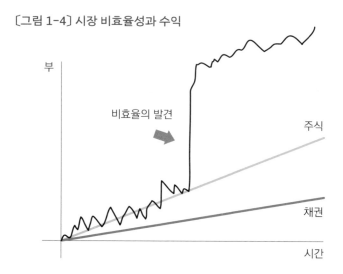

만들 수는 없다. 그렇기에 사람들은 이런 경우를 그냥 '운이 좋았다'라고 평가한다. 실제로 로또 당첨처럼 운이 좋았다는 것 외에 달리 설명할 방도가 없는 경우도 존재한다. 하지만 로또처럼 순수한 운이 작용한 극히 드문 경우를 제외하면 [그림 1-4]와 같은 비약적인 수익률은 대부분 시장이나 경제의 '비효율성'을 찾아내 이용한 결과다.

시장이나 경제의 비효율성이란 무엇일까? 만일 어떤 시장에서 수요와 공급의 작동 방식에 불균형이 없고 참여자 간 정보의 불균형도 없으며, 모든 가격이 투명하게 적정 가격으로 책정된다면 이 시장은 효율적인 시장이라고 할 수 있다. 효율적인 시장에서는 그 어떤 매수자나 매도자도 상식을 넘는 초과수익을 올릴 수 없다.

예를 들어 뉴욕 맨해튼의 아파트 월세는 굉장히 효율적으로 책정된다. 어떤 아파트 월세가 3,400달러인데 바로 옆 아파트 월세가 3,200달러라면, 후자는 99% 확률로 교통이 좀 더 나쁘든 건축 시기가 좀 더 오래되었든, 무엇이든 간에 200달러가 더 쌀 수밖에 없는 이유가 분명히 있다. 그만큼 맨해튼의 월세 아파트 시장은 가격이 '효율적'으로 책정되는 시장이다. 이런 시장에서 좋은 아파트가 아주 낮은 가격으로 나오는 경우는 거의 없다.

비효율성은 블루오션의 기회

반대로 비효율성이란 수급의 문제나 정보의 불균형 등을 통해 생겨나는 블루오션 같은 기회라고 할 수 있다. 예를 들어 어느 신도시에서 술집을 까다롭게 규제해 인허가에 3년이 걸린다고 하자. 누군가가 이 정보를 미리 알고 도시가 완공되기 3년 전에 미리 인허가 작업을 진행했다면 그는 몇 년 동안 도시의 유일한 술집 주인으로 높은 술값을 받으며 엄청난 이익을 취할 것이다. 이때 만약 이 상황을 보고 너도나도 술집 인허가를 신청해 3년이 지난다면, 먼저의 술집 주인은 이전처럼 높은 술값을 받을 수 없게 되고 그의 이익은 줄어들 것이다. 그 신도시의 술집시장은 비효율성이 사라지고 효율적인 시장이 되어버리는 것이다.

대박이 난 사업가는 대부분 이런 비효율성을 이용한 사람이다. 메가스터디를 설립한 손주은 회장은 일급 강사가 물리적으로 많은 학생에게 다가갈 수 없는 사교육시장의 비효율성을 보고 온라인 강의를 만들어 급격하게 부를 축적했다. 빌 게이츠(Bill Gates)는 잠재 수요가 크지만 아직 시장이 형성되지 않았던 소프트웨어 분야를 개척하면서, 아마존 설립자 제프 베이조스(Jeff Bezos)는 배송시장의 비효율성을 인지하고 해결하면서 막대한 부를 축적했다. 베스트셀러 《부의 추월차선》을 단 한 줄로 요약하면 '실력을 쌓아서 천천히 부자 될 것

없이 비효율성을 찾아서 단기간에 부자 되라'라는 이야기다. 말이 쉽지 얼마나 영양가 없는 이야기인가!

이 같은 비효율성은 투자 세계에도 존재한다. 버핏이 30대 초반이었던 1960년대만 해도 순유동자산가치가 100% 넘는 주식이 즐비했으며 장부가치 대비 말도 안 되는 가격으로 거래되는 주식도 흔했다. 그가 샌본 맵(Sanborn Maps)을 매수한 가격은 그 기업이 보유했던 투자 포트폴리오 가치보다 쌌고, 버크셔 해서웨이(Berkshire Hathaway)를 매수한 가격은 그 기업의 현금과 청산 가능한 운전자본을 더한 가격보다 쌌다. 21세기에 이 수준으로 저평가된 기업을 찾는 것은 굉장히 어려운 일이다.

한국의 경우 IMF 직후 PER이 0.5나 1인 종목이 있었다. 그러나 가치투자라는 개념이 급속도로 보급되고 누구나 쉽게 순유동자산가치나 각종 재무 정보를 온라인에서 손쉽게 열람할 수 있게 된 지금은 그런 종목을 찾기란 하늘의 별 따기일 것이다. 그런 기회가 있는 족족 매수자가 나타나 가격을 올릴 것이기 때문이다. 즉 기술 발전과 지식의 보편화로 인해 시장은 효율적으로 변해가고 있다.

물론 발전된 기술은 비효율성을 사라지게만 하는 것은 아니며, 기존에 없던 기회를 만들어내기도 한다. 예를 들어 퀀트 트레이딩 세계에서는 많은 알고리즘이 과거에는 해결하지

못했던 시장의 비효율성을 해결해나가면서 차익을 창출하고
있다. 과거에는 동전 던지기나 마찬가지로 여겼던 거시경제
분석 또한 다양한 데이터가 범람하면서 확률적 우위를 확보
할 공간을 조금씩 열어나가고 있다.

비효율성의 허와 실

비효율성의 첫 번째 특징은 누군가가 그것을 일정 수준 이
용하면 사라진다는 것이다. 비효율성을 해결해서 효율적으로
만드는 과정에서 부가 창출되기 때문이다. 두 번째 특징은 실
력이 있어야 비효율성을 찾을 확률이 높아진다는 것이다. 물
론 실력이 좋다 할지라도 평생 비효율성을 찾지 못할 수도 있
고, 실력이 없는데도 운 좋게 비효율성을 발견하기도 한다.
그렇다고 해서 실력을 갈고닦는 것을 게을리해서는 안 될 것
이다.

한편 비효율성에는 나쁘고 불법적인 것도 존재한다. 가장
대표적인 것이 기업 내부자와 외부자 간의 정보 비대칭성을
이용한 내부자 거래일 것이다. 이 외에도 한때 시끄러웠던 코
인 시세 조작 사태나 불법 '리딩방'을 통한 개미 유인도 어찌
보면 나쁘고 불법적인 비효율성의 예라고 할 수 있다.

재테크 관련 부자 되는 방법이라며 광고하는 미디어를 접
한다면 잘 판단해야 한다. 강사나 저자가 실력을 높이는 방법

을 가르치는 것인지, 아니면 이미 본인이 이용할 만큼 이용해 단물이 빠지고 있는 비효율성을 가르치는 것인지 말이다. 애초에 비효율성이란 다른 사람이 다 알게 되면 경쟁이 심화되면서 사라지고, 비효율적 시장은 효율적으로 변화하기 마련이기 때문이다. 따라서 실력을 키우는 방법론이 아닌 비효율성을 강의나 출판물 등의 형식으로 판매한다는 것 자체가 모순이라 할 수 있다. 곧 사라질 비효율성을 배우는 데 돈과 시간을 쓰는 것은 전적으로 낭비다.

그렇게 남이 알려주는 (이미 효율성으로 변했을) 비효율성을 뒤늦게 좇는 대신, 스스로 비효율성을 찾아낼 수 있는 본질적인 실력을 키워야만 소위 '부의 추월차선'을 탈 가능성이 생긴다. 그리고 실력을 위해서는 사고력을 키우든가, 분석하는 법을 익히든가, 원론적인 이론을 심도 있게 공부하든가, 남이 보지 않는 데이터를 분석하든가 하는 노력을 기울여야 한다.

안타깝게도 남이 발견해 단물을 다 빨아먹은 비효율성을 듣고 배우는 것은 쉽고 재미있으면서 당장 효과가 날 것만 같다. '어떻게 하면 어떻게 돈 번다'라는 식의 표면적인 현상으로 설명되기 때문이다. 그런 비효율성은 아직 비효율성으로 남아 있던 과거 기간의 뛰어난 실적과 인증들로 인해 한층 더 믿음이 간다. 반면 본질적인 실력을 키우는 공부와 방법론은 주체적인 사고를 요구하기 때문에 고되고 어려우며 당장 가시적인 효과가 나타나지도 않는다. 게다가 지루하기 짝이 없다. 그렇기에 많은 사람이 물고기 잡는 방법보다는 누군가 물고기를 잡아준다는 이야기에 귀를 쫑긋하면서 시간과 돈을 허비한다.

버핏도 덕을 본 '시간'의 힘

경제적 자유의 네 가지 요소 중 마지막은 시간이다. 버핏이 세계 최고의 부자 중 한 명이 될 수 있었던 요인 중 하나이기도 하다. 버핏이 60세까지 달성한 수익률보다 더 높은 누적 수익률을 낸 투자 대가는 꽤 존재한다. 그러나 그 누구도 버핏만큼 오래 살지 못했고, 버핏은 생존 기간만큼의 복리 수익을 거두고 있다. 만일 그가 60세에 은퇴했다면 그때의 자산은 지금 자산의 10분의 1밖에 안 되었을 것이다. 시간은 부의 축적에서 빼놓을 수 없는 중요한 요소다.

많은 사람이, 특히 부자가 되고 싶은 20~30대 청년이 시간의 중요성을 간과한다. 경제적 자유를 얻는 데 걸리는 시간을 단축해 빨리 부자가 되기 위해서는 실력을 급속도로 키우거나, 리스크를 많이 높이거나, 비효율성을 찾아야 한다. 그런데 역설적으로 실력을 키우거나 비효율성을 찾는 일 자체가 시간을 요하기 때문에, 대부분은 즉시 효과가 나타날 것 같은 '리스크 높이기'를 택해 '잡주'나 코인을 사는 데 돈을 쓴다.

누구도 시간을 무시할 수 없다. 감당할 수 없는 리스크를 지지 않고 부를 쌓기 위해서는 반드시 시간이라는 요소를 받아들이고 절제하며 인내해야 한다는 것을 기억할 필요가 있다. 그리고 오히려 그렇게 하는 사람이 결승선에는 먼저 다다를 수 있다.

가장 현실적인 방법

지금까지 경제적 자유의 네 가지 요소로 실력, 리스크, 비효율성, 시간에 대해 다루어보았다. 거친 가정이지만 만약 1억~10억 원의 자금을 모으려 한다면 이 네 가지 중 하나만 뛰어나게 가져도 가능할 수 있다. 실력이 좋아서 많은 연봉을 받거나, 리스크를 크게 지고 베팅해 운 좋게 돈을 벌거나, 잘 먹히는 차트 패턴 혹은 좋은 사업 아이템 등 작은 비효율성을 발견하거나, 시간을 들여 오랜 기간 절약하고 저축하면 1억~10억 원은 모을 수 있다.

그러나 우리가 경제적 자유라고 부르는 구간, 즉 10억~100억 원의 부를 축적하기 위해서는 네 가지 요소 중 최소 두 가지가 제대로 갖춰져야 한다. 실력을 쌓아 고연봉 직장을 가진 후 시간을 들이는 식으로 말이다. 더 나아가 부자라고 불리는 100억~1,000억 원 구간으로 가려면 네 가지 요소 중 최소 세 가지는 잘 관리할 필요가 있으리라 생각한다.

여기서 액수는 대략적인 수치일 뿐이며, 필요한 요소의 개수도 정확한 공식에 의해 산출된 것은 아니다. 실력이라는 것이 연봉, 스펙, 투자 실력만을 가리키는 것도 아니다. 이른바 리딩방을 통해 100억~1,000억 원의 부를 축적한 슈퍼 개미도 어찌 보면 돈 버는 실력은 있는 셈이다. 문제는 그것이 그가 스스로 내세우는 투자 실력이라기보다 리딩방에 현혹된 사람들의 욕망과 정보의 비대칭성을 이용한 마케팅 능력에 가깝다는 것이다.

그렇다면 우리가 현실적으로 경제적 자유에 이를 방법은 무엇일까? 대부분은 경제적 자유의 기준을 10억~100억 원 사이 어딘가의 구간으로 잡고 있을 것이다. 그렇다면 앞에서 언급했듯이 네 가지 요소 중 최소 두 가지는 충족해야 한다. 그런데 비효율성은 실력이 있으면 찾아낼 확률이 더 높기는 하지만 운의 요소도 있기 때문에 일반적으로 찾아내기가 무척 어렵다. 현실적으로 내가 노력해서 갖출 수 있는 것은 실력, 리스크, 시간 세 가지다.

그런데 이 실력, 리스크, 시간이라는 요소는 서로 절충되고 상쇄되는 면이 있다. 예를 들어 실력이 정말 좋으면 리스크를 덜 져도 되고 시간도 덜 걸릴 것이며, 실력이 없으면 리스크를 더 지거나 시간을 더 들여야 할 것이다. 또 짧은 시간에 부를 축적하려면 실력을 갖춘 상태에서 리스크도 안아야 한다.

이렇듯 세 요소의 밸런스가 중요하지만 그중에서도 가장 의식적으로 중요하게 관리해야 할 것은 리스크다.

리스크를 높이면 부족한 실력을 커버하고 시간을 단축할 수 있지만, 리스크를 지나치게 높이다가 파산 또는 회복 불가능한 지점에 닿게 되면 처음부터 다시 시작해야 하므로 시간이 오히려 더 많이 걸릴 수 있다. 아이러니하게도 우리가 단시간 안에 의식적으로 제어할 수 있는 요소 또한 리스크뿐이다. 그렇기에 근시안적인 욕망에 눈이 멀고 마음이 조급해진 사람은 다른 무엇도 아닌 리스크를 가장 먼저 높이면서 패가망신의 지름길로 들어선다.

이처럼 네 가지 요소를 바탕으로 도출된 결론은 너무나도 원론적이고 어찌 보면 지루하다. 경제적 자유를 위해서는 실력을 키우고, 리스크를 적절하게 관리하고, 시간을 충분하게 들이고, 가능한 선에서 세상의 흐름을 바라보며 비효율성을 탐색해야 한다. 그중 가장 중요한 본질은 실력이고, 가장 경계해야 할 것은 리스크임을 기억하자. 실력이 있어야 나머지 세 요소의 효과를 높일 수 있지만, 과도한 리스크는 모든 효과를 무로 돌릴 수 있다.

자본소득에 대한 과도한 찬양

그렇다면 실력은 어떻게 갖출까? 여기서 실력은 단순 스펙뿐 아니라 돈을 버는 모든 방법과 기술을 일컫는다. 회사에서 열심히 일하고 승진해서 연봉을 높게 받을 수도 있고, 새로운 기술을 배워서 이직할 수도 있다. 투자 실력을 높여 동일한 리스크에서 기대 수익률을 높일 수도 있다. 이 모든 경우가 실력에 해당한다.

그런데 우리가 가진 시간 자원은 한정되어 있다. 그 한정된 시간에 어떤 실력을 쌓는 것이 효율적일까? 조금 더 직접적으로 말하자면, 노동소득과 자본소득 중에 어느 쪽의 실력을 높이는 것이 좋을까?

복리의 마법, 그 허와 실

코로나19 이후 우리 사회를 보면 자본소득에 대한 찬양이 지나친 것 같다. 그 논의의 중심에서 항상 복리의 마법이 거론된다. 그러다 보니 삶이 팍팍한 20대 청년은 '투자를 잘하면 전업해야겠다' '투자 잘하면 회사에서 일할 이유가 도대체 무엇인가' 같은 생각을 한다. 노동소득으로는, 그러니까 월급 받으며 10~20년을 일해도 집 한 채 사기 어려운 현실이니 그런 생각을 하는 것도 당연해 보인다. 하지만 여기에는 미묘하

〔그림 1-5〕 노동소득 vs 자본소득

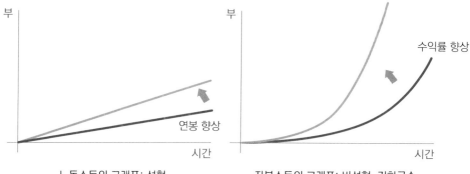

노동소득의 그래프: 선형   자본소득의 그래프: 비선형, 기하급수

게 숨어 있는 함정이 하나 있다. 이 함정에 빠져 본업을 그만 뒀다가는 청년 시절을 '복리의 마법'만 외치다 허송세월하게 된다.

　[그림 1-5]를 보면 노동소득은 시간의 흐름에 따라 자산이 축적되는 양상이 선형으로 나타난다. 매년 일정한 연봉을 받으니 일정하게 저축할 수 있기 때문이다. 연봉이 오르면 직선의 각도는 상승한다(왼쪽 그래프). 반면 자본소득은 복리 효과가 있기 때문에 자본이 커질수록 다음 해의 소득은 더 커진다. 따라서 자산이 비선형, 기하급수적으로 상승하며 시간이 갈수록 복리의 마법이 힘을 발휘하게 된다(오른쪽 그래프). 이 후반 구간 때문에 복리의 마법이 찬양을 받는다.

　그런데 이 두 가지 소득을 비교할 때 흔히 간과하는 것이 있

〔그림 1-6〕 복리가 마법을 부리는 시간

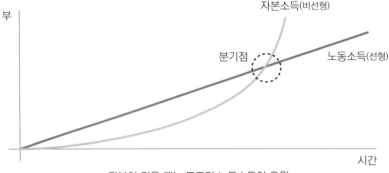

자본이 적을 때는 무조건 노동소득이 우월

다. 복리의 마법이 제대로 된 효과를 내기 위해서는 충분한 시간이 필요하다는 사실이다. [그림 1-6]을 보자.

[그림 1-6]에서 노동소득은 선형, 자본소득은 비선형으로 나타난다. 자산이 적을 때, 즉 좌측 하단에서는 자본소득이 미미한 수준이다. 복리의 마법이 별 힘을 발휘하지 못한다는 이야기다. 연 20%의 수익률을 내더라도 시드머니가 1,000만 원이라면 200만 원밖에 못 번다. 연 200만 원은 한 달 치 아르바이트 급여도 되지 못한다. 그래서 비슷한 실력을 가진 사람의 노동소득과 자본소득을 비교하면, 초반에는 노동소득이 더 앞서다가 일정 수준 이후에야 비로소 자본소득이 노동소득을 추월하기 시작한다.

이를 감안하면 청년 시기에는 본인의 직업 분야에서 실력

〔그림 1-7〕 시장의 변동성과 소득의 추이

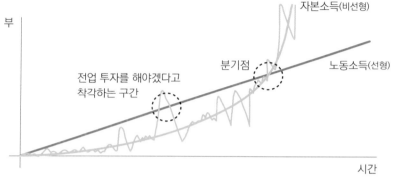

변동성 때문에 자본소득이 일시적으로 높아지는 구간 있음

을 갈고닦아 노동소득을 추구하는 것이 현명한 일이다. 물론
재테크 공부는 청년 시기부터 게을리하지 않아야 한다. 투자
손실의 경험은 일찍 할수록 좋고, 자본소득이 노동소득을 추
월하기 시작할 때 투자 공부를 시작해서는 너무 늦는다. 그러
나 젊은 날의 반짝 투자 수익에 정신이 팔려 함부로 본업을
그만두고 전업 투자에 뛰어들어서도 안 될 것이다. 그런데도
왜 수많은 청년이 자본소득 찬양의 늪에 빠져 본업을 게을리
해버리는 것일까? 그 이유는 자본시장의 변동성에 있다.

　[그림 1-7]을 보자. 노동소득은 (연봉이 일정하다고 가정할 때)
이론뿐 아니라 현실에서도 깔끔한 일직선으로 나타난다. 반
면 자본소득은 시장의 변동성 때문에 잠깐이나마 자신의 본
질적인 실력보다 훨씬 높은 성과를 낼 수 있다. [그림 1-7]에

서 동그라미 친 부분이 그렇다. 자신이 아니더라도 한 번쯤은 주변에서 그런 성과를 내는 모습을 목격하고 마음이 흔들리게 된다.

실제로 코로나19 직후 미 연준이 막대한 자금을 풀어 시장에 유동성이 넘쳐나던 시기에 그런 경험을 한 사람이 많았다. 그런 경험을 한 번이라도 하게 되면 지루한 노동으로 버는 월급이 하찮아 보이고, 전업으로 주식 투자를 하는 것이 부자가 되는 더 빠른 길이라고 착각하게 된다. 주위의 지인이 그런 경험을 하는 것을 보면 마음은 한층 더 조급해진다. 그래서 적은 자본으로 전업 투자자의 길을 걷게 되는 것이다.

그렇다면 자본 추세상의 분기점, 즉 자본소득으로 쌓은 부가 노동소득으로 쌓은 부를 추월하는 시점에서는 전업 투자를 해도 될까? 혹은 자본소득 곡선의 기울기, 즉 자본소득으로 부가 쌓이는 속도가 노동소득 직선의 기울기보다 더 가파르게 높아지는 구간에서는 전업 투자를 해도 될까?

전업 투자를 위해 필요한 시드머니

연봉이 5,000만 원이고 실수령액이 4,000만 원인 사람이 주식 투자로 연평균 수익률 8%를 꾸준히 올리고 있다고 해보자(수익에 대한 소득세는 없다고 가정한다). 이때 시드머니가 5억 원이라면 '5억 원 × 8% = 4,000만 원'으로 투자 수익이 산출

된다. 연봉 실수령액과 주식 투자 수익이 동일해지는 것이다. 그러면 시드머니 5억 원으로 연봉이 대체될 수 있다고 쉽게 생각할 수 있다. 그러니 5억을 모으면 회사를 그만두고 전업 투자에 임하면 될까? 절대로 그렇지 않다.

우선적으로 짚어야 할 것이 있다. 월급은 (정규직일 경우) 성실히 노동만 하면 보장되는 소득인 반면, 주식 투자는 아무리 성실히 노동에 임한다 해도 본질적으로 불확실성과 리스크가 있는 행위다. 따라서 금전적인 변동성이 거의 없는 노동소득 4,000만 원과 주식 투자로 기대할 수 있는 자본소득 4,000만 원의 가치가 동일할 수 없다. 후자가 전자보다 훨씬 많아야 가치가 같다고 할 수 있다. 리스크에 대한 보상 때문에 예금 이자보다 채권 이자가 높아야 하는 것과 동일한 이치다.

예상치 못한 지출이 발생하는 경우도 생각해야 한다. 예를 들어 사고, 경조사, 여행 등으로 생기는 큰 지출은 미래의 노동소득에 금전적으로 영향을 주지 않는다. 하지만 자본소득은 현재 가진 자본에 따라 달라지기 때문에, 자본소득에 의존하는 전업 투자자의 경우 이런 큰 지출은 시드머니에 타격을 주어 미래의 자본소득이 감소할 수 있다.

하나 더 알아야 하는 것은, IMF나 코로나19처럼 거시경제적인 테일 리스크(tail risk, 일어날 확률은 낮지만 실제로 일어나면 파급 효과가 어마어마한 리스크)가 발생한 상황에서 노동소득을 창출할 수 있는 능력은 굉장한 가치를 지닌다는 사실이다. 물론 사회 전반의 위기 상황에서는 노동소득자도 실업을 겪을 수 있고 자본소득자도 재기 불가능한 타격을 입을 수 있다. 다만 채용시장에서 원하는 인재가 되도록 꾸준히 노력하고 스펙을 잘 쌓아온 사람이라면 그런 상황에서도 재취업에 성공해 원래의 소득 수준을 비교적 빨리 회복한다.

반면 자본소득에 의존하던 사람은 자본이 없어지는 순간 재기하기가 너무 힘들어진다. 쥐꼬리만 한 시드머니로 다시 시작해 복리 효과가 충분히 커질 때까지 지루한 시간을 버텨내야 한다. 게다가 자본소득에 의존한 시간이 길수록 노동소득을 위한 재취업이 힘들 가능성이 크다.

25세에 코인 투자로 대박이 나 30억 원을 벌어 퇴사한 철수, 25세부터 회사에 다니며 꾸준히 커리어를 쌓은 영희가 있다. 두 사람이 35세 때 큰 경제 위기가 닥쳤다. 주가가 폭락하고 실업률이 치솟으면서 철수는 시드머니를 많이 날렸고 영희는 직장을 잃었다. 그러나 다시 경기가 좋아지면 영희는 재취업할 수 있지만, 철수는 지난 10년간 커리어 이력서에 적을 경력이 한 줄도 없다. 과연 철수는 재기가 가능할까?

철수가 그동안 꾸준히 자기계발을 했다면 재기할 수 있을 것이다. 그렇게 전업 투자자로서 채용시장에서도 매력적일 정도로 자기계발을 하는 사람은 논외로 하자. 그런 사람은 어느 경로로 가도 성공할 사람이기 때문이다. 그러나 일반적으로 젊었을 때 주식 투자 등으로 10억~20억 원 정도를 벌어 퇴사했다가 시간이 지나 그 돈을 다 날리고 다시 일터에 복귀하려는 경우, 커리어 공백이 문제가 된다.

과연 여기서 끝일까?

자본소득 찬양의 또 다른 문제

부와 행복의 상관관계 연구는 워낙 많고 다양해서 결론도 조금씩 다르지만 공통적으로 가리키는 사실이 있다. 축적된 부가 커지는 것과 비례해 행복도가 커지는 것이 아니라는 점이다. [그림 1-8]을 보면 부의 축적에 따른 행복도의 상승 곡선이 처음에는 가파르다가 나중에는 완만해진다.

〔그림 1-8〕부의 축적과 행복의 상관관계

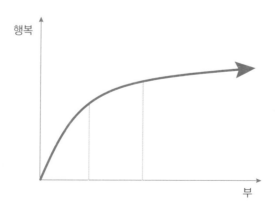

생각해보면 이는 당연한 현상이다. 똑같은 100만 원의 차이라도 월 1,000만 원을 벌던 사람이 월 1,100만 원을 벌게 되었을 때의 행복도 상승분보다, 월 100만 원 벌던 사람이 월 200만 원을 벌게 되었을 때의 행복도 상승분이 훨씬 크다.

이는 굳이 연구하지 않아도 알 수 있는 상식이다. 경제학적 용어로는 한계 효용 체감의 법칙이라고도 한다. 햄버거를 하나 먹었을 때의 행복감에 비해 다섯 번째, 여섯 번째 먹을 때의 행복감과 효용은 기하급수적으로 줄어든다.

[그림 1-8]이 시사하는 점은 또 있다. 반대로 이야기하면, 동일한 손실에 대해서 부자보다 가난한 사람이 더 극심한 고통을 느낀다는 사실이다. 월 1,100만 원 벌던 사람이 2,000만 원 잃었을 때의 고통과 월 200만 원 벌던 사람이 2,000만 원 잃었을 때의 고통을 비교해보면 당연히 후자가 체감하는 고통이 훨씬 더 심할 것이다.

"잃으면 안 되는 돈으로 투자하지 말라"라는 격언이 있다. 여윳돈으로 투자하는 사람에 비해, 본인의 전세자금이나 대출금으로 투자하는 사람은 훨씬 더 감정적인 투자를 할 가능성이 높다. 같은 맥락에서 부자가 가난한 사람보다 투자를 더 안정적으로 잘하고 평균 수익률도 높다. 어설픈 시드머니로 전업 투자에 뛰어들면 안 되는 또 하나의 이유다. 따라서 자본소득으로 노동소득을 대체하기 위해 필요한 시드머니를 가늠할 때 단순 산수로 실수령액이 동일해지는 지점을 구하는 것은 현실적으로 맞지 않다. 자본소득의 리스크를 반영한 안전마진을 감안하고 계산해야 한다.

전업 투자에 필요한 시드머니는, 그것으로 벌 수 있는 자본소득이 어림잡아 최소한 노동소득의 3배 수준이어야 한다는 것이 내 생각이다. 만약 연봉 실수령액이 4,000만 원이고 꾸준히 낼 수 있는 투자 수익률이 8%라면 전업 투자에 필요한 시드머니는 5억 원이 아닌 15억 원은 되어야 한다. 그래야 조금은 마음 편히 전업 투자를 할 수 있을 것이다.

노동소득의 숨은 진실

그렇다면 이 정도의 안전마진만 확보하면 전업 투자를 해도 될까? 아직 멀었다. 지금까지 노동소득을 일직선 그래프로 표현했는데 사실 이 소득은 선형이 아니다. 일직선 그래프는 평생 월급이 안 오른다는, 말도 안 되는 가정을 반영한 것이고 실제로 직장인의 연봉은 인상된다. 매년 조금씩 인상되기도 하고 승진이나 이직을 계기로 10~20%씩 크게 인상되기도 한다.

실제 노동소득의 모습은 일직선이 아닌 [그림 1-9]처럼 구분적 선형(piecewise linear)의 모습을 보인다. 매년 노동소득은 각도가 커지면서 준-기하급수적인 상승 효과가 나타난다. 따

[그림 1-9] 노동소득의 실제 추이

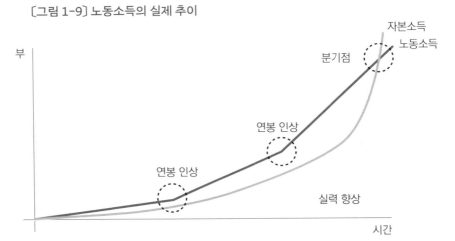

노동소득은 선형이 아니라 구분적 선형

라서 실제로 전업 투자를 해도 되는 분기점은 저 멀리 있게
된다.

'연봉 그거 올라봤자 얼마나 오르겠나' 생각할 수 있다. 그런
데 한국 20~30대 직장인의 10년 누적 연봉 인상률을 보면 평
균 약 70%에 이른다. 연간 복리로 계산하면 1년에 5.5% 정도
인상되는 셈이다. 따라서 앞의 예시에서 전업 투자가 직장 생
활보다 더 매력적일 수 있는 시드머니 수준은 안전마진을 포
함한 15억 원이 아닌 20억 원, 25억 원으로 더 높아질 것이다.

물론 이런 수치는 엄밀하고 정확하게 계산한 것이 아니며
가정에 가정을 더한 부정확한 예시일 뿐이다. 하지만 적어도

한 가지는 분명해졌으리라 생각한다. 젊은 날에 반짝 들어온 자본소득에 혹해 쉽사리 본인의 커리어를 놓아버리거나 본질적인 실력을 갈고닦는 일을 게을리해서는 안 된다는 점 말이다. 재테크에 대한 공부와 경험은 게을리하지 않되, 그로 인해 본업이 느슨해져서는 안 될 것이다.

자본과 노동의 수요·공급 법칙

마지막으로 절대 간과하지 말아야 하는 점이 있다. 금융시장이든 채용시장이든 세상의 모든 시장은 수요와 공급의 법칙에 영향을 받는다는 사실이다. 거기에 따라 자본소득과 노동소득의 매력은 달라진다. 1개의 회사와 100명의 구성원이 있는 가상의 사회를 상상해보자. 자본가 1명이 회사를 경영하고 나머지 99명이 직원으로 노동을 하는 구조다. 이런 사회라면 자본가가 유리할 것이고, 만약 적절한 규제가 없다면 산업혁명 직후의 영국처럼 각종 노동 착취가 횡행할 것이다. 자본이 희소하고 노동력은 넘치기에 그렇다.

만약 이 사회에서 직원들이 너도나도 자본가를 하겠다고 회사를 나와 주식 투자를 한다면 어떻게 될까? 회사에는 경영자와 주주뿐이고 실무자는 없어서 실무자를 구하는 과정에서 임금이 천정부지로 치솟을 것이다. 이처럼 너도나도 자본소득을 좇는 사회에서는 노동소득의 매력도가 점점 올라간다. 자본은 넘쳐나고 노동력은 희소하기 때문이다.

코로나19 직후의 인력난이 이를 단적으로 반영한다. 이런 현상은 특히 전문성이 필요하고 기술력이 큰 부가가치를 창출하는 산업에서 가시화된다. 한국의 경우 지난 몇 년간 스타트업 및 IT 생태계에서 개발자의 몸값이 줄곧 천정부지로 치솟았다. 저금리 환경에 넘치는 유동성으로 투자 자본은 많았지만 그에 비해 개발자는 부족했기 때문이다.

한때 주가가 급속도로 치솟았던 팔란티어테크놀로지(Palantir Technologies)의 당시 재무제표를 통해 매출의 몇 퍼센트가 임직원의 노동소득으로 뿌려졌는지 계산해보면 크게 놀라게 될 것이다. 현재도 엄청난 돈이 임직원의 스톡옵션 등으로 지출되고 있다. 팔란티어 주식을 매수한 주주의 자본소득과 이 회사에서 일하는 직원의 노동소득을 비교하면 흥미로운 결과가 나올 것이다.

한편 2022년부터는 연준이 금리를 인상하면서 주가가 폭락하고 유동성이 거둬지고 있다. 이런 상황에서는 다시금 자본이 희소해지고 노동은 수요보다 공급이 많아진다. 이렇듯 자본과 노동의 수요·공급은 경기 사이클과 경제 환경에 따라 계속 변화한다.

시드머니가 적은 20대의 투자 공부

투자 입문서의 타이틀을 달고 투자보다는 본업과 노동소득에 집중하라니, 혼란스러운 독자도 있으리라 생각한다. 특히 20대라면 더더욱 그럴 것이다. 내가 경계하는 것은 본업을 내팽개치고, 자기계발에 매진하지 않고 코인이나 주식에 혼이 팔려 전업 투자자가 되겠다는 마인드다. 당연히 재테크에 대한 공부와 대비는 이르면 이를수록 좋다.

투자 실력이라는 것은 하루아침에 일취월장할 수 없는 것이기에, 젊은 시절부터 차곡차곡 투자 공부를 하는 것이 맞다. 시드머니가 적다는 것은 잃어도 타격이 적다는 말이기도 하다. 모든 투자자는 실패를 겪게 되어 있는데, 이왕이면 한 살이라도 젊은 나이에 한 푼이라도 적은 돈을 잃으면서 그 교훈을 배우는 것이 좋다.

사람마다 돈을 담는 그릇이라는 것이 존재한다. 그릇에 넘치는 돈은 사람을 방탕하고 겸손하지 못하게 만들어 어떤 경로로든 새어 나가게 되어 있다. 이 그릇은 점진적으로 갈고닦으며 늘려가야 하는 법인데, 그러기 위해서는 젊은 날부터 작게나마 재테크를 해보는 것이 필요하다.

세상만사, 그중에서도 특히 돈의 세계에서는 무엇이든 중용이 중요하다. 당장 노동소득이 중요하다며 금융시장과 경제에 대한 관심은 아예 꺼두었다가 40대, 50대가 되어 익숙하지 않은 상태로 잃어선 안 되는 목돈을 날려버리는 것도 어리석은 일이고, 적은 시드머니로 전업 투자자가 되겠다며 본업을 관두거나 의미 없는 차트를 하루 12시간씩 들여다보며 허송세월하는 것도 어리석은 일이다.

　적당히 중용을 지키며 꾸준히 자신의 실무 경력을 갈고닦아 이력서를 채워나가면서 투자 공부도 곁들여 한다면, 최적화된 부의 그래프를 만들어갈 수 있으리라 생각한다.

가장 우월한 제3의 소득원

　마지막으로 한 가지만 첨언하고 싶다. 노동소득과 자본소득 말고도 제3의 소득이 있다는 사실인데, 그건 바로 지출을 줄이는 것이다. 지출을 줄이면서 확보하는 추가 소득은 너무나 많은 사람이 과소평가하지만, 동일한 액수의 노동소득이나 자본소득보다 훨씬 더 효율이 좋다. 우선 절약을 통해 버는 돈은 확정적으로 얻는 무위험 소득이므로 동일한 액수의 자본소득보다 우월하며, 면세 소득이므로 동일한 액수의 노동소득보다 실질 가치가 크다.

　검소하게 생활하는 능력도 '실력'이다. 이 능력은 소득 수준이 높아질수록, 나이가 많아질수록 낮아진다. 또한 가정을 꾸리면 가랑비에 옷 젖듯이 돈이 새어 나가기 때문에 낮아진다. 따라서 저축률을 제일 높게 유지할 수 있는 구간은 취직 후부터 결혼 전, 대략 20대 중후반부터 30대 초중반까지다. 이때 어떻게 하느냐에 따라 향후의 시드머니는 엄청나게 달라질 것이다. 그리고 복리의 마법이 발동하는 시기를 비약적으로 앞당길 수도 있다.

사회생활도 하지 말고 궁상맞게 살라는 뜻이 아니다. 적어도 자신의 매달 지출을 파악하고, 삶의 질을 떨어뜨리지 않는 선에서 불필요한 지출을 최대한 줄일 필요는 있다. 이렇듯 지출을 줄이면서 얻는 소득은 노동소득이나 자본소득보다 효율이 높다.

불필요한 지출의 대표적인 예가 담배 구입이다. 코인이나 주식에 매진하면서 경제적 자유를 꿈꾸는데 담배를 하루 한 갑씩 피우고 있다면 이만큼 모순적인 광경도 없다. 하루 한 갑이면 4,500원 기준 1년에 165만 원이다. 담배를 끊기만 해도 은행에 수천만 원을 예치해야 받을 수 있는 무위험 이자가 내 손에 꼬박꼬박 들어오는 것이다. 만약 20세부터 하루 한 갑씩 피우는 돈을 모아서 연 10%의 투자 수익률을 올린다면 어떻게 될까?

물가 상승률을 고려하지 않아도 은퇴 나이인 65세가 되면 13억 원 이상을 모으게 될 것이다. 병원비를 비롯해 흡연 때문에 건강이 나빠져서 발생하는 비용까지 감안하면 차익은 그보다 훨씬 클 것이다. 워런 버핏이 세계 최고의 투자자가 될 수 있었던 이유 중 하나가 남들보다 오랜 기간을 건강하게 누릴 수 있어서였음을 잊지 말자. 복리의 마법이라는 것은 건강하게 나이가 들수록 강력하게 돌아온다는 사실을 잊지 말자. 비단 금융시장뿐만 아니라 본인의 삶과 소비 패턴을 다시 살피는 것이 재테크의 첫걸음이 아닐까 싶다.

이상 1장에서는 경제적 자유를 이루기 위한 네 가지 요소인 실력, 리스크, 비효율성, 시간에 대해 다룬 후 노동소득과 자본소득, 그리고 제3의 소득원에 대해 이야기해보았다. 2장에서는 본격적으로 투자 이야기를 시작하면서 금융시장에서 이기기 위한 세 가지 공리로 확률, 자금력, 절제에 관해 살펴보고자 한다.

투자에서 이기기 위한
세 가지 공리

2장에서는 모든 종류의 투자를 시작하기 전에 반드시 명심해야 할 세 가지 공리에 대해 다루고자 한다. 사실 금융 세계에서 '반드시'라는 말은 금기어다. 공리라는 단어도 건방지게 느껴질 수 있다. 그래도 투자에 임하면서 너무나도 중요한 세 가지 포인트라고 생각하기에 다소 주제넘은 제목을 붙이는 시도를 감행했다.

트레이딩이나 투자의 세계에서 기법, 원칙, 철학 등은 시장 참여자의 수만큼이나 다양하다. 그러나 공통된 공리는 있다. 어떻게 하면 이를 효과적으로 설명할 수 있을지 고민하다가 카지노를 예로 들면 비교적 쉽게 설명될 것 같았다. 물론 주식시장과 카지노는 성격이 다르기에 디테일보다는 거시적인 본질에 집중해서 이해하길 바란다.

흔히 도박의 말로(末路)는 좋지 않다고 하는데, 사실이다.

도박에서 일시적으로 돈을 번 사람은 있어도 꾸준히 돈을 버는 사람은 없다. 그런데 이를 뒤집어 생각하면 도박장을 운영하는 카지노는 언제나 누적으로 돈을 번다는 뜻이다. 이제 설명하겠지만 이는 우연이 아닌 필연적인 결과다.

주식 투자나 트레이딩은 도박일까? 이에 대한 답은 '하기 나름'이다. 본인이 어떻게 투자하느냐에 따라 카지노 이용자처럼 말로가 좋지 않은 도박을 하는 것일 수도 있고, 카지노 운영자처럼 어엿하게 수익성 좋은 비즈니스를 운영하는 것일 수도 있다. 2장에서는 왜 카지노가 언제나 안정적으로 누적 수익을 얻게 되는지를 설명하고 이를 투자에 적용해보겠다.

첫 번째, 확률적 우위

카지노는 확률, 자금력, 심리의 세 가지에서 우위를 가진다. 먼저 확률적 우위는 수학적으로 이길 확률이 50%보다 더 높은지 여부를 의미한다. 주사위에는 1에서 6의 숫자가 있고, 제대로 잘 만든 주사위를 던졌을 때 각각의 숫자가 나올 확률은 6분의 1, 즉 16.67% 정도다.

만약에 주사위를 던져 4 이하의 숫자가 나오면 이기고 5 이상의 숫자가 나오면 지는 게임이 있다면 승률은 얼마일까?

1, 2, 3, 4가 나오면 이기기 때문에 이길 확률은 6분의 4, 즉 66.67%다. 5, 6이 나오면 지기 때문에 질 확률은 6분의 2, 즉 33.33%다. 승률이 50%보다 높기 때문에 확률적 우위가 있다고 말하며 그 우위는 16.67% 정도다. 동전을 던져서 앞면이 나오면 이기고 뒷면이 나오면 지는 게임은 어떨까? 제대로 잘 만든 동전이라면 앞과 뒤는 50 대 50의 확률로 나오기 때문에 승률은 50%이고 어느 쪽이든 확률적 우위는 0%다.

　카지노에 존재하는 모든 게임은 수학적으로 계산했을 때 카지노가 이길 확률이 50%를 초과한다. 즉 카지노는 모든 게임에서 확률적 우위를 확보하고 있다고 표현할 수 있다. [표 2-1]은 게임별 카지노의 승률이다.

　블랙잭에서 카지노의 승률이 51.50%라는 것은 반대로 카지노 이용자의 승률이 48.50%(100 - 51.50)라는 뜻이다. 그런데 이 승률은 플레이어가 매 순간 수학적으로 최적의 선택을 했을 때를 가정한 것이다. 만약 플레이어가 촉이 왔다든가, 카드를 한 장 더 받아야 하는데 미신적인 논리로 받지 않았든가 하는 행동을 통해 수학적으로 최적이 아닌 선택을 하면 카지노의 확률적 우위는 더 올라간다. 즉 51.50%라는 수치는 블랙잭에서 카지노가 최소한으로 확보한 승률이며, 비이성적인 이용자가 많을수록 올라간다고 보면 되겠다.

　국가마다 카지노마다 세부적인 룰이 조금씩 다를 수 있어

〔표 2-1〕게임별 카지노 승률

게임명	카지노의 승률(%)
블랙잭(Blackjack)	51.50 ~ 57
크랩스(Craps)	51.40 ~ 55
스리 카드 포커(Three-card Poker)	51.50
슬롯(Slots)	52 ~ 60
룰렛(Roulette)	52.50
백개먼(Backgammon)	54.82 ~ 56.39

확률에 다소 차이가 있을 수는 있다. 예를 들어 블랙잭의 경우, 덱의 개수가 몇 개인가, 딜러가 소프트 17에 어떻게 베팅을 하는가, 스플릿 후 더블을 허용하는가 등에 따라 승률이 43%가 될 수도 있고 48.5%가 될 수도 있다. 그러나 일단 룰이 확정되면 그에 따른 확률은 수학적으로 정확히 산출되며 어떤 카지노의 어떤 게임도 카지노의 이론적 승률이 50% 이하가 되는 일은 없다.

　룰렛에서는 카지노가 어떻게 확률적 우위를 확보할까? 룰렛 게임에서 플레이어는 1~36의 숫자에 베팅할 수 있고, 본인이 베팅한 숫자가 나오면 36배의 돈을 얻게 된다. 1~36의 숫자 중 하나가 걸릴 확률은 36분의 1이니 당첨 시 36배를 준다면 공평한 게임이겠지만, 게임 보드를 보면 0이라는 숫자가 더 있어 당첨 확률은 37분의 1이 된다(심지어 어떤 카지노는 00도 있어 그보다 낮은 38분의 1이 된다). 결국 이 여분의 확률은 카지노의 확률적 우위로 돌아간다.

도박과 투자를 가르는 기준

확률적 우위의 존재 여부는 무책임한 도박과 제대로 된 투자를 나누는 첫 번째 기준이다. 승률이 50%보다 높은 상황에서 하는 베팅은 합리적인 투자 행위라 할 수 있지만, 그보다 낮은 승률을 가지고 임하는 베팅은 '운에 기대어' 이기기를 희망하는 도박과 다름이 없다.

여기서 승률 50% 기준은 이길 때 버는 돈과 질 때 잃는 돈의 액수가 동일하다는 가정에서 세운 것이다. 만약 두 액수가 동일하지 않다면 기준이 되는 승률은 조정된다. 예를 들어 이길 때는 2를 버는데 질 때는 1을 잃는다면 승률이 33.33%만 넘어도 이익을 누적할 수 있다. 즉 엄밀히 표현하면 '승률이 50% 초과냐'가 아니라 '기댓값이 양이냐'가 도박과 투자를 나누는 기준인데, 설명의 편의상 승률 50%라고 표현한다.

이렇듯 확률적 우위가 너무나도 분명한데 왜 도박에 빠지는 것일까? 왜 강원랜드에 가서 패가망신하는 것일까? 이는 바로 변동성 때문이다. 1만 원을 내면 확정적으로 9,900원을 돌려주는 슬롯머신 A가 있다고 가정해보자. 레버를 당기면 무조건 100원을 제하고 9,900원을 뱉어내는 슬롯머신에 돈을 베팅할 바보가 있을까?

한편 1만 원을 내면 50.5% 확률로 아무것도 돌려주지 않든지 49.5% 확률로 2만 원을 돌려주는 슬롯머신 B가 있다고 해보자. B 슬롯머신을 이용하는 사람은 많을 것이다. 사실 A, B 두 슬롯머신의 수학적 기댓값은 같다. 슬롯머신 A와 마찬가지로 슬롯머신 B도 1을 베팅하면 평균적으로 0.99가 돌아온다. $(0.505 \times 0) + (0.495 \times 2) = 0.99$.

많은 사람이 슬롯머신 A는 하지 않으면서 B는 하는 것은 바로 '불확실성' 혹은 '변동성' 때문이다. 결과가 어떻게 될지 모르는 그 불확실성 때문에 뇌에서 도파민이 분비되고 짜릿함을 느낀다. 이 과정에서 우리의 뇌는 인지 오류를 일으킨다. 카지노의 모든 게임에는 변동성 혹은 불확실성의 요소가 있다. 그 어떤 게임도 항상 동일한 금액을 정확히 분배하지 않는다. 플레이어든 카지노든 엎치락뒤치락 이겼다 졌다 하면서 돈이 오고 가며 그 와중에 잭팟을 터뜨려 수백 배의 돈을 버는 사람도 생긴다. 도박을 하는 사람은 이 짜릿한 불확실성의 안개 속에서 그 저변에 깔린 확률을 망각하고 만다.

현실은 장기적으로 확률에 수렴한다

이런 생각을 하는 독자가 있을 것이다. '아무리 확률적 우위가 있는 베팅을 하더라도 운이 나빠서 내가 지면 아무 소용 없는 것 아닌가?' 맞는 생각이다. 카지노라고 해서 '항상' 이기는 것은 아니다. 그러나 오랜 기간의 '누적으로는 항상' 카지노가 이긴다. 매일 흑자일 수는 없지만 1년을 놓고 보면 카지노는 꾸준히 수익을 낸다. 왜 그럴까?

동전의 예시를 다시 생각해보자. 제대로 잘 만들어진 동전이라면 던졌을 때 앞면이 나올 확률이 50%다. 이 50%를 '이론적 승률'이라고 표현하겠다. 그런데 실제로 이 동전을 2회 던진다고 해서 한 번은 앞면 다음 한 번은 뒷면으로 번갈아 나올까? 그렇지 않다. 실제 던진 횟수 중 앞면이 얼마나 나오는지를 '결과적 승률'이라고 표현하겠다.

동전을 4회 던졌을 때 '결과적 승률'이 '이론적 승률'과 동일하려면 앞면이 2회 나와야 한다. 하지만 현실에서는 4회 다 앞면이 나오거나 1회만 나오기도 하면서 '결과적 승률'이 100%나 25%가 되기도 한다. 이렇듯 동전을 몇 번만 던질 때는 결과적 승률이 이론적 승률과 크게 차이가 날 수 있다.

그런데 동전을 100번 던졌을 때의 결과적 승률은 어떨까? 앞면이 43번 나올 때도 있고, 48번 나올 때도 있고, 55번 나올 때도 있을 것이다. 그러나 앞면이 0번 나오거나 100번 나올 확률은 지극히 낮아서 거의 0에 가까울 것이다. 따라서 '결과적 승률'은 이전보다 이론적 승률에 가깝게 대략 40~60%가 나오게 된다. 이번엔 1억 번을 던졌다고 생각해보자. 그럼 결과는 4,999만 9,419번, 5,000만 581번 등으로 나올 것이다. 이를 '결과적 승률'로 표현하면 거의 50%에 수렴하게 된다.

카지노에 시계가 없는 이유

이제 내가 무슨 이야기를 하려는 것인지 알 것이다. 동전 뒤집기든 도박이든 투자든 한두 번을 한다면 그 결과를 속단하기 어렵지만 수십·수백·수천 번을 반복한다면 그 결과는 점점 이론적인 확률적 우위에 수렴하게 된다. 이것은 필연이다.

카지노가 이런 이치를 모를 리 없다. 그렇기에 카지노 내부에 절대로 비치하지 않는 것이 있는데, 바로 시계다. 카지노에서는 절대로 시계를 볼 수 없다. 카지노에 들어가면 처음 몇 번은 운이 좋아서 이길 수 있지만 시간이 흐르고 베팅이 반복될수록 결과적 승률은 이론적 승률에 수렴해가기 때문이다.

물론 정말 운 좋게 말도 안 되는 확률로 연속해서 이긴 후 집으로 가는 사람도 존재한다. 동전을 10번 던졌을 때 앞면만 나올 확률은 2의 10승인 1,024분의 1이다. 1,000명이 카지노를 방문해서 10번 연속 올인을 하면 그중 1명 정도는 10만 원을 1억 원가량으로 만들 수 있다. 그러나 그 반대로 10번 연속 지는 사람도 나올 것이다. 즉 개개인을 놓고 보면 각자의 결과가 각기 다른 것처럼 보이지만, 카지노를 방문한 수천·수만·수십만 명을 놓고 통계치를 보면 각 게임의 수학적 확률에 준하는 결과가 나오며 이로 인해 카지노는 안정적인 누적 수익을 얻게 된다.

　장기적으로 주식시장에서 돈을 벌기 위해서는 이런 수학적 확률에 대한 이해와 신뢰가 필요하다. 물론 주식시장에서 주사위 던지기나 카지노의 게임처럼 정확한 수학적 확률을 계산하는 것은 불가능에 가깝다. 금융시장은 온갖 변수가 뒤엉켜 움직이는 복잡계이기 때문이다.

　분석을 통한 것이든 퀀트 트레이딩 알고리즘을 통한 것이든 주식시장의 확률적 우위는 환경에 따라 지속적으로 변하기 때문에 계속해서 추정 오차를 줄이도록 노력을 쏟아부을 수밖에 없다. 그러나 이런 동적인 환경에서도 확률적 우위라는 개념은 절대적으로 중요하다. 확률적 우위를 정확히 추정하고 관측할 수 없다고 해서 확률적 우위라는 기제가 작동하지 않는 것은 아니기 때문이다.

　투자를 할 때 제대로 된 리서치와 논리를 통해 확률적 우위가 있는 매매를 했다면 그 결과로 돈을 잃더라도 자신감을 가지고 그 프로세스를 꾸준히 반복해야 한다. 그래야 카지노 운영자처럼 종국적 승리를 거둘 수 있다. 반면 아무 생각 없이 주위 사람이 추천하는 대로 따라가거나 차트만 보고 큰 레버리지를 썼다면 설령 돈을 벌었더라도 이를 부끄러워하고 운에 감사하며 두 번 다시 그런 행동을 반복해서는 안 된다. 시간이 더 흐르기 전에 자신이 만든 작은 카지노에서 빠져나와야 하는 것이다.

장기 투자에서의 확률적 우위

확률적 우위가 확실하게 현실의 수익으로 누적되기 위해서는 한두 번의 시행에 모든 것을 거는 것이 아니라 꾸준한 반복이 있어야 한다. 이는 특히 매매 횟수가 많은 단기 트레이딩에서 중요한 개념이다. 그런데 매매 횟수가 많지 않은 장기 투자에서도 이런 확률적 우위의 개념이 적용될까? 당연히 그렇다.

아무리 열심히 기업을 분석하고 가치를 평가한다 해도 특정 종목의 미래 적정 가치를 완벽히 예측하는 것은 불가능하다. PER, PBR을 이용한 상대가치평가 방법론을 사용하든 현금흐름할인모형(DCF) 같은 내재가치평가 방법론을 사용하든 회사의 적정 가격을 평가한다는 것은 제한적인 정보를 통해 미래를 예측하는 행위다.

따라서 심도 있는 리서치를 통해 그 예측이 맞을 확률을 높여 확률적 우위를 확보한 후, 이 프로세스를 지속적으로 반복함으로써 결과적 승률이 확률적 승률에 수렴하도록 해야 한다.

그런데 매일 매매하는 단기 트레이딩이 아닌, 몇 년에 걸쳐 매매하는 중장기 투자를 여러 번 시행하려면 지나치게 긴 세월이 걸리지는 않을까? 옳은 이야기다. 그렇기에 중장기 투자에서 반복을 통해 확률적 우위를 확보하기 위해서는 다음 두 가지가 중요하다.

첫째, 예측의 오차를 감안해 안전마진을 두어야 한다. 당연히 안전마진이 높을수록 많은 확률적 우위를 확보할 수 있지만, 그런 기회는 다른 시장 참여자에게도 쉽게 눈에 띈다는 사실을 잊지 말아야 한다. 둘째, 시간축으로 '여러 번의 횟수'를 통해 반복을 달성하는 것이 아니라, 동시간대에 '여러 개의 종목'을 담아 분산 투자를 함으로써 확률적 우위를 확보해야 한다.

"달걀을 한 바구니에 담지 말라"라는 투자 격언이 있다. 분산 투자의 중요성을 강조하는 말이다. 많은 거장이 분산 투자를 강조하는 것은 본질적으로 결과적 승률을 이론적 승률에 수렴하게 하기 위해서라고 할 수 있다.

무조건적으로 오르는 주식은 존재하지 않으며 오직 '오를 확률이 높은 주식'만 존재한다. 아무리 잘나가는 회사도 경제

위기나 생각지 못한 암초를 만나면 좌초될 수 있다. 따라서 현명한 중장기 투자자라면 자신이 가진 기업 분석에서의 확률적 우위가 확실하게 실제 결과로 이어질 수 있도록 안전마진이 확보되는 종목을 여러 개 찾아 분산 투자를 할 것이다. 이처럼 자신이 어떤 투자, 어떤 트레이딩을 하든 확률적 우위의 개념은 반드시 가슴에 새기고 집착에 가깝게 간직해야 한다. 금융시장이라는 전장은 언제나 불확실성이 존재하는 곳이기 때문이다.

지금까지 투자에 관한 첫 번째 공리로 확률적 우위를 다루었다. 그런데 확률적 우위에서 열세인 플레이어가 카지노를 이기는 방법이 존재한다면 믿을 수 있겠는가? 영화 〈21〉에 나온 카드 카운팅처럼 확률적 우위를 뒤집는 방법을 쓰지 않고서도 말이다.

두 번째, 자금력의 우위

도박 세계에는 마팅게일(martingale) 베팅이라는 것이 있다. 통계학에 나오는 마팅게일 프로세스와는 다른 개념으로, 패배할 때마다 베팅 액수를 배로 늘려가는 방식이다. 예를 들어 이기면 베팅한 만큼 벌고, 지면 그만큼 잃는 50% 확률의 게임이 있다고 가정해보자. 이 게임에서 마팅게일 베팅 방식을 사용하면, 먼저 1을 베팅해서 지면 2를 베팅하고, 또 지면 4를 베팅하고, 그렇게 8, 16, 32로 두 배씩 배팅 액수를 늘려간다. 이 방식의 이점은 무엇일까?

마팅게일 방식의 이점

내가 10회 연속 2배로 늘리는 베팅을 하기 위해서는 1 + 2 + 4 + 8 + 16 + 32 + 64 + 128 + 256 + 512 = 1,023의 자금이 있으면 된다. 이 자금을 가지고 마팅게일 베팅을 해서 한 판이라도 이기는 순간 게임을 그만둔다고 하자. 내가 이길 확률은 얼마일까?

마팅게일 베팅을 10회 연속할 자금이 있다면, 10회 연속해서 지지만 않으면 누적 금액으로 무조건 이길 수 있다. 예를 들어 첫 번째 베팅에서 1을 잃더라도 두 번째 베팅에서 2를 벌면 총 1의 수익을 거두게 된다. 첫 번째와 두 번째 베팅에서 1, 2를 잃더라도 세 번째 베팅에서 4를 번다면 총 1의 수익을 거두게 된다.

아홉 번을 연속해서 져서 1 + 2 + ⋯ + 256 = 511을 잃더라도 열 번째 베팅에서 이겨 512를 벌면 앞의 두 경우와 마찬가지로 총 1의 수익을 거두게 된다. 10회 연속해서 질 확률은 2의 10승인 1,024분의 1, 즉 0.098%다. 다시 말해 99.902%의 확률로 무조건 1의 수익을 거둘 수 있다. 굉장하지 않은가? 99.902%의 확률로 이긴다니!

이제 카지노에서 이기는 방법을 생각해보자. 어느 개인이 운영하는 소형 카지노의 자금이 총 1억 원이고, 플레이어는 1,023억 원의 자금으로 카지노의 승률이 51.5%인 블랙잭을 마팅게일 베팅으로 플레이한다고 하자. 1억 원을 베팅해서 지면 2억 원을 베팅하고, 계속해서 지면 4, 8, 16억 원으로 베팅 액수가 늘어날 것이다.

아무리 카지노 측의 승률이 51.5%로 유리하다 하더라도 플레이어가 10회 연속해서 질 확률은 0.13%(0.515의 10승인 0.00131)에 불과하다. 50% 대 50%의 동등한 게임에서 10회 연속해서 질 확률인 0.098%보다는 높지만, 그래도 무시할 수 있을 만큼 작다. 다시 말해 자금력만 충분하다면 99.87%의 확률로 플레이어는 카지노가 가진 1억 원을 자신의 것으로 만들 수 있다.

물론 1억 원을 벌기 위해 1,023억 원을 가지고 간다는 것이 비현실적이라고 생각할 수 있다. 그러나 이 예시가 시사하는 바는 매우 명확하고 또 중요한데, 확률적 우위만 가지고는 현실에서 확실한 누적 수익을 얻을 수 없다는 것이다. 확률에서 오는 변동성을 버텨낼 정도의 자금력이 뒷받침되지 않으면 확률적 우위가 있어도 패배할 수 있다.

카지노에서는 시계를 볼 수 없다고 이야기했다. 확률적 우위 때문에 그렇다. 같은 맥락에서 카지노는 테이블마다 베팅 상한액을 정한다. 카지노 측에서 보면 이미 확률적 우위를 확보한 상황이므로 부자 한 명이 와서 100억 원으로 단판 게임을 하는 것보다 많은 사람이 1억 원으로 100번의 게임을 하는 것이 훨씬 유리하다. 블랙잭을 딱 한 판만 하면 카지노가 손실을 볼 확률은 48.5%에 달하지만 100판을 하면 카지노가 누적으로 손실을 볼 확률은 거의 0%에 가깝기 때문이다.

카지노와 플레이어의 싸움

카지노는 베팅 상한액을 두는 동시에 그 상한액의 수만 배에 달하는 막대한 자금을 보유하고 있다. 반면 카지노를 찾는 플레이어가 보유한 자금은 상대적으로 얼마 되지 않는다. 이것은 무엇을 의미할까? 블랙잭이든 바카라든, 카지노와 플레이어는 여러 번 게임을 하며 엎치락뒤치락 이익과 손실을 주고받는다. 이 과정에서 플레이어의 보유 자금은 어떻게 변할까?

[그림 2-1]에서 세로축은 보유 자금의 변화를, 가로축은 시간의 흐름을 나타낸다. 베팅을 계속할수록 보유 자금은 상하 무작위로 움직일 것이다. 아주 장기적으로 보면 확률적 우위가 없는 플레이어의 자금은 점점 우하향해 소진되겠지만, 이

〔그림 2-1〕카지노 플레이어의 보유 자금 변화

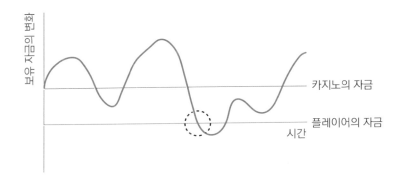

그래프에서는 백번 양보해서 그런 확률적 우위 없이 카지노와 플레이어의 승률이 모두 50%인 게임이라고 가정하겠다.

박빙의 게임이라 할지라도 결과가 무작위로 나오는 도박의 특성상 플레이어와 카지노의 손익은 계속 엎치락뒤치락하기 마련이다. 즉 변동성이 존재한다. 이때 카지노는 엄청난 자금력을 가지고 있어서 어지간한 변동성에는 영향을 받지 않는다. 반면 상대적으로 얼마 되지 않는 자금(그래프의 가로축 아래 수평선)을 보유하고 있는 플레이어 입장에서는 변동성 때문에 손익이 엎치락뒤치락하다가 자기가 보유한 자금만큼 손실을 볼 수 있다.

결국 확률적 우위가 동률인 게임을 하더라도 카지노에 충분히 오래 머물며 게임을 계속하다가는 변동성 때문에 자금이 일시적으로 바닥나는 순간 게임에서 퇴출되어 다시 복구할 기회를 잃어버리게 된다. 이것이 카지노가 가진 자금력의 우위이며 시장을 이기기 위해 명심해야 할 두 번째 공리다.

선물시장이나 옵션시장에는 이 자금력의 우위 개념을 무시하는 바람에 패가망신하는 개인 트레이더가 널리고 널렸다. 아주 좋은 분석 혹은 아주 좋은 매매 시그널을 가지고 수익을 잘 내다가 욕심을 내서 레버리지를 올린다. 이로 인해 아주 작은 반대 움직임에도 본인의 손절 라인에 닿아버리거나 마진콜로 인해 반대 매매를 당한다. 그리고 시장 가격은 언제나 그렇듯 내가 반대 매매를 당하고 난 후에야 내 예측대로 급하게 달려가 버린다. 전부 자금력의 우위라는 개념을 망각하기 때문에 빚어지는 일이며, 확률적 우위를 확보하고서도 파산하는 이유가 그것이다.

켈리 베팅 방식의 이해

금융시장에서 예쁘게 직선으로 우상향하는 손익 그래프를 가진 상품은 예금뿐이다. 예금을 제외한 상품, 채권이나 주식을 비롯한 대부분의 금융상품에는 변동성이 존재한다. 변동성이 있는 상품에 투자하려면 확률적 우위뿐만 아니라 자기가 보유한 자금도 고려해야 한다.

그렇다면 매매 1회에 어느 정도의 자금을 투입해야 할까?

수학적인 방법을 찾는다면 다음과 같은 켈리 베팅 방식을 활용할 수 있다.

$$f^* = \frac{p}{a} - \frac{q}{b}$$

f*: 베팅 금액의 비중 **p**: 이익이 날 확률 **q**: 손실이 날 확률 **a**: 손실 폭 **b**: 이익 폭

이익이 날 확률이 60%이고 손실 폭과 이익 폭이 동일한 매매라면 (0.6 ÷ 1) - (0.4 ÷ 1) = 0.2, 즉 매매 1회에 총자금의 20%를 투입하라는 뜻이다. 그러나 실전에서 이 방식을 적용하면 절대 안 된다. 켈리 베팅은 수익률을 극대화하기 위한 공식이지, 파산 확률을 최소화하기 위한 공식이 아니기 때문이다.

또한 끊임없이 변화하는 주식시장에서는 아무리 과거 데이터로 백테스팅을 하더라도 미래의 이익·손실 확률은 정확한 추정이 불가능하기에 p, q 같은 변수도 확정할 수 없다. 따라서 이 방식보다 훨씬 보수적인 기준으로 자금을 투입해야 한다. 일일이 계산하기가 힘들다면, 그냥 어림잡아서 1회 매매 혹은 한 개 종목 투자에 운용 자금의 5~10% 이상은 넣지 않는 것이 좋다.

도박꾼의 오류와 독립 시행의 원칙

자금을 충분히 준비하고 1회 매매나 한 개 종목 투자에 5~10% 이상의 자금을 넣지 않는다면 안전한 투자가 되는 것일까? 아직은 아니다. 자금을 여러 시행에 분산하더라도 독립 시행의 원칙을 지키지 않으면 파산할 수 있다. 이 독립 시행은 생각보다 너무나 많은 개인 투자자가 간과하고 실수하는 것이라서 꼭 강조하고 싶다.

독립 시행이란 '두 가지 사건이 일어났을 때 각각의 결과는 서로 관련이 없다'라는 뜻으로 이해하면 된다. 동전 A와 B를 던졌을 때, A가 앞면이 나올 확률과 B가 앞면이 나올 확률은 아무 관련이 없다. A가 앞면이 나왔으니 B는 뒷면이 나올 것이라고 예측하는 것은 말도 안 되는 난센스다. 즉 동전 A를 던진 결과와 동전 B를 던진 결과는 서로 독립적이다.

누구나 아는 이치인데, 카지노에 가면 홀짝 베팅하는 플레이어 중 짝이 여러 번 연속으로 나온 것을 찾아 홀에 베팅하는 사람이 꼭 있다. 짝이 8회 연속 나왔으니 다음에는 홀이 나올 확률이 높을 것이라는 착각, '이제 홀이 나올 때가 됐지'라는 착각이다. 이전에 던진 주사위가 10회 연속 짝이 나왔든 100회 연속 홀이 나왔든, 새로 주사위를 던졌을 때 짝이나 홀이 나올 확률은 각각 50%다. 앞서 던진 주사위와 현재 던지는 주사위는 서로 독립적이기 때문이다.

　또 블랙잭을 하다 보면 테이블에 앉은 다른 사람의 의사 결정 때문에 딜러가 이겼다며 꼭 남 탓을 하는 사람들이 있다. 이 역시 독립된 두 사건을 놓고 연관을 짓는 오류를 범하는 모습이다. 카지노에서는 이런 오류가 초심자에게 너무 많이 관찰되기 때문에 '도박꾼의 오류(gambler's fallacy)'라는 심리학 용어가 따로 있을 정도다.

　그렇다면 서로 독립적이지 않은 사건으로는 어떤 것이 있을까? 비가 올 확률과 거리에서 우산을 쓴 사람을 목격할 확률을 생각해보자. 비가 올 확률이 높은 날에는 자연스럽게 우산을 쓴 사람을 목격할 확률도 높다. 서로 독립적이지 않은 것이다.

은연중의 마팅게일 베팅, 물타기

　투자에서 이 독립이라는 개념은 왜 중요할까? 1회 매매나 한 개 종목 투자에 5~10% 이상의 자금을 투입하지 말라고 이야기했는데, 이 원칙대로 1회 매매 때 전체 자금의 5%를 투입한다고 해보자. 이렇게 하면 누적으로 20회의 손실을 보지 않는 이상 파산할 일은 없다. 승률이 50%보다 높다면 벼락 맞을 만큼 운이 나쁘지 않고서는 파산하지 않을 것이다.

　그런데 서로 다른 매매에 자금을 분산했다 해도 진입 시점과 청산 시점만 조금 다를 뿐 동일한 매매 논리를 적용하거나 거의 동일한 시장 환경에서 이루어진 분산 투자라면 상황이 달라진다.

어느 중장기 투자자가 20개 종목에 분산 투자를 했는데 20개 종목이 전부 반도체 관련 업종이라면 안심해도 좋을까? 또 페이스북과 스냅챗의 주가는 굉장히 비슷하게 움직인다. 금과 은의 가격도 마찬가지다. 서로 독립적이지 않은 것이다. 아무리 열심히 분산을 했어도 비슷한 성질을 가지고 비슷한 움직임을 보이는 상품군 내에서 분산했다면, 한 상품 가격이 하락할 경우 나머지 상품 가격도 모두 하락할 수 있다. 독립 시행의 원칙을 지키지 않았기 때문에 분산 투자의 효과를 누릴 수 없는 것이다.

앞에서 마팅게일 베팅 방식으로 카지노를 파산시키는 방법을 다룬 바 있다. 그렇다면 마팅게일 베팅이 좋은 방식일까? 결코 그렇지 않다. 이 방식을 잘못 사용하면 독립 시행의 원칙을 부수는 오류로 이어진다. 앞에서 예시를 든 것은 단순히 자금력의 우위를 설명하기 위한 것일 뿐이며, 이기는 투자를 하기 위한 확률적 우위는 본질적으로 가져다주지 못한다. 즉 음의 기댓값을 양으로 바꿀 수는 없다.

마팅게일 베팅 방식은 승률을 인위적으로 올리는 대신 이길 때의 이익 폭을 줄이고 질 때의 손실 폭을 늘릴 뿐이다. 예시에서 보았듯, 이길 때의 액수는 1로 한정되지만 질 때는 1,023에 달하는 어마어마한 액수를 잃게 된다. 따라서 마팅게일 베팅 방식은 본질적인 기대 수익을 변화시키기보다는 수익 폭과 손실 폭의 비율을 조절할 뿐이다.

주식시장에서 수많은 사람이 스스로 인지하지 못한 채 마팅게일 베팅 방식을 사용하고 있는데, 바로 '물타기'가 그것이다. 최초로 매수할 때나 물타기를 할 때나 논리 및 베팅 방향에 전혀 차이가 없다면 독립 시행이 전혀 지켜지지 않은 것이다. 이렇게 10회 물타기를 했다고 해보자. 전혀 다른 10개의 종목에 각각 독립된 의사 결정을 통해 투자를 했다면 10회를 틀려야 파산하지만, 단일 종목에 동일한 논리를 가지고 10회 물타기를 했다면 그 논리가 한 번만 틀려도 파산할 수 있다.

손실을 내고 있는 종목을 추가 매수해 평단가를 내리면 당장은 안도감이 들고, 조금만 다시 올라도 본전을 회복해서 이익으로 끝날 수 있다. 그래서 물타기가 좋은 방법인 것으로 착각하게 된다. 그러나 이를 반복하다 보면 언젠가는 물타기를 해도 계속해서 손실을 보는 상황에 맞닥뜨리게 되어 회생 불가능한 상황에 처할 수 있다. 엎친 데 덮친 격으로 신용이나 레버리지를 썼거나 선물을 통해 물타기를 했다면 금방 마진콜로 끝나버린다.

물론 물타기도 전략적으로 사용하면 충분히 합리적인 전

략이다. 매수 가격보다 더 낮은 가격에서 절제를 지키며 추가 매수한다면, 손익비가 개선되는 효과와 함께 승률도 올라갈 수 있다. 또 트레이딩을 할 때 본인 전략의 승률이 낮고 손실 폭보다 이익 폭이 많이 높은 편이라면 물타기를 전략의 일부로 반영해 조금 더 안정적인 자금 관리에 유용한 툴로 사용할 수 있다. 하지만 이런 부류의 물타기가 아닌, 감정적이고 즉흥적인 물타기는 파산 확률을 비약적으로 높인다.

분산 투자에서의 독립 시행

　앞서 반도체 업종의 예시처럼 독립 시행의 원칙은 트레이딩뿐 아니라 중장기 투자에도 적용된다. 예를 들어 애플 주식을 산 상황에서 나머지 돈을 분산 투자한다고 구글, 마이크로소프트, 페이스북 주식을 사면 어떨까? 물론 분산 투자 효과가 아예 없지는 않겠지만, 전부 빅테크 회사이고 나스닥지수와 함께 움직이는 종목이기에 내릴 때 함께 내리고 오를 때 함께 오르는 모습을 보게 될 것이다.

　이처럼 등락 방향이 같은 것을 수학 용어로 '상관계수가 높다'고 한다. 상관계수는 -1에서 1 사이의 값으로 언제나 완벽히 같은 방향으로 움직이면 1, 언제나 완벽히 다른 방향으로 움직이면 -1, 서로 전혀 관계가 없으면 0의 값을 가진다. 따라서 내가 현재 보유한 종목들과 상관계수가 1에 가까운 상품에는 분산 투자를 해도 분산의 효과가 미미하다. 이 원리는 섹터를 넘어 국가 단위로도 적용된다. 코스피의 시가총액은 전 세계 주식시장 시가총액의 2%도 되지 않는다. 이 2%도 안 되는 시장 내에서만 분산 투자하는 것은 명확한 한계가 있다는 사실을 인지해야 한다.

지금까지 투자의 두 번째 공리인 자금력의 우위에 대해서 다루면서 독립 시행의 원칙까지 알아보았다. 그러면 확률적 우위와 자금력의 우위 이 두 가지만 갖추면 투자에서 승리할 수 있을까? 카지노가 플레이어에 대해 가지는 우위는 이것이 전부일까?

이 두 가지를 합친 것보다 더 중요한 세 번째 요소가 남았다.

세 번째, 절제의 우위

블랙잭에서 카지노의 확률적 우위는 51.5%지만 실제 카지노 측의 블랙잭 테이블 승률을 보면 51.5%보다 훨씬 높다. 51.5%는 플레이어가 언제나 수학적으로 최적화된 선택을 한다고 가정할 경우의 승률이기 때문이다.

카지노 딜러는 미리 정해진 규칙에 따라 기계적으로 딜링을 하는 반면, 일반 플레이어는 '흐름이 왔다' '촉이 왔다' '동양인 중년 여성 딜러는 피해야 한다' 등 말도 안 되는 궤변을 신봉하면서 카드를 한 장 더 받아야 할 때 받지 않고 받지 말아야 할 때 받는 등의 행동을 한다. 손실이 반복되어 감정적이 되면 이런 인지 오류가 더 자주 관찰된다. 이로써 플레이어가 확보할 수 있는 최고 승률 48.5%보다 훨씬 더 낮은 승률이 나오며, 이는 플레이어가 가진 인지 편향과 절제력의 한계가 빚어낸 결과다.

투자에 필요한 공리 중 세 번째는 절제의 우위다. 자신은 미신을 믿는 사람과 다르다며 절제할 수 있다고 생각할지도 모르겠다. 하지만 이제까지 십수 년간 트레이딩 및 금융업에 몸담아오면서 모의 투자와 실전 투자 간 승률이 똑같았던 사람은 한 번도 본 적이 없다. 아무리 노련한 강심장 트레이더라 할지라도 모의 투자에서 뽐낸 월등한 실력을 실전 투자에서도 변함없이 드러내는 경우는 매우 드물다.

투자에서 과도한 자기 신뢰

다이어트 방법을 안다고 해서 모두가 날씬한 것은 아니다. 운동을 꾸준히 해야 한다는 사실을 안다고 해서 모두가 운동을 꾸준히 하는 것도 아니다. 학기 중에는 방학 때 읽을 책 목록을 엄청나게 많이 작성하지만, 막상 방학하면 게임이나 유흥에 시간을 허비하는 경우가 다반사다. 내일은 일찍 일어나야겠다고 마음을 먹지만 막상 새벽에 알람이 울리면 나도 모르게 계속 끄게 된다. 인간관계에서 다혈질적인 모습을 보이지 말아야지 다짐하지만 돌아서면 얼마 못 가 화를 내고 후회하는 것이 우리의 모습이다.

나를 비롯해서 모든 독자가 작심삼일의 결과에 실망한 적이 있을 것이다. 아마 한두 번이 아닐 것이다. 그런데 왜, 도대체 왜 그토록 많은 사람이 주식시장에서 자기 마음을 완벽하게 컨트롤할 수 있다고 생각하는 것일까? 아무런 압박이 없는 상황에서 했던 사소한 결심도 지키지 못하면서, 큰돈이 오가고 아드레날린이 솟구치는 와중에 평정심을 유지한다는 게 쉬운 일일까?

매매나 투자에서 확률적인 우위를 찾는 것은 생각보다 쉽다. 물론 절대적인 기준에서 쉽다는 것이 아니라 '생각하는 것보다 어렵지 않다'는 뜻이다. 그러나 실전에서 심리적으로 절제하며 확률적 우위를 실현하는 것은 '생각보다 훨씬 어렵다'. 이 심리적 절제 과정에서 수많은 사람이 투자에 실패한다. 이익을 낼 때 안절부절못하다가 목표했던 가격보다 일찍 수익을 실현하게 되고, 손절해야 한다는 것을 알면서도 끊지 못하다가 장기 보유를 하게 된다. 빨리 돈을 벌고 싶은 욕망에 신용, 미수, 대출로 레버리지를 지나치게 높이고 독립 시행의 원칙도 어기면서 파산에 이르게 된다.

　　매매와 투자의 성공은 종국적으로는 자신을 갈고닦을 수 있는지 여부에 달렸다. '수신(修身)'은 투자에서 가장 중요한 두 글자다. '수신제가 치국평천하'는 유교 경전인 《대학》에 나오는 구절인데, 먼저 자신부터 갈고닦아야 가정이 잘되고 나라가 잘 다스려지며 천하가 평화로워진다는 뜻이다. 현대의 개인 투자자에게 빗대자면 나라를 직장 생활로, 천하를 주식시장으로 대체해 '수신제가 치업평시장'이라 해도 무방할 것이다.

　　수신에서 시작해 뒤로 갈수록 난도가 높아진다. 이는 '내 마음대로 되지 않는' 영역이 점점 커지기 때문일 것이다. 수신도 쉬운 일은 아니지만 컨트롤 대상이 자신뿐이고 이마저도 뜻대로 되지 않으면 혼자 후회하면 그만이다.

　　그러나 배우자와 자녀가 있어서 '제가(齊家)'가 필요할 경우는 결코 간단하지 않다. 배우자와 자식에 관련된 일이 내 뜻대로 되지 않는다면 단순히 개인적 후회에 머물지 않고 갈등과 분노, 섭섭함 등 여러 감정적 상호 작용이 생긴다.

　　그 범위가 '치업(治業)'으로 넓혀지면 직장 상사, 후임, 고객이라는 '먼 타인', 내 컨트롤이 완벽히 미치지 않는 사람들과의 상호 작용을 조절하는 방법을 배워나가야 한다. 이 범위가 '평시장' 즉 주식시장으로 넓혀지면 내가 컨트롤할 수 있는 범위는 지극히 작아지고, 나와 전혀 상관없이 격동하는 거대한 시장의 움직임에 맞추어 그 흐름 속에서 행동해야만 한다.

실패라는 그림자와 공존하는 법

주식시장에서 하는 처신이 수신, 제가, 치업보다 훨씬 어려운 다른 이유가 있다. 실패나 패배를 그림자처럼 곁에 두어야한다는 것이다. 대부분의 사람은 실패에 익숙하지 않다. 그래서 실패하면 큰 스트레스를 받는다. 어떤 사람은 복이 많아서인지 개인, 가정, 직장에서 아무런 실패 없이 팔자 좋게 잘 살아가기도 한다. 문제가 생기더라도 그저 사소한 일일 경우가많다. 그런데 주식시장에서 성공하기 위해서는 실패라는 필연적인 그림자와 공존하는 법을 익혀야 한다. 세상 그 어느투자자도 100%의 승률을 가지지는 못하기 때문이다. 다른 영역에서는 성공과 실패가 이분법적으로 나눠지지만, 시장에서는 성공 속에 언제나 실패가 혼재해 있다.

전설적인 투자자 워런 버핏도 3년 연속 손실을 본 적이 있다. 확률적 우위를 결과적 수익으로 가져가는 과정에서 트레이더나 투자자는 수없이 많은 손실을 경험한다. 주식시장은식당 운영처럼 매출과 이익이 조금씩 쌓여가는 곳이 아니다. 이익과 손실의 무수한 변동 속에서 심리적 절제를 통해 수익을 쌓는 곳이다. 따라서 주식 투자를 잘하기 위해서는 실패나패배를 잘 받아들여야 한다. 잃을 때 잘 잃는 것이 중요하다.

시장에서는 누구나 잃는 경험을 지속적으로 할 수밖에 없기 때문이다.

시장에서 실패나 패배를 잘 받아들인다는 것은 무슨 의미일까? 내 의지가 닿지 않는 세상을 인정하는 것, 때로는 내 힘으로 어쩔 수 없는 무작위성이 존재한다는 것을 받아들이고 장기적 관점을 갖는 것이다. 주식시장을 움직이는 요인은 크게 추세와 무작위성으로 나눌 수 있다. 장기적으로 보면 추세가 더 잘 보이고, 단기적으로 보면 무작위성이 더 잘 보인다. 우리의 인생도 마찬가지다. 공부를 아무리 열심히 해도 시험 당일 컨디션에 따라서 결과가 엉망일 수 있다. 하지만 매사에 열심인 사람은 단기적으로 실패해도 장기적으로는 성공하게 된다.

주식시장에서 본질적인 가치가 좋은 종목에 투자하더라도 단기적 하락이 있을 수 있고, 예상치 못한 이벤트가 터져 가치가 변하는 바람에 손실로 마감할 수도 있다. 그러나 그 결과에 연연하지 않고 합리적인 투자를 반복하면 포트폴리오 수익은 누적으로 쌓여갈 수 있다. 단타 매매에서도 마찬가지 원리가 적용된다.

이런 사실을 인지한 채, 부정적인 이벤트나 손실이 연이어 발생했을 때도 흔들림 없는 멘털을 유지하고 확률적 우위가 있는 행동을 고수해나간다면 절제의 우위를 확보했다고 할 수 있다. 하루하루의 결과에 일희일비하지 않고 '나'라는 동전의 승률을 올리기 위해 매일 수신하며 자신을 갈고닦는다면 언젠가는 필연적으로 성공하기 마련이라 생각한다.

물론 스스로 절제하고 중용을 지킨다는 것이 말처럼 쉬운 일은 아니다. 사실 나도 이런 말을 하는 것이 부끄러울 정도로 수신을 제대로 실천하지 못하고 있다. 다만 절제의 우위가 얼마나 중요한지 인지하고 투자하는 것과 그런 인지 없이 투자하는 것이 결과적으로 얼마나 큰 차이를 만들어내는지는 잘 알고 있다.

알고리즘이나 시스템에 의한 트레이딩, 퀀트 투자의 경우 컴퓨터가 자동으로 매매를 하기 때문에 자기 절제가 훨씬 잘 될 거라고 생각할 수 있다. 이는 반은 맞고 반은 틀린 생각이다. 자동화한 알고리즘으로 매매한다는 것은 앞에서 살펴본 확률적 우위를 백테스팅 등의 통계 기법으로 객관화해보자는 시도에서 나온 것이다. 이 과정에서 확립한 투자 전략을 컴퓨터로 자동화하면서 절제의 우위를 가져가는 시도라 할 수 있는데, 퀀트 전략 운용에 사람의 심리가 전혀 반영되지 않는다고 생각하는 것은 오산이다.

알고리즘 매매를 할 때도 과도하게 욕심을 부려 하나의 전략에 지나친 레버리지를 사용해 망하는 경우가 부지기수이고, 퀀트 전략 리서치를 할 때도 본인의 심리적 편향이 들어가 통계 방법론의 결과를 잘못 해석하기도 한다. 따라서 절제의 우위는 투자 전략을 막론하고 그 어떤 투자자든 성공하기 위해서 확보해야 할 부분이라고 할 수 있다.

카지노 운영자처럼 투자하라

지금까지 투자에 필요한 세 가지 공리에 대해 다루어보았다. 카지노 운영자가 누적으로는 이용자를 이길 수밖에 없는 이유, 우리가 카지노 운영자처럼 주식 투자를 해야 하는 이유를 이제 명백하게 인지했으리라 생각한다. 물론 주식시장은 모든 것이 정확하게 컨트롤되는 카지노 게임과 달리 온갖 변수로 인해 동적으로 변화하는 복잡계다. 따라서 이 장에서 들었던 예시들이 곧이곧대로 다 적용되지는 않을 것이다. 그렇다 해도 이 세 가지 공리의 본질은 모든 종류의 매매 및 투자에 적용된다고 생각한다.

지금까지 살펴본 내용을 토대로 시장 참여자로서 주식시장에서 성공하기 위한 세 가지 필수 요건을 요약해보면 다음과 같다.

첫째, 확률적 우위를 확보해야 한다. 확률적 우위를 확보하기 위한 방법은 투자철학과 투자 전략에 따라 다양하다. 시장 지수를 초과하는 수익을 내기 위해 꾸준히 뉴스를 보고 시황을 분석하며 시장을 읽는 통찰력을 기르는 것. 기업에 대해 가치평가를 해보고 정성적 리서치를 해서 스스로 결론을 내려보는 것. 본인만의 매매 전략을 확립하고 개량하는 것. 아직 많이 사용되지 않은 새로운 데이터를 분석하는 것. 통계적 유의미성이 확보된 좋은 알고리즘 전략을 개발하는 것.

이 같은 다양한 방법 중에 본인만의 방식으로 확률적 우위를 확보해나가면 시장에서 초과수익을 내기 위한 확률적 우위를 확보할 수 있다.

둘째, 자금력의 우위를 확보해야 한다. 충분한 자금력을 갖추고 독립 시행의 원칙을 지키며 매매하거나 분산 투자를 하면서 리스크를 관리해야 한다. 다만 여기서 충분한 자금력이라 함은 절대적인 액수로 큰 금액을 말하는 것이 아니라 본인의 투자 전략과 매매 사이즈 대비 상대적으로 충분한 자금인지를 이야기한다.

시드머니가 작든 크든 투자자가 본인의 시드머니 대비 충분히 분산을 행한다면 자금력의 우위를 확보할 수 있다. 충분한 자금력을 갖추라는 이야기를 거꾸로 말하면 한 번의 매매에 과욕을 부리지 말라는 뜻과도 같다. 주식시장에서 가장 중요한 것은 살아남는 것이지, 공격적으로 수익률 극대화만 하는 것이 아니다.

셋째, 확률적 우위와 자금력의 우위에 기초해 절제의 우위를 확보해야 한다. 반복되는 승리와 패배에 심리적으로 흔들리지 않으면서 일관성 있는 투자철학과 전략을 시행해나가는 것이다. 이는 비단 투자뿐만 아니라 삶과 커리어의 모든 방면에서 중요한 부분이다.

이 세 가지 공리만 완벽하게 인지하고 체화할 수 있다면 그 어떤 투자나 사업에서도 패가망신하는 일은 피할 수 있으리라 믿어 의심치 않는다.

당신은 투자로
돈을 벌 자격이 있는
사람인가?

3장에서는 '시장에서 수익을 낸다는 것'의 본질에 대해 다룰 것이다. 이에 앞서 독자 여러분이 주식시장에서 돈을 벌 수 있는 사람인지를 간단히 판별해보겠다. 먼저 질문을 하나 던져보겠다.

"당신은 왜 주식 투자를 통해 돈을 벌 수 있다고 생각하는가?"

깊게 생각하고 답해보기를 바란다. 대개는 '주식시장은 장기적으로 오르기 때문에' '자본주의가 살아 있는 한 주식시장은 망하지 않으니까' '예금보다 수익률이 높아서' 등의 대답을 할 것이다. 전부 만족스러운 답이 아니지만 이에 대해서는 2부 '지수 추종'에서 자세히 다루기로 하고, 이제 다른 질문을 던져보겠다.

"당신은 왜 자신이 직접 투자를 하면 주가지수 평균 수익률을 상회하는 수익을 낼 수 있다고 생각하는가?"

당신은 사냥꾼인가, 사냥감인가?

물론 독자 중에서 인덱스펀드에 자금을 넣고 있거나 시장 평균 수익률에 만족하는 사람도 드물게 있을 것이다. 그러나 투자 관련 서적을 사서 보고 투자 공부에 시간을 할애하는 독자는 대부분 시장 평균 수익률에 만족하지 못하니 그런 추가적인 노력을 쏟는 것일 테다. 그래서 증권사나 펀드에 맡기기보다 자기가 직접 투자하고 싶어 할 것이다. 따라서 왜 내가 주가지수 평균 수익률을 이길 수 있다고 생각하는지에 대해 생각해보는 것은 무척이나 중요하다. 내가 초과수익을 낼 마땅한 근거가 있다면 그것이 무엇인지 잠시 생각해보기를 바란다.

앞의 두 질문은 다름 아닌 투자철학에 관한 것이다. 이 질문에 명확하게 대답할 수 없다면 투자철학이 없는 것이다. 투자철학이 있다고 해서 반드시 이익을 내는 것은 아니지만 투자철학이 없으면 반드시 손실을 경험하게 된다. 가치평가 분야의 세계적인 석학인 뉴욕대 애스워드 다모다란(Aswath Damodaran) 교수는 투자철학을 '시장의 작동 원리와 투자자의 실수를 바라보는 일관된 사고방식'이라고 정의했다. 여기서 중요한 것은, 주식시장의 초과수익은 결국 시장 참여자의 실수에서 비롯된다는 사실이다.

시장의 평균 수익률은 시장에 참여한 모든 투자자의 평균 수익률이라고 할 수 있다. 극단적인 가정이지만 세상에 단 세 명의 투자자 A, B, C가 있고 시장 평균 수익률이 10%라고 해보자. A가 16%의 수익률을 냈다면 B와 C 중 필시 누군가는 그 6%의 초과수익률만큼 시장 평균을 하회하는 수익을 냈거나 손실을 냈을 것이다. 예를 들어 B와 C가 각각 10%, 4%를 냈거나 둘 다 7%씩 냈을 경우 A, B, C를 합해 평균 10%가 된다. 이렇듯 누군가가 시장 평균을 상회하면 누군가는 시장 평균을 하회해야 하는 것은 '평균'의 정의에 내재한 진리다.

실수를 바라보는 일관된 사고방식

모든 가치투자자의 꿈은 적정 가치보다 낮은 가격에 주식을 매수하는 것이다. 적정 가치가 10만 원인 주식을 누군가가 8만 원에 샀다고 해보자. 이것은 무슨 의미일까? 그가 8만 원에 산 주식은 하늘에서 떨어진 것이 아니라 시장 참여자 중 다른 누군가가 판 것이다. 즉 그 누군가는 적정 가치보다 저평가된 가격에 주식을 파는 실수를 한 것이다. 나중에 그 주식의 가격이 올라서 15만 원에 판다고 해보자. 매도 주문이

체결되기 위해서는 다른 누군가가 적정 가치보다 고평가된 가격인 15만 원에 주식을 사는 실수를 해야만 한다.

다모다란 교수가 말한 투자철학이란 바로 그런 실수를 바라보는 일관된 사고방식을 뜻한다. 예를 들어 '시장은 뉴스에 과잉 반응한다' '사람은 덩치가 크고 브랜드가 잘 알려진 기업에 과도한 신뢰를 보낸다' 같은 생각이 투자철학이다. 투자 전략은 이런 투자철학에서 파생된 기법이다. '어떻게 해야 다른 사람의 실수를 나의 수익으로 만들 수 있는지'가 투자 전략이다. 하나의 투자철학에서 여러 가지 투자 전략이 나올 수 있기에 투자 전략의 수는 투자철학의 수보다 많다.

가령 '시장은 뉴스에 과잉 반응한다'라는 투자철학을 가진 투자자라면 어느 기업의 호재성 뉴스가 터져 주가가 과도하게 상승하면 공매도를 하고, 어느 기업의 실적이 시장의 예측보다 낮게 나와 주가가 과도하게 하락하면 매수에 들어가는 전략을 취할 것이다. '사람은 덩치가 큰 기업에 과도한 신뢰를 보낸다'라는 투자철학을 가진 투자자라면 시가총액이 큰 대기업 주식이 아닌 중소기업 주식 중에서 저평가된 것을 찾아 매수하는 전략을 취할 것이다.

투자철학을 분류하는 방법은 다양하지만 크게 '언제 사고 팔아야 하는가'의 시점 선택 철학과 '어떤 종목을 사고팔아야 하는가'의 종목 선택 철학으로 나눌 수 있다. 일반적으로 단기 트레이딩은 전자에 속하고 중장기 투자는 후자에 속한다. 하지만 중장기 투자나 자산 배분 전략에도 시점 선택 철학에 기초하는 것이 있고, 단기 트레이딩에도 종목 선택 철학에 기초하는 것이 있기에 칼로 무 자르듯 나눌 수는 없다.

가치투자의 투자철학

가치투자의 토대가 되는 투자철학은 무엇일까? 그것은 바로 시장의 참여자가 특정 주식의 가치를 제대로 산정하지 못하는 실수를 한다는 것이다. 가치투자에서 적정 가치를 계산하는 방법으로는 크게 구분해 PER, PBR 등의 배수를 이용하는 상대가치평가, 현금흐름할인모형(DCF)으로 해당 기업의 미래 수익을 추정하는 내재가치평가가 있다. 그 외에 몇 가지로 더 분류하는 방법도 있긴 하지만 본질적으로는 이 두 방식이 기초가 된다. 이 두 방식의 저변에 깔린 투자철학은 어떻게 다를까?

기본적으로 상대가치평가의 경우 적정 가치를 계산하려는 기업과 비슷한 기업의 PER 등을 고려해 저평가 여부를 결정한다. 시장의 여러 종목을 평균적으로 보았을 때는 가격이 효율적으로 책정되지만, 개별 종목 레벨에서는 때때로 가격이 잘못 책정된다는 투자철학이 있어서 그렇다. 따라서 시장이 전반적으로 고평가되어 있거나 저평가되어 있다면 상대가치평가 방법을 통해 내린 결론은 틀리게 된다.

반면 내재가치평가는 특정 기업의 미래 현금흐름을 현재 가치로 할인해 계산하는 방식으로 저평가된 종목을 매수한다. 여기엔 '시장의 가격은 장기적으로 적정 가치에 수렴하지만 단기적으로는 실수한다'라는 투자철학이 깔려 있다. 그래서 단기적으로 저평가된 기업을 찾아 매수하면 그 주식은 장기적으로 적정 가치에 수렴하면서 수익을 올릴 수 있다. 이 경우 시장이 장기적으로도 옳지 않다면 영영 저평가된 상태에 머물러 수익을 실현하지 못할 우려가 있다.

세상에 잘 알려진 투자 방식은 가치투자, 모멘텀 투자, 차트매매 등 몇 가지뿐이지만 사실 시장 참여자가 하는 실수만큼 다양한 투자 방식이 존재한다. 그 투자 방식의 바다에서 자신의 투자철학과 투자 전략을 제대로 확립하지 않으면, 어떻게 초과수익을 낼 수 있는지 알지도 못한 채 운의 흐름에 계좌를 맡기게 될 뿐이다. 이런 사람은 상승장에서 본인이 주식을 잘한다는 착각에 빠지지만 운 좋게 낸 초과수익을 유지하는 방법을 모르기 때문에 시장 환경이 변화하면 금방 초과손실을 내고 만다.

다시 한번 강조하지만 당신이 주식을 저평가된 상태로 사려면 다른 누군가가 그 주식을 저평가된 상태로 파는 실수를 해야 한다. 주식을 살 때 항상 자신에게 물어보자. 내가 사려는 주식을 상대는 왜 팔려는 것일까? 상대는 내가 가지지 못한 정보를 가지고 있는 것이 아닐까? 초과수익, 초과손실을 내는 쪽은 누구일까? 나는 평균적인 투자자, 주식을 거래하는 평균 참여자 중에서 똑똑한 편일까?

매매 상대의 입장에 서보라

10년 전 시카고에서 트레이딩을 하며 배웠던 교훈 중 아직도 도움이 되는 것 하나를 꼽자면 '나는 언제나 누군가와 반대로 매매를 하고 있구나'라는 자각이다. 입사 첫날, 시카고옵션거래소의 핏에서 우리 시니어 트레이더가 다른 트레이더·브로커와 매매하는 것을 인상 깊게 바라보면서, 또 승진한 이후 내가 직접 다른 브로커·트레이더와 전화나 채팅으로 매매를 진행하면서, 시장에는 언제나 나와 반대로 행동하는 상대가 있다는 자각이 뿌리 깊게 박혔다.

한번은 내가 어느 풋옵션을 매수하고 있었는데 골드만삭스 브로커가 내게 전화를 걸어 비슷한 풋옵션을 대량으로 매도하려 했던 적이 있다. '뭐지? 나는 옵션이 오를 것 같아서 사고 있는데 이 녀석은 왜 팔려고 하지?' 하는 생각으로 다시 한번 심사숙고하다가 내 매매 논리의 허점을 발견했다.

그런데 이렇게 명백한 사실을 자각했다 해도 컴퓨터 앞에 앉으면 쉽게 잊고 마는 존재가 인간이다. 차트의 캔들스틱과 호가창에서 움직이는 숫자를 보면서 내 수익률과 자금을 가늠하노라면 마치 나 혼자 시장을 상대로 컴퓨터 게임을 하는 느낌마저 든다. 하지만 내가 주식시장에서 하는 모든 행동과 정확히 반대로 하는 상대가 어딘가에는 있다는 사실을 절대로 잊으면 안 된다.

나와 상대 중 누가 옳은 선택을 하는지는 누가 더 많은 정보를 가지고 있느냐, 누가 더 깊게 분석해 탄탄한 논리를 가지고 있느냐에 달렸다는 사실 역시 잊어서는 안 된다. 바보 같은 논리와 부족한 리서치로도 한두 판은 수익을 낼 수 있지만 그런 매매가 세 번, 네 번, 열 번, 스무 번 반복되면 어느새 증발하고 있는 본인의 계좌를 보게 될 것이다.

한편 이 책의 전반에 걸쳐서 반복해서 강조하지만 그 어떤 주제에 대해서도 양극단의 생각을 경계하길 바란다. 이런 이야기를 듣고서 본인이 기관 투자가들을 이길 수 없다는 생각에 지레 겁을 먹고 투자를 포기할 필요는 없다. 여러분이 시장에 나가 매매를 하면, 어떤 때는 뛰어난 헤지펀드매니저가 골드만삭스 브로커를 통해 낸 주문의 반대편에서 매매를 하게 될 수도 있지만, 또 어떤 때는 어젯밤 술자리에서 들은 루머로 매수 버튼을 누르는 이웃집 철수의 반대편에서 매매를 하게 될 수도 있기 때문이다. 결국 매매를 반복하면서 맞닥뜨리는 상대는 '시장의 평균적인 참여자 수준'이다. 그리고 장담하건대 시장에는 도저히 범접할 수 없는 상위 0.01% 금융엘리트들도 존재하지만, 평균적인 수준은 생각보다 훨씬 더 낮다.

투자철학을 확립하는 방법

자신만의 투자철학을 확립하는 것이 얼마나 중요한지는 충분히 인지했을 것이다. 하지만 아직 시장을 경험하지 못했다면 투자철학을 어떻게 확립해야 할지, 어디서부터 시작해야 할지 감이 오지 않을 것이다.

투자와 트레이딩 세계에 막 입문했다면 최소 2~3년은 여러 방식과 전략을 경험하면서 자신의 투자철학을 확립해나가야 한다. 자신의 위험 수용도는 어느 정도인지, 자금력은 얼마나 되는지, 투자에 쏟을 수 있는 시간은 얼마나 되는지, 시간 지평(time horizon) 면에서 단기 매매가 적합한지 장기 투자가 적합한지 등을 종합적으로 고려해야 자신에게 맞는 투자철학을 정립하고 그에 따른 전략을 수립할 수 있다.

투자철학은 생존의 문제

'아니, 무슨 2~3년을 투자철학 정립에 쏟느냐' 하고 생각할
수도 있다. 그렇다면 다른 직업군을 생각해보자. 의사가 되는
데 왜 몇 년씩 공부를 하느냐는 어리석은 질문을 하는 사람은
없을 것이다. 그런데 왜 유독 주식시장에 뛰어드는 사람은 공
부 없이도 단기간에 수익을 낼 수 있다고 생각하는지 잘 모
르겠다. 그러면서도 의사가 버는 것보다 더 빠른 속도로 수익
내기를 바란다. 이는 패가망신의 지름길이다. 1장에서 이야기
한 경제적 자유를 위한 요소 중에 실력과 시간을 무시한다면,
리스크를 높이는 수밖에 없기 때문이다.

일반적으로 미국의 전문 프랍 트레이딩(proprietary trading, 자
기 계좌 거래) 및 헤지펀드업계의 트레이더는 3년 차가 되기 전
에 해고를 당하는 경우가 많다. 나와 함께 시카고의 프랍 트
레이딩회사에 입사했던 12명의 동기는 하버드대, 컬럼비아
대, 칼텍, MIT, 와튼스쿨 같은 미국 유수의 대학에서 1명씩 선
발되어 온 똑똑한 친구들이었음에도, 그중 3년 차까지 살아
남은 동기는 3분의 1에 불과했다. 심지어 이런 대형 프랍 트
레이딩회사에 입사한 수습 트레이더는 시니어 트레이더에게
6개월에서 1년의 정규 교육을 받으면서 회사의 자체적인 투
자철학을 가이드 삼을 수 있는 상황인데도 이처럼 살아남기
가 어려운 것이다.

따라서 이들처럼 가이드나 멘토가 없는 개인 투자자에게는 투자철학과 투자 전략을 탐색하는 시간이 더더욱 중요하다. 지루하게 느껴질지라도 '첫 3년은 투자철학을 탐색해야 한다'라는 자각을 한 후 투자하는 것이 바람직하다. 이런 자각 없이 중구난방으로 좌충우돌하며 투자하는 것과는 장기적으로 어마어마한 차이를 낼 것이다. 어차피 재테크는 직장의 실무와는 달리 인생 전반에 걸쳐 팔십 평생 해나가야 하는 일이니 조급할 필요가 없다.

타인의 투자 경험을 활용하라

물론 그 시간을 단축할 방법은 있다. 타인의 경험을 통해 간접 경험을 하는 것이다. 시장에서 직접 경험하는 것만큼 효과적이지는 않지만 그래도 성공한 트레이더와 투자자의 투자철학과 매매 기법을 심층 해부해본다면 큰 도움이 될 것이다. 이런 공부에 정말 좋은 저서로 잭 슈웨거(Jack Schwager)의 '시장의 마법사들 시리즈(Market Wizards)'를 추천한다. 이 시리즈를 통해 거장들의 투자철학과 매매 기법, 각각의 장단점, 성공과 실패 등을 간접적으로 경험하다 보면 자기만의 투자철학 확립에 걸리는 시간을 훨씬 단축할 수 있으리라 생각한다.

그런 관점에서 이제 2부에서는 개인 투자자가 가장 흔히 접하는 투자 전략 다섯 가지(지수 추종, 가치투자, 차트 매매, 알고리즘 트레이딩, 중장기 퀀트 투자)에 대해 살펴보도록 하겠다. 각각의 주제에 대해 제대로 다루자면 각각 책 한 권 분량으로도 부족할 것이다. 이 책은 투자 입문서 역할에 충실하면서 각 전략을 개괄적으로 살펴보는 것을 통해 독자 스스로 방향을 잡고 본인만의 투자철학과 투자 전략을 확립할 수 있도록 지침이 되는 데 집중하려 한다.

2부
5가지 투자 전략의
허와 실

지수 추종:
왜 주식은
다른 상품보다
우월할까?

지수 추종 전략은 ETF가 대두하면서 보편화된 패시브(passive) 전략 중 하나로 인덱스 투자라고도 불린다. 쉽게 정의하자면 '어느 종목이 오를지 모르겠으니 시장의 모든 종목을 사자'라는 투자 방법이다. 예를 들어 S&P500지수를 추종하는 ETF인 SPY는 S&P500지수 구성 요소인 500개 종목을 매수해 지수 수익률을 따라가려 한다.

지수 추종 전략

먼저 지수란 무엇일까? 영어로 'stock index'라고 하는 주가지수는 시장 전체의 움직임을 알기 위해 여러 주식의 움직임을 추적하는 수치라고 생각하면 된다. 대표적인 지수로 미국에는 다우지수, S&P500지수, 나스닥지수가 있고 한국에는 코스피지수가 있다. S&P500지수는 미국의 3대 신용평가 회사인 S&P에서 선정한 미국 대표 기업 500개의 지수이고, 나스닥지수는 테크 기업 중심의 지수다.

　주가지수는 일반적으로 지수가 만들어진 시점의 값을 기준으로 그 지수에 속한 주식의 가격 변화를 가중 평균해 반영한다. 예를 들어 코스피지수가 만들어진 1980년 1월 4일의 지수값을 100으로 해서 2023년 1월 기준 2,300 정도니 약 40년 동안 코스피지수에 속한 기업의 시가총액이 약 23배 커졌다고 생각하면 된다. 지수 계산은 지수별로 조금씩 다르지만 현실적으로 S&P500, 나스닥, 러셀, 코스피처럼 우리가 투자할 만한 주요 지수 대부분은 시가총액으로 가중 평균하는 방식을 따른다. 그래서 지수 내 종목 중에서 구글이나 아마존처럼 시가총액이 거대한 기업의 주가 움직임에 더 큰 영향을 받는다.

　지수 추종 전략은 이런 지수의 수익률을 따라가는 전략이다. 그런데 지수의 수익률을 따라가기 위해서는 지수를 구성하는 종목을 각각 그 비중만큼 사야 하는데, S&P500지수를 추종하려면 무려 500개의 종목을 각각 그 비중만큼 사야 하는 번거로움이 생긴다. 게다가 운용 자금이 소액인 개인 투자자에게는 개별 종목을 최소한만 담더라도 500개를 다 매수하기란 역부족일 수 있다.

그 문제를 해결해주는 대표적인 상품이 두 개 있는데, 하나는 인덱스펀드이고 다른 하나는 인덱스 ETF다. 이 둘은 사실상 비슷하다. 인덱스펀드는 펀드에 가입한 사람의 자금을 모아서 지수 수익률을 추종하도록 운용하는 것이고, ETF는 이 인덱스펀드를 주식 형태로 만들어 시장에서 쉽게 사고팔 수 있게 한 것이다. S&P500의 인덱스 ETF인 SPY를 매수하면 매수 금액만큼 500개 기업에 분산 투자하는 효과를 얻을 수 있다.

이 같은 지수 추종 펀드를 패시브 펀드라고 부른다. 패시브(passive)란 우리말로 '수동적'이라는 뜻이다. 펀드매니저가 자의적으로 리서치를 하고 종목을 연구해서 주도적으로 투자하는 펀드를 액티브(active) 펀드라고 부르는 반면, 인덱스펀드처럼 펀드매니저가 본인의 의견을 내세우지 않고 그저 지수 수익률을 따라가도록 수동적인 조정만 하는 펀드를 패시브 펀드라고 부른다.

지수 추종 전략은 좋은 투자 방법일까?

지수 수익률은 시장 평균 수익률이라고 할 수 있기에 '언제나 중간치기만 한다'고 생각할 수 있다. 그런데 실제로 여러 펀드와 장기 수익률을 비교해보면 인덱스펀드는 상위 20%에

든다. 왜일까? 우선 인덱스펀드나 인덱스 ETF는 매매 수수료가 다른 펀드에 비해 월등히 낮다. 수수료가 낮은 이유는 추종하는 지수에 새로운 종목이 편입되거나 퇴출될 때 수동적으로 매매해주기만 하면 되기 때문이다.

이에 비해 다른 액티브 펀드는 펀드매니저의 전략에 따라 다양한 리서치를 하기 위해 운용 인력이 필요하고, 또 패시브 펀드에 비해 자주 매매하기 때문에 수수료가 더 많이 나가게 된다. 인덱스 전략이 비록 100명 중 50등을 하려는 것일지라도, 여러 시장 상황에서 꾸준히 50등을 유지하며 수수료를 최소화하다 보면 엎치락뒤치락하며 수수료와 인건비를 많이 쓰는 펀드에 비해 더 나은 수익을 낼 수 있게 되는 것이다.

지수 추종 전략이 노력 대비 성과의 가성비 면에서 최상급의 전략임에는 이견의 여지가 없다. 노력이 전혀 들지 않기 때문이다. 만일 독자가 주식 투자를 위해 노력할 시간이 전혀 없고 시장 평균 수익률에 만족한다면 이 챕터만 읽고 3부로 넘어가도 좋다. 하지만 이 챕터는 꼭 마무리하기를 바란다. 지수 추종 전략을 올바르게 구사하는 개인 투자자는 의외로 드물기 때문이다.

지수 추종 전략이 추구하는 수익의 본질

주가지수는 장기적으로 우상향한다는 이야기는 다들 들어본 적이 있을 것이다. 주식이라는 상품은 장기적으로 예금이나 채권, 그리고 부동산에 비해 더 높은 수익을 가져다준다는 뜻이다. 그 이유는 여러 가지가 있지만, 그중에서도 가장 중요한 요소는 '리스크 프리미엄'이다. 리스크 프리미엄을 간단히 말하면 '추가적인 리스크를 지면서 얻는 추가적인 수익'이라고 할 수 있다.

누구나 한 번쯤 적금 드는 것을 고려해본 적이 있을 것이다. 예금 이자보다 적금 이자가 높고, 적금 이자보다 채권 이자가 높고, 채권 이자보다 주식시장의 장기 수익률이 높다는 사실도 알고 있을 것이다. 왜 그럴까?

리스크 프리미엄

만약에 재벌 2세 영훈이와 아파트 대출로 힘들어하는 철훈이가 동시에 돈을 빌려달라고 하면 당신은 누구에게 빌려줄 것인가? 당연히 영훈이일 것이다.

대출 이자율은 돈의 수요·공급에 의해 결정된다. 재정적으로 안정된 사람은 자신에게 돈을 빌려주려는 사람이 많기에 낮은 이자로 돈을 빌릴 수 있고, 빚이 많고 파산 확률이 높은 사람은 자신에게 돈을 빌려주려는 사람이 없기에 높은 이자를 주고라도 빌려줄 사람을 찾아야 한다. 투자 상품의 기대 수익률도 마찬가지다. 위험이 큰 상품일수록 투자자들이 기피하고 수요가 없으니 가격은 싸진다. 가격이 싸지기 때문에 기대 수익률이 높아진다.

채권시장과 주식시장은 회사가 자본을 조달하는 시장이다. 회사가 파산하게 되면 그 자산을 처분해 직원과 채권자가 우선적으로 본인의 몫을 받고, 남은 부분이 있으면 주주에게 돌아가게 된다. 이렇듯 주식은 채권보다 위험하기 때문에 주식의 기대 수익률이 채권보다 높지 않으면 시장이 성립되지 않는다. 자연스럽게 이 두 상품은 서로 대체재의 역할을 하기도 한다. 주식시장이 고평가되어 주식의 기대 수익률이 낮아지면, 투자자들의 자금이 주식에서 채권으로 흐르면서 주식시장은 하락하고, 그 하락으로 인해 주식시장의 잠재 기대 수익률은 다시금 높아진다.

주가지수를 추종하는 패시브 투자자가 추구하는 수익은 본질적으로 이 리스크 프리미엄이다. 중요한 점은, 주식시장 전체의 평균적인 위험에서 오는 합리적인 보상을 넘어서 더 높은 수익을 원하는 순간부터 그것은 더 이상 패시브 투자가 아니게 된다는 것이다. 자칫 잘못하면 지수 추종 전략의 이점은 놓치면서 액티브 전략의 리스크까지 떠안는 결과가 될 수 있다.

적립식으로 장기 보유하라

지수 추종 전략의 저변에 있는 투자철학은 무엇일까? 투자철학이란 '시장 참여자의 실수를 바라보는 관점'이라고 했다. 이 정의에 따르면, 지수 추종 전략의 투자철학은 '시장 참여자의 실수를 찾아 초과수익을 내지 않고 리스크 프리미엄으로 만족하겠다'는 것이다. 실수를 찾지 않는 이유는 시장이 효율적이라고 생각하거나, 자신의 시간과 노력을 투입하는 것이 가성비가 좋지 않다고 생각하거나, 자신보다 다른 시장 참여자의 실력이 좋다고 생각하거나 등등 다양할 것이다. 이유가 무엇이든 초과수익을 노리지 않는다는 것이 중요하다. 이 전략이 액티브 전략이 아닌 패시브 전략이라고 불리는 이유도 여기에 있다.

마켓 타이밍을 노리는 함정

당연한 이야기라고 생각하는가? 그러나 이 당연한 이야기를 인지하지 못해 수많은 개인 투자자가 지수 추종 전략을 잘못 구사하면서 위험에 빠진다. 그중 대표적인 실수가 마켓 타이밍을 노리려는 것이다. 주식시장이 조금 내린 상태라 생각해서 덜컥 목돈을 넣거나 지수 ETF를 트레이딩하듯이 사고파는 행동이 그 대표적인 예다. 이런 행동에는 매매 타이밍에 대해 다른 시장 참여자보다 월등한 판단을 할 수 있다는, 시점 선택 철학에서나 보일 법한 생각이 깔려 있다. 초과수익을 노리지 않겠다는 것이 지수 추종 전략인데, 그런 패시브한 전략을 구사하면서 타이밍을 맞혀 초과수익을 내겠다는 모순적인 행태다. 자신의 투자철학과 행동 사이에 이런 괴리가 생길 때 모든 불행이 시작된다.

주식시장은 장기적으로 우상향한다. 하지만 중기적으로는 어떨까? 나스닥지수는 닷컴 버블 이후 전고점 회복까지 15년이 걸렸고, 코스피지수는 1994년 하락장 이후 전고점 회복까지 11년이 걸렸으며 2007년 2,000을 달성한 후 유의미하게 박스피를 탈출하기까지 13년이 걸렸다. 상하이종합지수와 항셍지수는 금융위기 직전의 고점에서 15년째 30~40%가량 하락한 상태다. 극단적인 예시지만, 일본의 닛케이지수는 1990년 39,000 언저리를 찍은 후 30년이 지난 지금도 30% 이상 하락한 상태다(2023년 1월 기준 26,000).

이렇듯 주식시장은 장기적으로 우상향한다는 명제를 실제 데이터를 통해 검증해보면, '얼마 정도의 기간을 장기로 보느냐'에 따라 결론이 달라진다. 아이러니하게도 일반 개인 투자자들이 목돈을 주식에 넣는 시점은 보통 2021년처럼 주식시장이 대호황이면서 신고점을 경신하고 있을 때다.

시점에 대해 판단하지 않는 법

어떤 시점에 덜컥 큰돈을 넣는다는 것은 그 시점의 주가지수가 저평가된 상황이라는 판단하에 투자 결정을 하는 것과 같다. 시점에 대한 판단이 좋은지 나쁜지에 따라 본인의 수익률이 엄청나게 달라지기 때문에 액티브 투자로 해석해도 무방하다. 그렇다면 시점에 대해서 본인의 판단을 행사하지 않는 방법이 있을까?

대표적인 방법으로 액수 가중(money-weighted) 평균 방식을 쓸 수 있다. 목돈으로 한 번에 진입하는 것이 아니라 적립식으로 정기적으로 매수하는 것이다. 시점에 대해 분산 투자를 하는 것과도 같다. 가진 돈을 한 번에 다 지수 상품에 투자하는 경우, 닛케이지수나 항셍지수의 예시에서 알 수 있듯이 운이 나쁘면 15~30년이 지나도 원금조차 회복하지 못할 수도 있다. 그만한 목돈을 한 시점에 덜컥 넣기 위해서는 시점 선택 철학의 시각에서 시점에 대한 깊은 고찰과 연구가 선행되어야 하는데, 그렇게 가는 순간 이미 지수 추종 전략의 범주를 벗어나게 된다.

액수 가중 평균 방식은 주기마다 정해진 수량의 주식을 사는 것이 아니라 정해진 액수를 꾸준히 사는 것이라고 생각하면 된다. 이 방식의 장점은 무엇일까? 예를 들어 한 달에 한 번씩 지수 추종 ETF를 적립식으로 매수한다고 생각해보자.

매달 100주를 정해놓으면 이 ETF가 5,000원일 때는 50만 원
어치를 사고 2만 원일 때는 200만 원어치를 사게 된다. 그런
데 100주가 아닌 100만 원을 정해놓으면 ETF가 5,000원일
때는 200주를 사고 2만 원일 때는 50주를 사게 된다.

몇 주를 살지 정해놓을 경우, 주가가 비쌀 때 많은 액수를
투입하고 주가가 쌀 때 적은 액수를 투입하게 된다. 반면 액
수를 정해놓고 살 경우, 주가가 쌀 때 많은 수의 주식을 사고
주가가 비쌀 때는 적은 수의 주식을 산다. 그에 따라 평단가
가 효율적으로 낮아지게 된다.

[그림 4-1]은 과거 닛케이지수가 최고점 직전인 1989년일
때 1억 원으로 한 번에 사서 400개월 동안 가지고 있을 경우
와, 액수 가중 평균 방식으로 매달 25만 원씩 400개월 동안
적립할 경우의 차이를 보여주는 그래프다. 목돈으로 살 경우
400개월, 거의 33년 동안 본전은 고사하고 약 15%의 손실이
났다. 그러나 적립식으로 살 경우 76% 수익을 냈다.

여기서 끝이 아니다. 전자의 경우 1억 원의 가용 자금을 한
번에 다 투입해버리지만 후자의 경우 25만 원만 투입하고
9,975만 원의 자금은 다음 달까지 가용 상태로 보유하게 된
다. 이렇게 매달 투입하는 적립금 외 남은 자금을 안전한 정
기예금이나 국채에 투자한다고 해보자. 일본의 10년물 국채
에 투자했다면 76%가 아니라 120%가량의 수익을 낼 수 있게

〔그림 4-1〕목돈 진입 vs 액수 가중 평균 적립

된다. 물론 33년 동안 낸 수익치고는 형편없지만, 같은 기간 닛케이지수가 손실을 본 것과 비교하면 준수한 수준이다.

그런데 오해하면 안 되는 것이 있다. 첫째, 액수 가중 평균으로 적립하는 방식이 목돈을 넣는 것에 비해 무조건 높은 수익률을 보이는 것은 아니다. [그림 4-2]는 닛케이 폭락 후 2003년 바닥을 찍었던 시점에서 진입해 200개월간 투자한 경우의 그래프다. 이 시점에 목돈을 전부 투입했다면 200개월 후 197% 수익을 냈지만, 적립식으로 진입하고 잔여분으로 국채를 샀다면 89% 수익에 불과했다.

〔그림 4-2〕액수 가중 평균 적립의 다른 유형

즉 적립식은 무조건 우월한 방법이 아니라 목돈을 넣는 것에 비해 안정적이고 리스크가 적은 방법이다. 그런데 지수 추종 전략을 구사하는 본연의 목적에 확실히 더 부합하는 방향이라고 할 수 있다. 따라서 현재 주가지수가 저평가된 시점이라는 판단이 확실히 서지 않는다면, 웬만하면 적립식으로 투자하기를 권장한다.

테마형 ETF의 함정

패시브 ETF 시장이 커지면서 다양한 테마형 ETF가 부지기

수로 상장되고 있다. 섹터나 테마형 ETF를 매수하는 것은 표면적으로는 지수 추종 전략과 비슷한 결을 가지고 있으면서 테마나 섹터에 대한 본인의 관점을 실현할 수 있는 좋은 패시브 전략인 느낌이 든다. 그러나 이 글을 읽는 독자에게 바라건대, 부디 그런 함정에 빠지지 않기를 바란다.

　우선 특정 섹터나 테마를 좇는다는 것 자체가 본인의 관점을 액티브하게 포트폴리오에 반영하는 것이다. 더 이상 리스크 프리미엄을 좇는 패시브 투자가 아니라 초과수익을 노리는 액티브 투자의 영역으로 들어간다는 뜻이다. 만약 이런 ETF를 매수하면서 본인은 패시브 투자를 하고 있다고 착각한다면 그것은 그것대로 매우 위험하다. 그런데 만일 어떤 테마나 섹터에 대한 명확한 의견이 있고 액티브 투자를 하고 있다는 자각이 있다면 테마형 ETF에 투자하는 것은 합리적일까?

　전혀 아니다. 어떤 테마나 섹터에 대한 명확한 의견이 있을 정도로 공부를 했다면, 차라리 개별 종목을 매수하기 바란다. 개별 종목은 적어도 재무제표를 들여다보고 분석할 수 있고 기대 수익률을 비롯한 각종 지표와 분석치를 계산해볼 수 있다. 그러나 테마형 ETF는 그 구성 종목들을 전부 개별 종목처럼 분석하는 것이 불가능하다. 패시브 투자를 하려면 아예 시장 전체를 매수하고, 액티브 투자를 하려면 시간을 들여 개별 종목을 선택하는 것이 현명한 일이지, 그 중간에서 모호한 행동을 하다가는 이도 저도 아니게 된다.

그것을 떠나 테마형 ETF가 상장된다는 것은 애초에 무슨 의미일까? ETF 운용사는 어떤 테마에 대해 ETF를 출시할까? 당연히 현재 시장 참여자들이 관심 있어 하는 섹터나 테마에 대해서다. 따라서 출시 시점에는 이미 고평가되어 있을 확률이 매우 높다. 아니나 다를까, 자본시장연구원에서 2022년에 발표한 연구에 따르면 한국에서 상장된 테마형 ETF들의 출시 후 약 1년간의 성과를 추적해보니 벤치마크 주가지수를 약 5.7% 하회하는 것으로 나타났다. 상위 25%는 벤치마크를 고작 0.4%밖에 이기지 못했으나, 하위 25%는 벤치마크 대비 -18.3%로 성과가 매우 저조했다.

음식을 시켜만 먹다가 건강을 위해 스스로 요리해보기로 했으면 제대로 요리를 하기 바란다. 테마형 ETF는 마치 스스로 요리를 하겠다며 나서서 조리된 냉동식품을 전자레인지에 돌리는 것과도 같다. 맛은 맛대로 없으면서, 노력이 들지 않는 것도 아닌 데다 건강까지 나빠지는 지름길이다.

국가와 자산군 차원에서도 분산하라

한편 시장 전체에서 범위를 좁혀 섹터 ETF나 테마형 ETF에 패시브식으로 투자하는 것은 권장하지 않지만, 반대로 '시장 전체'라는 정의를 넓히는 것은 권장한다. 앞서 언급했듯이 나스닥, 코스피, 항셍, 닛케이지수를 비롯한 다양한 국가의 주가지수는 꽤 장기간 등락을 겪는 시기가 있다. 앞서 언급한 적립식 매수는 그런 등락을 상당 부분 방어해주지만, 닛케이나 항셍지수 같은 케이스에서 볼 수 있듯이 단일 국가의 주가지수에만 투자하는 것은 리스크가 결코 적지 않다.

코스피의 시가총액은 전 세계 주식시장 시가총액의 2%도 채 되지 않는다. 2021년부터 국내에도 미국 주식에 대한 투자가 많이 활성화되고 있지만, 여전히 많은 개인 투자자가 코스피시장에만 투자한다. 이렇게 자국의 주식 비중을 과도하게 가져가는 편향을 자국 편향(home bias)이라 부르는데, 지수 추종 전략 본연의 이점을 살리기 위해서는 국가 차원에서도 분산을 하기 바란다.

그런데 대공황이나 코로나19처럼 전 세계적인 시스템 리스크가 발생한 경우에는 국가 차원의 분산도 빛을 발하지 못한다. 그렇기 때문에 자산군 차원에서도 분산을 할 필요가 있다. 특히 은퇴가 가까워졌거나 목돈이 필요한 시점이 다가오고 있는 투자자라면, 아무리 패시브 투자라 하더라도 주식의 비중을 줄이고 채권의 비중을 늘리기 바란다.

지수 추종에 대한 과도한 찬양은 금물이다

이 장 도입부에서도 언급했듯이 인덱스펀드의 성과는 상당히 우수하다. 실제로 여러 펀드와 장기 수익률을 비교한 자료들을 보면 인덱스펀드는 대부분의 통계에서 상위 20%에 든다. 그러나 거기서 더 나아가 장기적으로 지수를 이기는 펀드는 몇 안 된다는 주장을 하거나, 개인 투자자는 액티브 투자로 초과수익을 노려볼 수 없다는 패배주의에 빠지는 것은 지양해야 한다. 명심하라. 시장에서는 언제나 양극단의 주장을 경계해야 한다. 극단적인 지수 추종 찬양론의 허와 실을 알기 위해 통계 자료의 허점부터 파헤쳐보도록 하자.

뮤추얼펀드와 헤지펀드의 이해

일반적으로 인덱스펀드와 비교되는 펀드는 대부분 뮤추얼펀드다. 헤지펀드의 수익률 데이터는 구하기가 어려워서 그렇다. 개인이 투자할 수 있는 펀드는 적은 자금으로도 아무나 투자 가능한 뮤추얼펀드와, 부유한 소수만 투자 가능한 헤지펀드로 크게 나뉜다. 헤지펀드와 비슷한 성격을 가지고 있는데 외부의 부자들이 아니라 파트너들의 자금만 운용하는 회사인 프랍 트레이딩회사들도 존재한다. 하지만 프랍 트레이딩회사들은 헤지펀드보다도 더 비밀주의를 고수하기 때문에 여기서는 헤지펀드와 뮤추얼펀드만 비교하도록 하겠다.

적어도 미국에서는 뛰어난 실력을 가지고 높은 연봉을 받으며 초과수익을 추구하려는 인재는 대체로 헤지펀드에 모이는 것이 현실이다. 반면 뮤추얼펀드는 대중적인 접근성을 기반으로 특정 테마나 베타(시장 수익률)를 추종하는 성질을 가진 경우가 대부분이다.

헤지펀드는 기본 운용 수수료 1~2% 외에 수익을 낸 것에 대한 성과 수수료 15~35%를 추가로 가져가지만, 뮤추얼펀드는 기본 운용 수수료 0.5~1.5%만 가져간다. 이런 인센티브 구조 때문에 헤지펀드 운용 인력은 더 높은 수익률을 내는 데 최선을 다하는 반면 뮤추얼펀드 운용 인력은 대중의 접근이 쉬운 상품을 마케팅해 운용액의 크기를 늘리는 데 비중을 두는 경향이 있다. 수익률에 따른 성과 수수료는 없고 운용 자금 크기 대비 수수료만 있기 때문이다. 여기서 강조하고 싶은 것은 '대체로' 그런 경향이 있다는 것이지, 뮤추얼펀드업계에도 피터 린치(Peter Lynch) 같은 전설적인 거장이 존재하기도 하니 오해는 없기를 바란다. 대체로 브라질 선수들이 한국 선수보다 축구를 잘하지만, 손흥민 선수 같은 인재가 없지는 않은 것과도 비슷하다.

시장 평균 수익률보다 높은 초과수익은 어디에서 오는가를 생각해보자. 앞서 다뤘듯이 내가 적정 가치 10만 원인 주식을

7만 원에 산다는 것은 누군가가 그만큼 저평가된 가격에 주식을 판다는 뜻이다. 내가 시장 평균 수익률 10%를 초과하는 13%의 수익을 거둔다는 것은 누군가는 그 3%에 해당하는 손실을 본다는 뜻이다. 내가 꾸준한 초과수익을 내기 위해서는 다른 시장 참여자보다 우월한 정보력, 나만의 데이터, 남다른 투자 전략을 가지고 있어야 한다.

모두가 부자 되는 투자 방법은 없다. 모두가 아는 방법은 시장 평균 수익률을 내는 전략이 되고 만다. 이것은 마치 '모두가 상위 1%의 수능 성적을 낼 수 있는 공부 방법'이라는 말처럼 모순이다. 남이 다 아는 저평가된 종목이라는 것은 존재하지 않는다. 남이 다 알게 된 시점에는 이미 매수세로 인해 더는 저평가된 가격이 아닐 것이기 때문이다. 마찬가지로 누구나 가입할 수 있는 뮤추얼펀드의 특성상 여러 해에 걸쳐 다른 펀드보다 월등한 성적을 내는 것은 지극히 어렵다. 그렇기 때문에 숱하게 많은 헤지펀드 거장 속에서 피터 린치의 업적이 더더욱 빛나는 것이 아닐까 싶다.

운용 자금이 클수록 불리한 점

왜 헤지펀드보다 뮤추얼펀드로 월등한 성적을 내는 것이 더 어려운 일일까? 펀드매니저의 입장에서 생각해보자. 수익을 내려면 운용하는 자금이 적어야 쉬울까, 많아야 쉬울까?

상식적으로 당연히 전자다. 주식시장에서 초과수익을 낼 기회는 한정되어 있다. 저평가된 주식의 개수도 한정되어 있다. 신의 눈을 가진 펀드매니저가 있어서 모든 종목의 적정 가치를 정확히 알 수 있다고 해보자. 그는 주식시장에서 가장 저평가된 종목부터 가장 고평가된 종목까지 쭉 줄을 세울 것이고 그중 가장 저평가된 종목을 매수할 것이다.

그러나 아무리 신의 눈을 가진 펀드매니저라도 운용하는 자금이 지나치게 많으면 하나의 종목에 가진 자금을 전부 담을 수는 없기 때문에 두 번째, 세 번째로 저평가된 종목을 매수해야 할 것이다. 즉 운용 자금이 클수록 덜 매력적인, 즉 덜 저평가된 종목까지 매수해야만 하는 것이다. 또한 거래량이 적어서 유동성이 충분하지 않은 종목은 아무리 저평가되어 있다 하더라도 지나칠 수밖에 없다. 이런 원리에 의해 지난 몇 년 바짝 성적이 좋은 펀드에 자금이 몰리기 시작하면 수익률 유지가 점점 힘들어지고, 지난 몇 년 성적이 저조해 자금이 빠져나간 펀드는 운용 난도가 낮아져 확실하게 저평가된 기회에만 투자해도 자금을 다 담을 수 있다.

뮤추얼펀드매니저가 헤지펀드매니저에 비해 불리한 점은 이뿐만이 아니다. 대부분의 헤지펀드는 의무 예수 기간(lock-up period)이 있어서 한번 자금을 넣으면 일정 기간 동안 출금할 수 없다. 또한 출금할 수 있는 시기를 1년에 몇 번으로 제한해놓은 펀드도 많다. 반면 뮤추얼펀드의 투자자들은 연중 아무 때나 펀드를 구입할 수 있고, 구입 후에도 아무 때나 펀드를 환매할 수 있다. 그것은 무슨 의미일까?

시장이 많이 상승해 주식 종목들이 고평가되기 시작하면 개인 투자자들의 자금이 시장에 몰리면서 뮤추얼펀드매니저는 더 많은 투자를 집행해야 하고, 시장이 하락해 주식 종목들이 저평가되기 시작하면 투자자들의 자금이 빠져나가기 때문에 펀드 구성 종목들을 매각해야 하는 현상이 벌어진다는 뜻이다. 구조적으로 상승세에 사고, 하락세에 팔아야 한다.

거기서 끝나지 않는다. 기본적으로 뮤추얼펀드는 일반 개인 투자자 누구나 가입할 수 있기 때문에 미국 증권거래위원회(U.S. Securities and Exchange Commission) 같은 정부 기관의 규제를 많이 받는다. 그래서 헤지펀드들이 사용하는 다양한 금융 기법 중 일부는 아예 사용 자체가 불가할뿐더러, 펀드의 투자 설명서(fund prospectus)에 명시해놓은 범위 내에서만 운용해야 하기 때문에 시장 상황 변화에 따른 대처가 유연하지 못하다.

이처럼 누구나 언제든 입금 가능한 뮤추얼펀드의 수익률은 대체로 좋은 주기와 나쁜 주기를 반복하며 순환하고 십수 년의 장기 수익률을 계산해보면 도긴개긴이 되어버린다. 그리고 그 기간에 수수료를 최소화하며 중간치기만 한 인덱스펀드의 수익률이 군계일학처럼 보일 것이다.

물론 피터 린치의 펀드처럼 극소수의 예외는 언제나 있었고 앞으로도 가끔 나타날 것이다. 그러나 과거에 그런 예외가 있었다고 한들, 현시점에서 내가 그 예외가 될 뮤추얼펀드를 골라낼 수 있을 리는 만무하다. 그런 능력이 있다면 차라리 직접 투자를 하는 게 훨씬 나은 선택일 것이다. 따라서 뮤추얼펀드는 본인의 입맛에 맞는 베타를 좇기 위한 것이지, 남을 이기는 알파를 좇아 초과수익을 내기 위한 목적으로 사용하기는 힘들다. 그리고 뮤추얼펀드와 비교해 인덱스펀드의 우수성을 주장하는 것 또한 그리 좋은 논리라고 할 수 없다.

헤지펀드와 인덱스펀드 비교

그렇다면 헤지펀드와 인덱스펀드를 비교하는 것은 어떨까? 우선 논의를 시작하기에 앞서, 펀드의 성과를 제대로 측정하기 위해서는 단순 수익률을 비교해서는 안 된다는 점에 유의하자. 두 투자자 A와 B가 있다고 가정해보자. A의 경우 수익률이 어떤 달은 -30%, 어떤 달은 +100%, 어떤 달은 -70%로 들쭉날쭉하게 큰 변동성을 보이며 최종적으로 +24%로 한 해를 마무리했다. 반면 B의 경우 매달 2%씩 꾸준히 수익을 내 +24%로 한 해를 마무리했다. 어느 투자자가 더 나은가? 당연히 후자다.

단순 수익률은 레버리지를 사용해 리스크를 높이면 올릴

수 있다. 따라서 제대로 된 성과 평가를 하기 위해서는 단순 수익률이 아닌 '리스크 대비' 수익률을 보아야만 한다. 이때 업계에서 가장 흔히 쓰는 지표가 샤프지수(Sharpe ratio)다. 샤프지수는 수익률을 수익률의 변동성으로 나눈 값이다. 20%의 수익을 냈는데 변동성이 20%라면 샤프지수는 1이 되고, 20%의 수익을 냈는데 변동성이 10%라면 샤프지수는 2가 된다. 샤프지수가 높기 위해서는 수익률도 높아야 하지만 수익률이 들쭉날쭉하지도 않아야 한다.

헤지펀드는 소수의 부자나 기관의 돈을 받아 운용하며 그 전략이나 보유 종목도 철저히 비밀에 부치려 노력한다. 자신이 보유한 전략이나 종목이 노출되면 초과수익이 줄거나 사라지기 때문이다. 따라서 헤지펀드의 퍼포먼스에 대한 공개된 데이터는 흔치 않다. 그런데 2017년에 미국의 데이터 업체 프레킨(Preqin)과 대안투자관리협회(Alternative Investment Management Association)가 2,300개 헤지펀드의 평균 샤프지수를 S&P500지수와 비교한 연구 결과가 있다. 이에 따르면 10년간의 헤지펀드 평균 샤프지수는 0.73으로 S&P500지수의 0.41, 채권 인덱스의 0.13보다 높았다. 1년, 3년, 5년, 10년 단위로 보더라도 그 순서는 동일했다.

심지어 금융위기 이후 십수 년은 지수 추종 전략이 좋은 성과를 내기에 너무나도 최적화된 환경이었다. 2008년 금융위기 이후 주식시장은 미국 연준의 양적 완화를 통한 유동성 공급으로 끊임없이 우상향한, 전례를 찾기 드문 모습을 보였다. 헤지펀드 운용 방식은 전략에 따라 다양한데 그중 가장 흔한 것이 롱숏 에쿼티(long-short equity) 펀드다. 롱숏 에쿼티는 기업 분석을 통해 저평가된 주식은 매수하고 동시에 고평가된 주식은 공매도하는 방식이다. 이렇게 하면 주식시장 전체가 오르든 내리든 그 움직임에 영향을 덜 받고 순수하게 기업 분석 실력을 통해 성과를 낼 수 있다.

따라서 이런 헤지펀드 전략이 지수 추종 전략보다 빛을 발하는 시기는 상승장이 아니라 횡보장이나 하락장일 수밖에 없다. 횡보장이나 하락장에서는 공매도 포지션이 헤지 역할을 잘 해주기 때문이다. 반대로 금융위기 이후의 주식시장처럼 꾸준히 우상향하는 시장 환경에서는 지수 추종 전략에 우위가 생길 수밖에 없다. 그런 시기였음에도 불구하고 프레킨의 통계치에 따르면 헤지펀드 집단은 주가지수에 비해 확실히 월등한 성과를 내고 있었던 것이다.

개인이 기관을 이기는 지점

'일반 개인 투자자는 헤지펀드에 투자도 못 하는데 그게 다 무슨 소용이냐' 하고 생각하는 독자도 있을 것이다. 내가 하려는 이야기는 '지수 추종 전략이 어지간한 펀드를 다 이긴다'라는 속설 때문에 '기관도 시장 지수를 못 이기는데 나 같은 개미가 무슨…'이라는 패배 의식을 가지지 말라는 것이다. 최고 전문가가 모인 헤지펀드의 전략, 정보, 분석 능력을 개인 투자자가 가지는 것은 쉽지 않지만, 개인이기에 기관보다 유리한 점도 있다. 그중 하나가 바로 자금의 규모다.

운용 자금이 큰 기관은 유동성이라는 제약 조건에서 자유롭지 않다. 1조 원을 굴리는 헤지펀드의 처지에서는 50억 원 정도 투자해 40~50%의 수익을 낼 좋은 기회가 있어도 이를 위해 인력과 자원을 투입할 수 없다. '고작' 50억 원 규모의 투자에는 운용 자금의 1%조차 넣지 못하기 때문이다.

기관은 또 하나의 어마어마한 제약 조건을 가지고 있다. 기관은 고객의 돈을 운용하기 때문에 그 돈을 언제나 어딘가에 투자하고 있어야 한다는 것이다. 코스피에 투자하는 펀드의 매니저가 코스피가 고평가되었다는 생각에 현금만 줄곧 쥐고 있다면, 투자자들은 그 펀드를 환매하기 시작할 것이다. 만약 그 상태에서 코스피가 상승이라도 한다면 최악의 상황이 벌어질 수 있다. 반면, 개인은 언제까지고 좋은 기회를 기다릴 수 있다. 시장이 고평가되었다고 생각한다면 1년이든 5년이든 기다릴 수 있다. 이는 어마어마한 장점이다. 따라서 개인이 주식시장에서 본인의 틈새시장을 찾아 수익을 올리는 것은 충분히 가능한 일이다.

그런데 다시 한번 강조하고 싶다. 나는 독자에게 지수 추종 전략이 좋으니 무조건 하라고 권유하는 것도 아니고, 지수 추종 전략이 나쁘니 배척하라는 것도 아니다. 나는 그저 전략의 장단점과 본질에 대해 정확하고 객관적인 시각을 전해주고 싶을 뿐이다. 금융시장에서는 무조건 좋은 것도 무조건 나쁜 것도 없다. 모든 상품과 모든 전략은 나름의 일장일단이 있고, 독자는 그 일장일단을 객관적이고 청명한 눈으로 인지하면서 각 도구를 이용하면 될 뿐이다. 지수 추종 전략 역시 맹목적으로 신뢰하거나 배척하지 않으면서 정확하게 본질을 바라보며 그때그때 적재적소에 사용하는 도구로 들고 있길 바란다.

지수 추종을 더 잘하는 방법은 없을까?

한편 지수 추종 전략을 골자로 하되 이보다 조금 더 수익을 낼 방법은 없을까? 주 골자는 패시브하게 가져가되 살짝만 액티브한 요소를 가미할 수 있는 합리적인 방안은 없을까? 테마형 ETF처럼 엉성한 방식 말고 합리적인 접근 방법 말이다.

이를 지수 대비 초과수익 추구(enhanced indexing)라 하는데, 여러 가지 방법이 있다. 그중 하나가 주가지수 ETF 대신 주가지수 선물 계약을 매수하는 것이다. 선물 계약의 경우 증거금만 예치하면 되므로 ETF와 똑같은 사이즈 대비 들어가는 현금이 훨씬 적다. 따라서 남은 현금을 안전한 채권에 투자해 추가 수익을 낼 수 있는데, 이때 선물 계약을 롤오버(rollover, 만기 시 현금 지급 대신 채권을 발행해 만기를 늦추는 일)하는 비용이 채권 수익률보다 낮아야 한다.

종목 구성 조정하기

그 외에도 주가지수 포지션에 풋옵션을 추가해 헤지를 하거나 콜옵션을 매도해 프리미엄을 챙기는 등의 전략도 존재하기는 하지만, 파생상품을 이용하는 방법은 개인 투자자가 실행하기에 무리가 있다. 개인도 무리 없이 실행 가능한 방법은 지수를 추종하되 종목 구성을 조금 조정하는 것이다. 주가지수 ETF를 주로 보유하면서 좋다고 판단되는 종목을 추가 매입해 비중을 늘리는 방법도 있고, 나쁘다고 생각되는 종목 몇 개를 공매도해서 비중을 줄이는 방법도 있다.

그런데 이 같은 종목 구성 조정에서 반드시 명심해야 할 것이 있다. 지수 추종 전략은 엄청난 초과수익을 노리는 것이 아니라 시장의 리스크 프리미엄을 취하려는 패시브 전략이며, 이 전략에서 가장 중요한 것은 수수료 최소화다. 따라서 지수 추종에 기초해 그보다 조금 더 수익을 높이려는 것이

목적이라면 몇 개 종목을 조정하는 데 그쳐야 한다. 전체 인덱스의 비중을 전반적으로 조정하는 등의 행동은 자칫 기본 ETF보다 못한 수익을 얻거나 수수료 및 체결 오차 등에서 오는 비용 폭탄을 떠안는 상황으로 이어질 수 있다. 특히 미국의 경우 로빈후드를 필두로 주식 거래 수수료가 대부분 무료가 된 상황이지만, 한국은 구조적으로 수수료가 무료인 증권사가 등장하기 힘들기 때문에 더더욱 지양해야 할 행동이라 할 수 있다.

지수 추종 전략의 최대 이점: 마음의 평안

마지막으로 지수 추종 전략의 최대 이점은 마음의 평안이라는 사실을 강조하고 싶다. 이 전략의 가장 큰 장점은 시점 및 종목 선택의 고민을 하지 않게 해주고 그런 고민에 필요한 시간을 자기계발이나 노동소득에 투입할 수 있게 해준다는 부분이다. 그런데 너무나 많은 사람이 지수 추종 전략을 구사하면서도 쉴 새 없이 주식 앱과 주식 방송을 보고 본인 계좌 숫자에서 눈을 떼지 못하면서 스트레스를 받는다.

지수 추종 전략은 패시브 투자, 수동적 투자다. 패시브 투자를 할 것이라면 패시브 투자자답게 마음의 여유를 가지고 본인의 시간을 다른 가치 있는 곳에 할애해야 할 것이다. 그게 아니라 온종일 주가 등락에 신경을 쓰고 매매 타이밍을 잴 것이라면 차라리 그 노력으로 초과수익을 추구하는 액티브 전략을 찾아야 할 것이다.

그런 맥락에서 레버리지는 반드시 조심해야 한다. 레버리지(leverage)란 직역하면 '지렛대 힘'인데, 3배 레버리지를 사용해 코스피지수 추종을 하면 코스피가 1% 오를 때 내 수익률은 3%가 오르고 반대로 코스피가 2% 떨어지면 내 수익률은 6% 떨어진다. 코로나19 이후 개인 투자자가 급증하면서 QQQ나 SOXL 같은 3배 레버리지 상품의 거래량도 함께 급증했다. 이런 상품은 아주 기형적이다. 그 이유에 대해 차근차근 알아보자.

양날의 칼날, 레버리지

레버리지 ETF에 대한 세간의 의견은 분분하다. 주가가 장기 우상향하기 때문에 수익률을 극대화해주는 상품이라는 의견이 있는 반면, 일일 리밸런싱(daily rebalancing) 때문에 장기 투자를 하게 되면 돈이 녹는다는 의견도 있다. 각각의 의견은 팩트를 담고 있지만 전체적인 그림은 아니다.

먼저 레버리지 ETF로 장기 투자를 하면 돈이 녹는다는 의견을 보자. 만약 어떤 주식의 가격이 1,000에서 시작해 1,100으로 갔다가 다시 1,000이 되었다고 하면, 10% 상승했다가 9.09% 하락한 셈이다. 이때 3배 레버리지의 경우 30% 상승했다가 27.27% 하락하기 때문에 1,000에서 1,300으로 갔다가 945가 되어버린다. 왜 그럴까? 장 마감마다 레버리지 비율을 조정하는 일일 리밸런싱 때문이다.

　이렇게 생각해보자. 주식의 가격이 1일 차에 1,000, 2일 차에 1,100, 3일 차에 1,000으로 갈 때, 3배 레버리지 ETF의 가격은 1일 차에 1,000, 2일 차에 1,300, 3일 차에 1,000으로 끝난다고 해보자. 언뜻 이것은 상식적으로 보인다. 그러나 이는 '1일 차에 산 사람'에게만 상식적이다. 2일 차에 이 ETF를 산 사람은 어떨까?

　지수가 1,100에서 1,000으로 9.09% 하락했는데 내가 1,300에서 산 레버리지 ETF는 1,000으로 23%만 하락했다. 지수가 9.09% 하락했으면 내 수익률은 27.27% 하락해야 하는데 말이다. 따라서 레버리지 ETF는 '그 어떤 시점에 ETF를 사더라도 일일 % 변화가 지수의 3배가 되도록' 매일 포지션을 조정한다. 하루하루의 수익률 변화가 3배수를 유지하도록 하는 것이다. 지수가 1,000에서 1,100으로 10% 상승하면 3배 레버리지 ETF는 1,000에서 1,300으로 30% 상승하고, 지수가 1,100에서 1,000으로 9.09% 하락하면 3배 레버리지 ETF는 1,300에서 945로 27.27% 하락한다.

이 때문에 '돈이 녹는다'라는 인식이 있는데, 금융시장의 모든 상품에는 일단이 있으면 일장도 있다. 앞의 예는 보합장의 상황이고, 추세장에서는 역으로 레버리지 ETF가 더 좋아진다. 이틀 연속 20% 상승했다고 생각해보자. 지수는 1,000에서 1,200, 그다음 1,440이 되어 총 44% 상승하지만, 레버리지 ETF는 1,000에서 1,600, 그다음 2,560이 되어 총 156% 상승하게 된다. 44%의 3배면 132%인데 레버리지 ETF는 그보다 더 높은 수익률을 주는 것이다. 요약하면 레버리지 ETF는 보합장에서 불리하고 추세장에서 유리할 뿐 일일 리밸런싱 때문에 무조건 돈이 녹거나 하지는 않는다.

그런데도 나는 레버리지 ETF를 절대로 추천하지 않는다. 우선 레버리지를 쓰는 것은 공짜가 아니기 때문이다. 많은 개인 투자자가 3배 레버리지 ETF의 수수료를 'expense ratio'라고 적혀 있는 0.95%의 운용 수수료뿐이라고 착각한다. 그러나 1배수의 돈으로 3배수 돈을 운용하는 효과를 내는데 이것이 공짜일 리가 없다. 레버리지 ETF도 엄연한 대출이다.

한국인에게 인기가 많은 또 다른 3배 레버리지 ETF인 FNGU의 경우, 명목 운용 수수료 0.95% 외에 미 연준 금리에 1%를 가산한 수준의 대출 이자가 붙는다. 1배수 돈을 넣고 3배수를 운용하려면 결국 2배수를 빌려야 하니 0.95% + (연준 금리 + 1%) × 2가 된다. 대출 이자가 제로 금리 시기에는 미미했을지 모르나 2023년 1월 현재 연준의 금리 인상 기조를 보면 이미 4%대에 와 있는데, 이를 앞의 식에 대입해보면 대출 이자는 무려 0.95 + (4 + 1) × 2 = 10.95%가 된다.

이런 식으로 투자할 바에는 차라리 그보다 낮은 금리로 대출을 받아서 3배 자금으로 투자를 하는 것이 훨씬 낫다. 예를 들어 1억 원으로 3배 레버리지 ETF를 사는 것이 아니라 2억 원을 빌려 3억 원으로 1배 ETF를 사는 것이다. 전자의 경우 시장이 20% 하락하면 그 3배인 60% 손실을 입고 원금은 4,000만 원이 되며, 이를 복구하기 위해서는 시장이 50% 상승해서 그 3배인 150% 수익을 거두어야 한다. 하지만 후자의 경우 시장이 20% 하락하면 3억 원의 20%인 2억 4,000만 원이 되고, 그 시점에서 시장이 25%만 상승해도 3억 원 원금을 되찾을 수 있게 된다.

물론 빚을 내서 주식 투자를 하라는 말은 절대 아니니 오해는 없기를 바란다. 3배 레버리지 ETF를 살 바에는 차라리 일반 대출을 받아서 1배 ETF를 3배 사는 것이 낫다는 기술적인 이야기를 한 것일 뿐이다. 3배 레버리지 효과를 내기 위해 시드머니의 2배를 대출하는 사람이 욕심을 제어할 수 있을 리가 없다. 그는 이내 3배의 자금으로 3배의 레버리지를 사용해 시드머니의 9배 레버리지를 사용하고 말 위험이 크다. 절제의 우위를 갖추지 못한 자가 욕심을 내면 반드시 패가망신에 이른다. 따라서 나는 레버리지 ETF나 대출이나 양쪽 다 적극 만류한다.

코로나19 이후 S&P500지수의 1배수 ETF인 SPY가 20% 조금 넘게 하락하는 동안 3배수 ETF인 SPXL은 무려 60% 넘게 하락했다. 앞서 우리가 지수 추종 전략을 구사하는 큰 이점 중의 하나가 시점이나 종목에 대해 고민하지 않고, 매일 주식 창 들여다보며 시간 낭비하지 않으며, 그 시간에 마음의 평안을 가지고 자기계발을 하거나 노동소득에 더 집중할 수 있는 것이라고 한 바 있다. 그런데 시장의 리스크 프리미엄만 얻자는 철학을 가지고 지수 추종 전략을 쓰면서 동시에 수익률 욕심으로 3배 레버리지를 지르며 높은 대출 금리를 지불하는 것은 모순이 아닐 수 없다. 언제나 그렇듯, 모든 파국은 자신의 투자철학과 실제 행동 사이에 발생하는 모순으로부터 시작된다.

'효율적으로 비효율적인' 시장

이 장을 마무리하기 전에, 지수 추종 전략의 저변에 깔린 투자철학에 대한 논의로 다시 한번 돌아가 보자. 지수 추종 전략은 타인의 실수를 찾으려 하지 않고 시장에서 초과수익 내

[그림 4-3] 금융위기 이후 급증한 패시브 투자

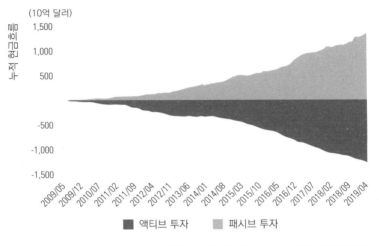

자료: Morningstar Direct Asset Flows(2019/4/30)

는 것을 포기하는 것이라 언급했다. 그렇기에 패시브 투자라고 불린다.

　그런데 [그림 4-3]에서 볼 수 있듯이 2008년 금융위기 이후 전 세계적으로 패시브 투자가 급증했다. 이는 무엇을 시사할까? 패시브 투자의 근간에는 시장이 일정 수준 효율적으로 움직이기에 아무리 노력해도 꾸준히 초과수익을 내기가 어렵고 따라서 그냥 시장 전체에 투자하는 것이 낫다는 가정이 담겨 있다. 이렇게 시장이 효율적이라는 태도를 취하는 사람이 점점 늘어나는 것은 무엇을 의미할까?

시장 효율성의 이해

시장이 효율적이라는 것은 가격에 모든 정보가 반영되어 있다는 뜻이다. 효율적 시장에서는 꾸준히 저평가된 상품을 찾아내 지속적인 초과수익을 내는 것이 불가능하다. 물론 시장이 효율적이라 해도 한두 번 초과수익을 내는 것은 가능하다.

많은 개인 투자자가 효율적 시장에서는 매 순간 주가가 적정 가치에 수렴하고 절대로 초과수익을 낼 수 없다고 착각하는데, 그렇지 않다. 적정 가치가 50달러인 주식이 있다고 해서 그 가격이 언제나 50달러로 고정되는 것은 아니기 때문이다. 어느 순간에는 40달러가 될 수도 있고 어느 순간에는 65달러가 될 수도 있다. 단, 이 적정 가치와 실제 가격의 차이는 완전히 무작위적이어서, 그 어떤 외부 데이터나 정보로도 그 괴리를 예측할 수 없어야 한다.

동전을 던져 앞면이 나오면 1만 원을 주고 뒷면이 나오면 0원을 주는 게임이 있다고 해보자. 이 게임의 적정 비용은 얼마일까? 정상적인 동전이라면 5,000원일 것이다. 5,000원을 내면 50% 확률로 5,000원을 따거나 같은 확률로 5,000원을 잃는다. 그러니 이 게임 비용 5,000원은 효율적으로 책정된 것이고, 그 누구도 이 게임을 통해 장기적으로 꾸준한 수익을 낼 수 없다. 그런데 그렇다고 해서 이 게임에서 돈을 따는 사람이 아예 없는 것은 아니다. 운 좋게 연속으로 몇 판씩 이기는 사람도 분명히 있다.

마찬가지로 효율적 시장에서도 운 좋게 초과수익이 날 수 있다. 다만 우리가 어떤 정보나 데이터를 분석하고 리서치한 다고 해서 동전의 앞뒤를 50%보다 더 잘 맞힐 수 없듯이, 효율적 시장에서는 운 좋게 초과수익이 날 수 있어도 인위적인 예측을 통해 꾸준히 연속적으로 초과수익을 낼 수는 없다.

효율성과 비효율성의 끊임없는 순환

시장의 효율성이라는 개념에 대해 강형, 준강형, 약형 등의 형태를 이야기하고, 시장이 효율적인가 효율적이지 않은가에 관해 갑론을박도 많지만 실전 투자에서 큰 의미를 갖지는 않는다고 생각한다. 시장은 그저 본질적으로 효율과 비효율 사이를 순환하는 성질을 가졌기 때문이다.

어느 바이오회사의 적정 가치가 100달러이고 주가도 같은 100달러라고 해보자. 즉 효율적으로 가격이 책정된 상태다. 만약 이 회사가 신약 개발에 성공해 적정 가치가 180달러로 뛴다면 효율적 시장에서는 주가도 바로 180달러에 수렴해야 한다. 그런데 그 수렴이 이루어지려면 누군가가 이 회사의 신약 개발 성공 사실을 알고 매수해주어야 한다. 가격은 스스로 움직이지 않고 시장 참여자의 매매로 움직이기 때문이다.

그렇다면 과연 누가 이 회사의 신약 개발 성공 사실을 먼저 알게 될까? 이 회사에 대해 리서치하고 뉴스를 찾아보는 사람일까, 아니면 시장이 효율적이라 믿고 지수 추종을 하는 사람일까? 역설적이게도 시장의 효율성을 믿지 않는 사람, 시장이 비효율적이기에 자신이 노력하면 초과수익을 낼 수 있다고 믿는 사람만이 정보를 적극적으로 얻고 분석을 해본 뒤 매수에 나선다.

아주 극단적인 가정인데, 주식시장의 모든 투자자가 시장이 완벽하게 효율적이라고 믿는다고 해보자. 그렇다면 그 누구도 기업을 분석하거나 적정 가치를 계산하지 않을 것이다. 현재의 주가가 언제나 적정 가치에 수렴한다면 아무리 노력해도 초과수익을 낼 수 없기 때문이다. 이런 상황에서는 그 종목의 펀더멘털에 중요한 변화가 생겨 적정 가치가 상승하더라도 아무도 그 사실을 알아채지 못할 것이다. 그 변화를 알기 위해 노력하고 리서치하는 사람이 없기 때문이다. 결국 시장 가격은 비효율적으로 저평가된 상태에 머무르게 된다. 역설적이지 않은가!

시장이 효율적이라고 믿는 사람이 많을수록 시장에서 초과수익을 낼 여지를 주는 비효율성이 늘어나고, 시장이 비효율적이라고 믿는 사람이 많을수록 시장의 비효율성은 사라져 효율적이 된다. 즉 시장은 '효율성'과 '비효율성'으로 이분되는 것이 아니라 끊임없이 둘 사이를 순환한다. 이를 한 문장으로 "시장의 효율성은 비효율성에 대한 믿음으로 완성된다" 라고 표현할 수 있을 것이다. 점점 더 많은 사람이 패시브 투자를 선호하는 세태가 무엇을 의미하는지 이제는 이해하리라 생각한다. 즉 이전보다 많은 비효율성이 생겨날 가능성이 있다는 것이다.

다음 5장부터는 비효율성을 찾아 초과수익을 내기 위한 투자철학과 투자 전략에 대해 본격적으로 다루겠다.

월가아재의
제2라운드
투자 수업

5장

가치투자:
초과수익을
최대화하는 원리

　이제 우리는 시장 평균 수익률에 만족하는 지수 추종 패시브 투자를 넘어 초과수익을 내기 위한 전투의 영역에 들어섰다. 다시금 강조하지만 개별 주식 종목을 스스로 선정하고 스스로 타이밍이라 생각해 매수 버튼을 누르기 시작할 때 기억해야 할 점은, 독자가 저평가되었다고 판단해서 사는 주식은 누군가가 고평가되었다고 판단해서 파는 주식이라는 사실이다. 그 누군가와 독자 중 누가 시장 평균 대비 초과수익을 내고 누가 초과손실을 내는지는 적정 가치를 얼마나 제대로 평가했는지에 달렸다.

　가치투자를 공부하기 위해서는 과학적인 접근 방식을 취해야 한다. 과학적인 방법론의 중요한 특질 중 하나는 재현성, 즉 반복 가능성이다. 어느 화학자가 실험 결과를 논문으로 발표했는데, 같은 실험이 다른 실험실에서는 다른 결과로 나온다면 그 논문의 신뢰도는 굉장히 낮을 것이다. 가치투자도 마찬가지다.

많은 사람이 워런 버핏, 앙드레 코스톨라니(André Kostolany), 피터 린치 등 다양한 거장의 조언과 에피소드를 여기서 조금 저기서 조금 듣고 읽는다. 그러나 거장이 투자 결정을 내리기까지 걸어온 전 과정을 재현하지 않는 이상, 그 거장과 같은 성과를 얻기는 어려울 것이다. 결국 성공적인 주식 투자의 재현성을 높이기 위해서는 초과수익과 투자철학을 바라보는 명확한 프레임이 필요하다. 따라서 이번 장에서는 초과수익의 본질에 대해 수학적으로 접근해 직관을 끌어낸 후 가치투자의 프로세스를 4단계로 나눠서 바라볼 것이다.

초과수익의 본질

우리가 시간을 들여 투자 공부를 하는 것은 시장 평균보다 높은 수익, 즉 초과수익을 내기 위해서다. 초과수익을 간단한 등식으로 표현하면 다음과 같다.

초과수익 = 당신의 수익 − 시장 평균 수익

만약에 코스피지수가 한 해 동안 10% 상승했는데 내가 15%의 수익을 냈다면 초과수익은 15% - 10% = 5%일 것이다. 그렇다면 우리는 단순히 이 초과수익을 극대화하기만 하면 되는 것일까?

질문을 살짝 바꾸어보자. 린치나 버핏 같은 거장의 연평균 수익률은 20~30% 수준이다. 그런데 2020년 한국의 20대 젊은이 중 코인으로 1,000%, 2,000%의 수익을 낸 사람도 있었다. 이들이 버핏보다 뛰어난 투자자일까? 그럴 리 없다.

일회성 수익 vs 꾸준한 초과수익

금융시장에는 불확실성과 변동성이 존재하기 때문에 운이 좋아 한두 해 대박을 터뜨리는 투자자가 매년 수천, 수만 명씩 생겨난다. 그러나 카지노에서 잭팟을 터뜨린 사람을 두고 돈 버는 실력이 있다고 말할 수 없듯이 코인으로 큰돈을 번 사람을 두고 돈 버는 실력이 있다고는 말할 수 없다. 그런 수익은 일회성이라 꾸준히 반복될 수 없기 때문이다.

그러면 우리가 목표 삼아야 할 투자자는 한두 번 높은 초과수익을 내는 투자자가 아니라 꾸준하게 초과수익을 내는 사람이다. 꾸준하다는 것은 무엇일까? 들쭉날쭉하지 않다는 것이다. 은행 이자는 들쭉날쭉하지 않다. 반면 주식 투자 수익은 들쭉날쭉하다. 이 들쭉날쭉함을 숫자로 표현한 것이 바로 변동성이고, 변동성은 주가의 표준편차로 계산한다. 그렇다면 우리의 목표는 다음으로 표현할 수 있다.

$$극대화할\ 목푯값 = \frac{초과수익}{초과수익의\ 변동성}$$

극대화할 목푯값이 커지기 위해서는 분자인 초과수익 액수가 클수록, 분모인 초과수익의 변동성이 작을수록 좋다. 이 목푯값을 정보 지수(information ratio)라고 부른다. 정보 지수는 투자자가 초과수익을 내는 능력을 측정하는 방법 중 하나인데, 정확한 수식은 다음과 같다.

$$정보\ 지수 = \frac{포트폴리오\ 수익률 - 벤치마크\ 수익률}{추종\ 오차}$$

여기서 분자는 측정하려는 포트폴리오의 벤치마크 대비 초과수익률이다. 벤치마크란 자신의 투자 스타일과 가장 흡사한 시장의 지수라고 생각하면 된다. 미국의 기술주에 투자하는 펀드매니저라면 나스닥지수가 벤치마크일 것이고, 한국 주식에 투자하는 펀드매니저라면 코스피지수가 벤치마크일 것이다. 분모인 추종 오차는 분자의 변동성으로, 포트폴리오와 벤치마크 간의 수익률 차이가 얼마나 꾸준히 균일하게 유지되는지를 측정한다. 따라서 벤치마크를 꾸준히 일정한 간격으로 이길수록 정보 지수가 높아진다.

실전에서 정보 지수의 의미

캘리포니아대 버클리 캠퍼스의 리처드 그리놀드(Richard C. Grinold) 교수는 로널드 칸(Ronald N. Kahn) 박사와의 공저 《Active Portfolio Management(액티브 투자 포트폴리오 매니지먼트)》에서 정보 지수를 다음과 같이 근사(近似)한다.

정보 지수 근사치(information ratio approximation) = 정보 계수(information coefficient) × 매매 횟수의 제곱근(sqrt of breadth)

$$IR \approx IC \times \sqrt{B}$$

이 식부터 조금 더 풀어보자. 여기서 정보 계수는 IC, 매매 횟수는 B라 부르겠다. IC에 B의 제곱근을 곱하면 정보 지수를 근사할 수 있다는 뜻인데, 여기서 IC의 계산법은 다음과 같다.

$$IC = (2 \times 승률) - 1$$

모든 투자에서 이익을 내 100% 승률을 가졌다면 IC = (2 × 100%) - 1 = 1이 되고, 50%의 승률이라면 IC = (2 × 50%) - 1 = 0이 되며, 모든 투자에서 손실을 낸다면 IC = (2 × 0%) -

1 = -1이 된다. 다시 말해 IC는 0%에서 100% 사이의 값을 가지는 승률을 -1에서 +1 사이의 값으로 변환한 값이다. 그러니 IC가 양수면 승률이 50%를 초과해서 초과수익을 내는 사람, IC가 음수면 승률이 50% 미만이라 초과손실을 내는 사람이라고 할 수 있다.

그다음 매매 횟수인 B가 커질수록 정보 지수의 절댓값이 커지는데, 반드시 좋은 것은 아니다. IC가 음수인 상황에서 B가 커지면 정보 지수는 점점 더 음으로 커지고 IC가 양수인 상황에서 B가 커지면 정보 지수는 점점 더 양으로 커진다. 즉 실력이 좋은 사람은 투자 횟수를 늘리는 것이 좋지만 실력이 없는 사람은 차라리 횟수를 줄이는 것이 좋다.

우리는 정보 지수의 근사식에서 정보 지수를 높이기 위해서는 IC를 높이는 방법, 즉 실력을 갈고닦아서 승률을 높이는 방법과 IC가 양의 값인 채로 B를 높이는 방법, 즉 더 많은 투자를 실행하는 방법이 있음을 알았다. 가치투자자의 시각으로 보면 IC는 우리가 기업을 얼마나 잘 분석하는지, B는 얼마나 많은 기업에 투자하는지가 될 것이다. 많은 수의 기업에 대해 양질의 분석을 해서 투자하는 것이 궁극의 목표라 할 수 있다. 그런데 여기 두 가지 문제가 있다.

첫째, IC와 B는 반비례한다는 점이다. 누구에게나 시간은 한정되어 있기 때문에, 많은 기업에 투자하려고 많은 기업을 분석할수록 개별 기업 각각에 쏟을 시간은 줄어든다. 둘째, 많은 기업을 분석한다고 해서 반드시 B가 늘어나는 것은 아니다. IC가 매우 높아 기업의 가치를 정확히 평가할 역량이 있다 하더라도, 분석하기 위해 고르는 기업들이 전부 고평가된 것으로 나타난다면 B를 늘릴 수가 없다. 이런 상황에서 무리하게 투자 횟수를 늘리면 덜 저평가된 주식에 대한 투자도 늘어나면서 결국 IC가 낮아진다.

　100개 기업을 분석했는데 그중에 5%가 저평가된 상태라면 B는 최대 5일 것이고, 10개 기업을 분석했는데 그중 70%가 저평가된 상태라면 B는 최대 7일 것이다. 다시 말해 우리는 B를 더 세부적인 요소로 나눠볼 필요가 있다. 얼마나 많은 기업을 분석하는가(number of trials), 분석한 기업 중 몇 %가 투자할 만한 저평가 기업인가(hit rate)로 나눠보자. 이를 각각 N과 H로 두면 'B = N × H'로 표현할 수 있다. 즉 100개 기업을 분석해서 5%의 기업이 실제로 저평가되었다면 B = 100 × 0.05 = 5가 된다. 그렇다면 정보 지수 근사치는 'IR ≈ IC × B'로, 투자 성과를 높이기 위해서는 기업 분석 능력(IC)을 높이거나, 더 많은 기업을 분석하거나(N), 분석한 기업이 실제 투자로 전환되는 비율(H)을 높여야 한다.

　이 세 가지 방향을 염두에 두고 이제 가치투자의 4단계 프로세스를 살펴보기로 하자. 각 단계 프로세스가 어느 방향으로 정보 지수를 높이려 하는지가 보이기 시작할 것이다.

1단계 종목 탐색: 저평가 기업 찾기

가치투자란 무엇일까? 간단히 정의하면 '어떤 종목의 적정 가치를 계산하고 그 적정 가치에서 안전마진 이상의 차이로 현재 가격이 저평가되어 있으면 매수 후 기다리는 것'이다. 재무적인 특성에 따라 가치주와 성장주로 구별한 후 가치주에만 집중하는 방식도 있고, 어떻게 가치평가를 하느냐에 따라 여러 갈래로 나뉘기도 하지만, 여기서는 광범위한 정의를 사용한다. 따라서 가치평가를 통해 계산한 적정 가치보다 낮은 가격의 주식을 사는 방식을 가치투자로 통칭하겠다.

가치투자를 하는 방식은 세상에 있는 가치투자자의 수만큼이나 많을 것이다. 나는 가치투자 프로세스를 크게 종목 탐색, 가치평가, 리서치, 포트폴리오 관리의 4단계로 나눈다. 세상 모든 기업을 평가할 수는 없으니 1단계 종목 탐색에서는 분석할 만한 후보 주식을 찾는 것에 매진한다. 그렇게 몇몇 흥미로운 주식을 추린 후 2단계에서는 재무제표를 토대로 가치평가를 한다. 3단계에서는 정량화된 재무제표에서 볼 수 없는 기업의 경쟁력이나 거시적인 산업 구조 등을 리서치하고, 마지막 4단계에서는 2, 3단계의 분석을 토대로 매수를 결정한 후, 매수한 종목의 포트폴리오를 운영하며 리스크를 관리한다. 하나씩 살펴보도록 하자.

잠재 후보 고르기

1단계 종목 탐색 과정은 잠재 후보를 골라내는 것이다.

$$IR \approx IC \times \sqrt{N \times H}$$

이 공식에 따르면 이상적인 과정은 기업 분석 실력인 IC도 높이고, 분석 기업 개수인 N도 높이고, 분석 기업 중 투자로 전환되는 비율인 H도 높이는 방향일 것이다. 하지만 그것은 이론일 뿐 현실에서는 분석 기업 개수인 N이 너무 많아지면 하나의 기업을 분석하는 데 쏟을 시간이 적어지면서 분석의 질이 떨어져 IC가 하락한다. 반대로 하나의 기업에 몇 주 동안 심혈을 기울이면서 IC를 높이다 보면 정작 분석 기업 수인 N이 줄어들게 된다. 이렇듯 IC와 N은 상충하는 면이 있다.

저평가 기업 찾기

그렇다면 상충 없이 정보 지수를 높이는 방법은 없을까? IC와 N 말고도 하나가 더 있는데, 바로 H를 높이는 것이다. H는 내가 분석한 기업 중 실제 투자로 이어지는 기업이 얼마나 되는지를 의미하는 숫자다. 적은 수의 기업을 분석하더라도 그중 저평가된 것으로 판단되는 기업의 비율이 높다면 투자 횟수인 B가 늘어날 수 있고 이를 통해 정보 지수도 높아질 수 있다. 이 H를 높이는 데 중요한 것이 바로 종목 탐색 과정이다. 수천 개의 주식 종목 중에서 내가 시간을 들여 가치평가하고 리서치해야 할 종목의 개수를 줄이는 작업이다.

종목 탐색 방식 또한 가치투자 방식만큼이나 많다. 아주 단순하게 자신이 일상에서 접하는 좋은 제품을 파는 회사를 들여다보는 방법도 있다. 버핏이 빅맥과 코카콜라에 관심을 가지게 된 방식이 그랬다. 그러나 십 년이면 강산도 변하듯이 투자 기법도 지난 수십 년간 끊임없이 변화·발전해왔다. 다음은 월스트리트 최전선에 있는 기관이 사용하고 있거나 내가 운영하는 핀테크 플랫폼에서 개발하고 있는 종목 탐색 방법의 몇 가지 예다.

우선 흔히 퀀트라고 불리는 계량적 방법론에 기초해 종목을 탐색할 수 있다. 퀀트 투자란 특정 종목이나 경제 현상에 대한 가설을 세우고, 리서치를 통해 투자 전략을 만든 후, 그 투자 전략을 과거 데이터에 백테스팅으로 검증해 자동 매매하는 방식을 말한다. 다만 퀀트 투자에서는 검증된 전략에서 도출되는 종목을 알고리즘으로 자동 매매하지만, 가치투자의 문맥에서는 그 도출되는 종목을 바로 매매하지 않고 가치평가 및 리서치의 파이프라인으로 보낸다. 퀀트 투자에 대해서는 7장에서 더 자세히 논하겠다.

미국 대형 기관의 주식 매수 및 보유 포지션을 보여주는 13F 공시 자료를 참고하는 방법도 있다. 이 공시 자료를 통해 버핏이나 레이 달리오(Ray Dalio) 같은 저명한 거장이 어떤 주식을 사고파는지 들여다보며 참고할 수 있다. 이때 주의할 것이 있는데, 13F는 매 분기가 끝나고 나서 45일 내로 공시하면 되기에 자신의 포지션이나 전략이 노출되는 것을 꺼리는 대부분의 기관은 이 45일을 꽉 채워서 공시를 한다는 사실이다. 따라서 저명한 투자자가 매수했다고 아무 생각 없이 매수해서는 안 되며, 그저 '분석해볼 만한 기업일 수 있다' 정도로 해석하고 가치평가 및 리서치 단계로 넘어가 심층적인 분석을 해보아야 한다.

이 외에도 다양한 방법론과 알고리즘이 존재한다. 옛 거장의 투자 전략을 계량화한 조건식으로 만들어 활용한다든가, 행동주의 투자자가 진입하는 방식을 참고한다든가, 기술적 분석 및 행동경제학을 활용한다든가, 데이터과학과 자연어 처리 알고리즘을 이용해 뉴스에서 주목받기 시작하는 종목을 찾아내는 등 다양한 종목 탐색 방법론이 있다. 투자 입문서에서 각 방법론을 일일이 심도 있게 다룰 수는 없지만, 앞의 식에서 H를 높이는 방법들이라고 생각하면 되겠다.

그러나 이런 세련되어 보이는 방법론들 때문에 겁먹을 필요는 없다. 사람의 경험과 직관은 생각보다도 강력한 무기다. 독자가 일상을 살아가다가 정말 좋은 제품을 맞닥뜨릴 때, 혹은 어떤 기업의 고객 서비스가 너무 잘 짜여 있어 감탄했을 때 한 번쯤 그 종목을 들여다보는 습관도 매우 좋은 종목 탐색 방법이다. 가격이 저평가되어 있는 회사를 찾은 후 가치가 좋은지 평가해볼 수도 있지만, 가치가 확실히 좋아 보이는 기업을 찾은 후 가격과 비교해보는 방법도 유효하다. 기업과 제품, 그리고 서비스를 바라보는 관점을 충분히 훈련한다면 삶의 경험 자체가 아주 훌륭한 종목 탐색 툴이 되어줄 것이다.

2단계 가치평가: 시장의 실수 찾기

가치평가의 첫 번째 단계에서 저평가되었을 확률이 높은 후보군으로 종목의 범위를 좁혀놓았다. 이제 2단계로 그 후보군에 있는 종목을 가치평가해야 한다. 'IR ≈ IC × $\sqrt{N \times H}$' 에서 IC를 높이는 과정이라 할 수 있다.

앞에서 시장의 효율성과 초과수익의 본질에 대해 살펴보았다. 이를 바탕으로 밸류에이션(valuation)이라 불리는 가치평가를 생각해보자. 우리가 가치평가를 하는 것은 결국 적정 가치에 비해 주가가 저평가된 종목을 찾기 위해서다. 그런데 주가가 저평가되었다는 것, 다시 말해 적정 가치가 10만 원인데 8만 원에 거래되고 있다는 것은 그 8만 원이라는 가격에서 해당 종목을 파는 실수를 하는 시장 참여자가 존재한다는 뜻이다.

누가 실수했는지 찾기

요약하면 가치투자를 하는 본질적인 목적은 시장의 실수를 찾는 것이다. 이를 세 번 되풀이하도록 하겠다. 가치투자의 본질은 시장의 실수를 찾는 것이다. 가치투자의 본질은 시장의 실수를 찾는 것이다. 가치투자의 본질은 시장의 실수를 찾는 것이다.

이토록 강조하는 것은 여러분이 이 책을 접고 시장으로 나가 투자할 때 꼭 기억해야 할 문구여서다. 가치투자의 본질은 시장의 실수를 찾는 것이다. 그렇다면 시장의 실수를 찾기 위해서는 어떻게 해야 할까? 중·고등학교 때 수학 문제를 풀었던 기억을 떠올려 보자. 암산으로 풀 수 있는 간단한 문제도 있지만 풀이 과정이 한두 페이지에 이르는 복잡한 문제도 있다. 긴 과정 끝에 복잡한 문제를 풀었는데 내가 도출한 답과 짝꿍이 도출한 답이 서로 다르다고 해보자. 내 답은 87이고 짝꿍의 답은 105다.

누가 맞을까? 누가 실수한 것일까? 서로 쳐다보기만 하면서 87과 105라는 숫자를 비교하는 것으로는 정답을 찾을 수 없다. 노력이 조금 덜 드는 방법은 반 친구 여럿에게 답을 물어보는 것이다. 만약 반 친구 대부분이 87이라고 답했다면 아마도 87이 맞을 것이다. 이번엔 좀 더 고된 작업을 해보자. 각자의 풀이 과정을 하나씩 짚으면서 어떤 단계를 밟아 87 혹은 105라는 답이 나왔는지 들여다보는 것이다. 그러면 어디서 무엇이 틀렸는지, 누가 옳고 누가 그른지 좀 더 자세히 알 수 있을 것이다.

마찬가지로 어느 주식의 적정 가격에 대해 이 애널리스트는 8만 원이라고 하고 저 애널리스트는 10만 원이라고 한다면 누가 옳은지 판단을 내려야만 현명한 투자 결정을 할 수 있다. 그런데 아무런 근거나 과정도 없이 8만 원이나 10만 원이라는 최종적인 숫자만 가지고 비교해서는 아무것도 얻을 수 없다. 이때는 반 친구 여럿에게 답을 묻는 것처럼 해당 주식의 PER이나 PBR 같은 상대가치 배수를 보정한 뒤, 동종업계 평균이나 경쟁 업체 배수와 비교해보는 방법을 쓸 수 있다. 다만 이 방법은 반 친구들이 대체로 옳은 답을 써야만 통하는 것처럼 시장 가격이 평균적으로 옳게 책정되어 있다는 가정에서만 통한다는 단점이 있다. 시장이 전반적으로 고평가되어 있거나 저평가되어 있을 경우 잘못된 답을 얻을 수 있다.

이와 달리 절대가치평가는 직접 풀이 과정을 하나하나 짚어가며 검증하는 것에 가깝다. 현금흐름할인모형 등을 통해 그 8만 원이나 10만 원이라는 숫자를 수학의 풀이 과정처럼 여러 단계별 요소로 펼쳐서 검증하는 방식이다. 매출과 수익 등을 얼마로 가정하고 어떻게 주가가 8만 원 또는 10만 원이 나왔는지를 살피는 과정에서 실수를 발견할 수도 있을 것이다. 그러나 절대가치평가의 경우, 추정해야 하는 값들이 늘어남에 따라 오차가 커진다는 어려움을 가지고 있다.

절대가치평가, 상대가치평가 이해

이 두 가지 방법 중 어느 것이 더 정확한 가치평가를 도출할까? 그것은 시장 상황에 따라, 산업과 종목에 따라 다를 것이다. 그러나 가치투자의 본질은 시장의 실수를 찾는 것이기에, 두 가지 방법을 혼용하더라도 절대가치평가는 무조건 해봐야 한다는 생각이다. 기업을 더 상세히 이해하는 데도 도움이 된다.

그런데 현실에서는 너무나도 많은 사람이 절대가치평가를 등한시한다. 현금흐름할인모형은 부정확하니 사용할 필요가 없다고 무시하는 사람도 있다. 이런 주장의 논리는 한결같다. 현금흐름할인모형 모델링에는 너무나도 많은 가정이 들어가기 때문에 그 가정을 어떻게 하느냐에 지나치게 많은 주관성이 들어가고, 그렇게 오차가 쌓이다 보면 시장 가격이 10만원인 종목의 적정 가치가 5만 원도 되고 15만 원도 될 수 있다는 것이다. 이런 태도 저변에는 미래의 주가를 정확하게 예측해야 한다는 생각이 깔려 있는 것 같다. 이에 대해 세 가지를 이야기하고 싶다.

첫째, 2장에서 살펴보았던 확률적 우위를 상기했으면 좋겠다. 주식의 적정 가치를 평가하는 행위 자체가 미래 예측의 요소를 포함하기 때문에, 그 어떤 방법론을 쓰든 간에 정확한 예측은 불가능하다. 성공적인 투자는 미래를 정확하게 예측하는 데 있지 않고, 추정에 대한 오차 범위를 최대한 줄이면서 확률적 우위를 1%라도 올리는 데 있다. 단 한 번의 가치평가를 놓고 보면 적정 가치에서 동떨어진 평가를 할 수도 있고 정확한 평가를 할 수도 있다. 아예 가치평가를 하지 않는 사람이 목표가를 더 잘 맞힐 수도 있다. 그러나 여러 번의 가치평가를 계속 반복한다면, 절대가치평가까지 전부 해보는 사람의 오차가 반드시 통계적으로 유의미하게 작을 것이다.

둘째, 상대가치평가라고 해서 미래에 대한 가정을 하지 않는 것이 아니다. 절대가치평가는 가정을 명시적으로 하는 반면, 상대가치평가는 유사 기업의 상대가치 배수를 사용하는 것 자체에 가정들이 암묵적으로 내포되어 있을 뿐이다. 그중 하나는 '시장 전체 혹은 산업 전체를 놓고 보면 시장은 효율적으로 가격을 책정한다'라는 가정이다. 이런 암묵적인 가정을 통해 절대가치평가에 비해 투자자가 인풋해야 할 변수의 개수를 줄일 뿐이지, 본질적인 문제를 피해 가지는 못한다.

아이러니하게도 절대가치평가를 등한시하는 이들은 상대가치평가에 대한 이해도도 낮은 경우가 많다. 예를 들어 주가매출액배수(Price-to-Sales Ratio, PSR)를 오남용하는 사례를 리포트에서 종종 보곤 한다. 상대가치평가에서 사용하는 배수는 투자자가 지불해야 할 가격을 기업의 재무 지표로 표준화한 값이다. PER의 경우 분자에 주식 가격이, 분모에 주당순이익(EPS)이 오는데, 분자든 분모든 주주 관점에서의 가격과 현금흐름에 관련된 지표이기에 일관성이 있는 배수다. 하지만 PSR의 경우 분자에는 주주가 지불하는 가격이 오고, 분모에는 주주뿐만 아니라 채권자에게도 가는 현금흐름이라 할 수 있는 매출액이 온다.

이렇게 생각해보자. 여러분이 전원주택을 매입하려 하는데, 단순히 가격만 봐서는 그게 싼지 비싼지 가늠하기가 어렵다. 후보 A는 10억 원이지만 40평이고, 후보 B는 8억 원이지만 20평이라면, 단순히 B가 2억 원 더 싸다고 말할 수는 없기 때문이다. 이때 주택가격을 평수로 표준화한 '평당 주택가격'을 가치배수로 사용할 수 있다. 평당 주택가격을 계산하면 후보 A는 평당 2,500만 원이고 후보 B는 평당 4,000만 원이기 때문에 후보 B가 더 고평가되었다고 말할 수 있다.

그런데 만약 여러분이 주택뿐만 아니라 옆에 딸린 마당도 함께 구입하고 싶다고 해보자. 그리고 후보 A는 마당 10평이 있고, 후보 B는 마당 30평이 있다. 이 경우, 단순히 '(마당+주택)평당 주택가격'을 비교한다면, 후보 A가 10억 / (40 + 10) = 2,000만 원이고 후보 B는 8억 / (20 + 30) = 1,600만 원이 되어서 후보 A가 고평가되었다는 결론이 된다. 여러분은 이 결론에 동의하는가? 당연히 왜곡이 있는 결론이다. 마당과 주택의 평수를 합쳐서 비교하고 싶으면, 마당의 가격을 물어본 후 '(마당+주택)평당 (마당+주택)가격'이라는 배수를 사용해서 비교해야 한다. 그러지 않으면 마당의 비중이 커질수록 왜곡이 커지게 된다.

비슷한 맥락에서 PSR은 주주에게 돌아가는 현금흐름과 관련된 주가를, 채권자와 주주 모두를 포함한 기업 전체에 돌아가는 현금흐름과 관련된 매출액으로 나눈 배수다. 만약 매출액을 사용하겠다면 주가인 P보다는 기업 가치와 관련되는 '이자 및 법인세 비용 차감 전 이익'인 EBIT를 사용해서 매출액 대비 EBIT 비율을 보아야 조금 더 일관성이 있다.

일관성이 부족한 배수인 PSR을 사용하면 어떤 문제가 발생할까? 매출액과 주가가 완전히 동일한 주식 A와 B가 있는

데, 주식 A는 엄청난 고금리의 부채를 사용하고 있는 반면 주식 B는 부채가 없다고 해보자. 그렇다면 사실상 주식 A의 주주에게는 돌아오는 순이익이 별로 없음에도 불구하고 PSR은 두 주식이 완전히 동일하게 나타날 것이다. 그렇기 때문에 부채 비율과 자본 구조가 크게 다른 기업 간에 PSR을 사용할 때는 조심해야 한다. 물론 PSR을 아예 사용하지 말라는 극단적인 이야기를 하는 것은 아니다. 순이익이 마이너스인 적자 기업이나 초창기 기업의 경우, PSR이 얼마든지 유의미한 힌트를 가져다줄 수 있다. 그러나 배수의 일관성이라는 개념에 대해 알고 사용하는 것과 아무 생각 없이 사용하는 것 사이에는 큰 차이가 있다. 그리고 그 차이는 고스란히 투자 성과에 드러나게 된다.

가장 흔하게 사용되는 PER도 제대로 사용하려면 유사 기업을 엄밀하게 정의하고 재무제표 데이터를 클리닝하고 성장성, 수익성, 리스크 같은 요소들에 대해 보정해주어야 한다. 그저 아무 기업이나 PER을 계산해 비교하는 것은 큰 의미가 없다. 이는 마치 강남의 아파트와 경상북도의 아파트를 평당 가격으로 단순 비교하는 것과 같기 때문이다. 우리는 재무적으로 또 비즈니스적으로 유사한 기업들을 골라 그들의 미묘한 차이를 최대한 보정한 후에도 PER이 낮은 기업을 진정으로 저평가되었다고 말할 수 있다. 그리고 이런 프로세스에서 절대가치평가에 못지않은 많은 가정이 들어가게 된다.

셋째, 다시 한번 반복하지만 가치투자의 본질은 시장의 실수를 찾는 것이다. 절대가치평가, 현금흐름할인모형을 공부하고 사용해야 하는 것은 미래의 주가를 정확하게 예측하기 위해서가 아니라 현재의 주가가 포함하고 있을지도 모를 실수를 찾기 위해서라는 마인드를 가져야 한다. 말장난으로 들릴지도 모르고, 현재의 실수를 찾는 것과 미래를 예측하는 것이 비슷하다고 생각할지도 모른다. 그러나 투자에서는 이렇게 사소해 보이는 태도의 차이가 엄청나게 다른 결과를 만들어낸다.

주가 예측과 현재의 실수 찾기

미래의 주가를 예측하려면 적정 가치를 계산하기 위한 모든 입력값을 자신이 직접 가정해야 한다. 내가 제대로 알지 못하는 영역에서는 당연히 무리한 가정을 하게 된다. 이 제품은 매출액이 몇 퍼센트로 성장할 것이고, 그로 인해 시장 점유율은 몇 퍼센트가 될 것이고, 수익 마진은 지금 얼마지만 3년 후에는 얼마가 될 것이고…. 미래의 주가를 정확하게 예측하기 위해서는 이 모든 세세한 입력값에 전부 관여해 관련된 모든 것을 가정해야 한다. 그런데 이 모든 입력값에는 당연히 오차가 존재한다. 오차가 있는 가정에 오차가 있는 또 다른 가정을 더해갈수록 그 오차 범위는 걷잡을 수 없이 커질 수밖에 없다.

반면 현재 주가에 포함된 실수를 찾기 위해 가치평가를 하는 경우는 어떨까? 이 경우는 우선 현재 주가가 왜 이 수준에서 형성되어 있는지부터 탐구한다. 주가를 구성하는 요소를 현금흐름할인모형을 통해 쭉 펼쳐서 살펴보면서 현재 주가가 내포하고 있는 여러 가정을 이해한다. 주가를 예측할 때는 미래 매출을 가정해야 하지만, 여기서는 현재 주가가 내포하고 있는 매출 성장률이 얼마인지를 가늠하는 것부터 시작한다. 그렇게 현재 적혀 있는 답, 즉 시장 가격에 내재된 풀이 과정을 들여다보면서 내 생각과 다른 것이 무엇인지를 찾아보기 시작한다. 그리고 내게 확실한 확률적 우위가 있는 부분에 집중해서 실수를 찾으려 노력해야 한다.

요컨대 미래의 주가 예측이 내가 처음부터 끝까지 풀이 과정을 쓰면서 답을 도출하는 것이라면, 시장의 실수 찾기는 남이 도출한 답의 풀이 과정을 보면서 틀린 것을 찾는 것이다.

시장에 내재된 가정을 찾는 법

여기서 이런 의문이 생길 것이다. 애초에 내포된 입력값은 어떻게 도출되는가? 가장 단순한 방법은 본인이 일반적으로 절대가치평가를 하듯이 DCF 모델링을 한 후, 각 입력 변수를 일관성 있게 점진적으로 비관적인 방향으로 혹은 점진적으로 낙관적인 방향으로 조정하면서 자신의 모델 출력값을 시장 가격에 맞추는 방식을 사용할 수 있다. 내가 절대가치평가를 해서 도출한 적정 가치가 시장 가격보다 너무 높다면 매출 추정치를 조금 더 비관적으로 보정하거나 하는 식이다. 주먹구구식으로 보일 수도 있지만, 기업에 대한 정성적 이해가 뒷받침되어 여러 변수가 어떻게 유기적으로 움직이는지에 대한 내러티브가 있다면 상당히 합리적인 결과를 도출할 수 있다.

만일 개인 투자자라면 여기까지만 해보아도 상위 1% 수준에 도달했다고 생각한다. 다음 두 섹션에서 소개할 블랙-숄즈 모델(Black-Scholes Model)과 몬테카를로 방법론(Monte Carlo Methods)은 투자 입문서에 넣을 내용은 아니라 생각했으나, 궁금해할 독자가 있으리라 생각해서 포함한다. 다만 가치투자를 통해 좋은 성적을 내는 데 필수적인 지식은 아니니, 어렵게 느껴진다면 사족이라 생각하고 넘겨도 무방하다.

블랙-숄즈 모델의 이해

시장에 내포된 입력값을 도출하는 문제는 얼핏 보면 빅스(VIX)지수로 대표되는 시장의 내재 변동성 구하기와 유사해 보인다. 블랙-숄즈 모델은 기초 자산의 가격, 이자율, 행사가, 만기까지 남은 시간, 변동성 등을 입력하면 옵션의 가격을 출력해주는 편미분 방정식이다. 그 입력값 중에서 변동성을 제외하면 전부 시장에서 관측 가능한 값이기에 우변에 옵션의 시장 가격을 입력하고 좌변에 나머지 변수를 관측값으로 입력하면 '시장 가격에 내재된 변동성' 값이 도출된다.

이를 간단한 방정식에 비유해보겠다. 'a + b + c + d + e + f + g = x'라는 식은 a, b, c, d, e, f, g 값을 입력하면 x 값을 도출해준다. 여기서 좌변의 입력값 중 g가 변동성이고 우변의 x 값이 옵션 가격이라고 한다면 x 값을 현재 시장 가격으로 둔 채 시장에서 관측되는 a, b, c, d, e, f의 값을 입력해서 도출되는 g 값을 구할 수 있다. 이 g 값이 바로 시장 가격에 내포된 변동성, 즉 내재 변동성이라고 보면 된다(물론 블랙-숄즈 모델은 이 덧셈보다 훨씬 복잡한 수식이다).

가치평가에 이런 방식을 적용하면 어떨까? 우변에 시장 가격을 두고 좌변의 입력값을 구하려 하면 중요한 문제가 발생한다. 블랙-숄즈 모델에서는 변동성을 제외한 모든 입력값이 시장에서 직접 관측 가능한 변수다. 그러나 가치평가 모델에서는 관측 불가능한 변수가 하나가 아니라 여러 개다. 즉 x에 시장 가격을 넣고 관측 가능한 변수 a, b, c 값을 넣는다고 해도 d, e, f, g가 전부 가정을 통해 입력해야 하는 값이라면 이 식을 만족하는 d, e, f, g의 조합은 무한히 많을 수 있다. 그렇다면 도대체 무엇이 시장 참여자가 생각하는 입력값의 조합일까?

이와 관련한 내용은 투자 입문서의 범위를 넘어서는 것이기에 간략하게 소개할 텐데, 이해가 되지 않아도 전혀 문제가 없는 사족이니 대충 훑어도 좋다. 우선 이 문제는 파라미터의 자유도(degrees of freedom)를 줄인다는 관점에서 접근해야 한다. 쉽게 말하자면 d, e, f, g 중에 넣을 수 있는 것을 넣는 방식으로 접근한다는 뜻이다. 가장 손쉬운 방법은 시장의 컨센서스를 유추하는 변수를 구하는 것이다. 시장의 컨센서스를 유추하는 대표적인 방법은 애널리스트 추정치의 평균이나 중앙값을 사용하는 것이다.

미국 주식시장에는 IBES(Institutional Brokers' Estimate System)라는 데이터가 있다. 이는 여러 애널리스트의 전망을 정리해둔 데이터베이스로 1976년부터 시장의 다양한 애널리스트, 브로커, 로컬 전문가의 주가 전망치를 수록하고 있다. 이 전망치에는 목표 주가뿐 아니라 매출, EPS, 순부채, 기업 가치, 순이익 등 다양한 세부 가정치도 포함되기 때문에 시장이 생각하는 컨센서스를 유추하는 데 도움을 준다.

다른 방법으로는 투자은행에서 기업 상장(IPO), 인수합병(M&A)을 다루는 뱅커(investment banker)나 펀더멘털 헤지펀드의 애널리스트가 가치평가를 할 때 사용하는 방법론을 참고하는 것이 있다. 항목의 성질에 따라 다르지만 대체로 각 입력값의 추정 방식이 2~3개로 압축되는 경우가 많다. 예를 들어 어떤 재무제표 항목의 경우, '지난 5년 평균치를 그대로 사용'하거나 '지난 5년 추세가 그대로 이어진다고 가정'하거나 둘 중 하나를 사용하는 것이 업계 관행이라고 해보자. 주로 적정 가치에 큰 영향을 미치지 않는 항목을 이렇게 추정하는데, 업계 관행이 곧 시장이 생각하는 컨센서스에 가깝다는 가정하에 입력값의 후보를 두 개로 압축해 파라미터의 자유도를 줄이면 된다.

몬테카를로 방식의 변형

또 한 가지 방법은 몬테카를로라는 시뮬레이션 방법론을 조금 변형해 역산하는 것이다. 전통적인 방식은 DCF 모델의 입력값들을 각각 확률 분포로 정의한 후 시뮬레이션을 통해 결괏값의 분포를 도출하는 것이다. 그런데 이를 조금 변형해, 결괏값을 시장 가격으로 고정한 후 각 입력값을 순차적으로 추정해나갈 수 있다. 물론 이 방식은 전통적 방식의 시뮬레이션에 비해 입력값 간의 상관관계를 정의할 때의 난도가 훨씬 높다. 그리고 엄밀히 말해서 시장 가격에 내포된 가정값을 추정한다기보다는 시장 가격에 자신의 가정을 더한 채로 각 가정값을 추정한다는 한계가 있다. 또 가정값 파라미터의 자유도 문제를 해결하기 위해 손실 함수를 별도로 정의하고 최적화해야 하는 수고로움이 더해진다. 그렇기에 이 방법도 다른 방법들과 마찬가지로 완벽하지는 않다.

　이쯤 되면 독자는 왜 굳이 이런 복잡한 방법을 사용해서 시장에 내포한 가정값을 찾으려 노력해야 하는지 의문이 들 것이다. 결국 절대가치평가에서 각 가정값을 추정해 적정 가격을 도출하는 전통적인 방식과, 가격을 시장 가격에 고정한 채 시장에 내포한 가정값을 찾으려 애쓰는 방식은 똑같은 문제를 다른 각도에서 바라보는 것이라 할 수 있다. 그런데 전자의 경우에 비해서 후자의 방식을 사용하면 본인이 추정하는 값들과 관련한 레퍼런스 포인트를 더 잘 찾을 수 있다. 어떤 수학 문제가 주어졌을 때, 백지에서 하나하나 단계를 밟아가며 스스로 이 문제를 풀려고 하는 것과, 반 친구들이 대체로 많이 적은 답이 무엇인지 아는 상황에서 왜 그런 답을 도출했는지 짚어보는 것의 차이라고 할 수 있겠다.

　그러나 결국 투자의 세계에서 모든 방법론은 우열이 정해져 있는 것이 아니라 항상 일장과 일단이 있다. 어떤 도구든 간에 불확실한 정보를 토대로 결론을 내려야 하기 때문에 어쩔 수 없는 일이다. 하지만 어떤 종목을 두고 다양한 방법론을 통해 다양한 각도에서 바라보게 되면, 조금이라도 추정 오차를 줄일 수 있게 된다. 요즘 화두가 되는 머신러닝의 세계에서도 하나의 모델을 단독으로 사용하는 것에 비해 여러 가지 모델을 통해 결괏값을 예측하는 앙상블 기법(ensemble learning)이 더 정확한 예측을 가져다주는 경우가 많다.

절대가치평가를 여러 가지 방식으로 행해보아야 하는 이유는 그 결과에 대한 추정 오차를 줄이기 위해서이기도 하지만, 가치평가를 하는 과정에서 내가 투자하려는 종목에 대해 속속들이 알게 되기 때문이기도 하다. 피터 린치는 사람들이 부동산 투자에서는 돈을 벌고 주식에서 돈을 잃는 이유는 간단하다고 말한다. 집을 고르는 데는 몇 개월을 들이지만 주식을 고르는 데는 몇 분만 들이기 때문이다. 앞에 언급한 방식들을 행하는 데는 최소한 몇 주, 길면 몇 개월이 걸릴 수도 있다. 그러나 아무리 가치평가를 열심히 하고 시간을 쏟더라도 아마 여러분이 본인의 집을 구매할 때 들이는 시간에 비해서는 적으리라 생각한다.

무엇이 우월한 가치평가 방법인가?

여러 가지 가치평가 방법론에 대해 논할 때, 어떤 가치평가 방법은 쓸 필요가 없다는 등의 극단적인 주장을 하는 경우가 많다. 특히 DCF에 관해 할인율을 무엇으로 입력하는가에 따라 결괏값이 너무 달라지므로 무용하다는 주장을 종종 듣고는 한다. 가치평가도 결국 재무 모델링(Financial Modeling)인데 모델링에 대한 이해가 부족하면 저런 잘못된 관념을 가질 수 있다.

모델링은 현상을 추상화함으로써 설명하는 방식이다. 어떤 모델이 최적인지는 설명하려는 현상의 복잡도, 모델의 복잡도, 그리고 가용 가능한 정보나 데이터의 상황에 따라 달라진다. 예를 들어 키를 통해 몸무게를 추정하는 문제에 단순한 선형모델이 아니라 파라미터가 많은 딥러닝 모델을 사용하는 것은 어리석은 일이다. 키와 몸무게는 단순한 선형 관계를 가진다. 설명하려는 현상이 단순한 선형 관계를 가지면, 모델도 단순한 선형모델을 사용해야 최적의 성과를 보인다.

한편 설명하려는 현상이 텍스트나 이미지처럼 복잡도가 높은 현상일 경우, 데이터 개수가 얼마나 많은가에 따라 어떤 모델이 좋은지가 달라진다. 데이터 개수가 적다면 차라리 단순한 모델이 과최적화를 방지해주어서 더 낫고, 데이터 개수가 충분히 많다면 파라미터가 많은 복잡한 모델을 사용해서 복잡한 현상을 훨씬 더 잘 설명할 수 있다.

인공신경망이라는 알고리즘 자체는 1950년대 퍼셉트론(Perceptron)이라는 알고리즘부터 시작해서 1970, 1980년대에 이미 성숙해 있었다. 그런데도 2010년대에 들어서야 비로소 각종 딥러닝 혁신이 일어날 수 있었던 것은 그때부터 데이터의 개수가 폭발적으로 늘어나고 GPU로 인해 연산 속도가 기하급수적으로 발전한 데 기인한다.

가치평가도 결국 모델링이다. 따라서 마찬가지 원리가 적용된다. 설명하려는 현상이 단순한 경우, 예를 들어 역사가 굉장히 오래되고 꾸준히 일정한 배당을 하는 기업의 경우에는 추정해야 하는 재무적인 상태가 단순하다. 따라서 단순한 모델인 배당할인모델(Dividend Discount Model, DDM)이 적정 가치를 아주 정확하게 평가해준다. 그게 아닌 대다수의 일반적인 기업의 경우, 재무적인 복잡도가 DDM으로 모델링할 수 있는 수준보다 더 높기 때문에 그보다 더 자유도가 높고 복잡한 모델을 사용해야 한다. 이때 어느 정도로 자유로운 모델이 적합한지는 우리에게 주어진 정보와 데이터의 질과 양에 따라 달라진다.

만약 미래 현금흐름에 대해 합리적인 추정을 할 수 있는 정보와 데이터가 충분히 주어지고 비즈니스 환경이 안정적이라면 당연히 현금흐름할인모형(DCF)이 최고의 퍼포먼스를 보인다. 하지만 그런 정보가 국한된 상황에서는 그보다 사용자가 입력해야 할 가정이 적은 상대가치평가 같은 모델이 우수한 성과를 낼 수 있다.

판교에서 강남까지 가는 데 걸리는 시간을 재는 문제가 있다고 가정해보자. 그리고 다음의 두 방법을 사용해보겠다.

· 방법1: 안양에서 강남까지 가보니 40분이 걸렸다. 판교에서 강남까지의

직선거리가 안양에서 강남까지의 직선거리와 비슷하기 때문에 판교에서 강남까지의 시간도 40분으로 추정하자.

- 방법2: 판교 IC에서 경부고속도로를 타고 가는 거리를 잰 후, 고속도로에서의 평균 속도를 추정해 시간을 계산하고 또 경부고속도로에서 서초 IC로 빠져나와 시내를 몇 블록 가야 하는지 계산한 후, 시내에서의 평균 속도를 추정해 시간을 계산한다. 그런 후 고속도로와 시내에서 걸린 시간을 더한다.

방법2는 경부고속도로 거리, 고속도로 평균 속도, 시내 거리, 시내 평균 속도를 전부 직접 추정해야 한다. 만약 그런 추정을 행하는 데 필요한 정보가 없다면, 각 추정에 오차가 크게 발생해서 최종 결론도 오차 범위가 매우 커질 수 있다. 반면에 방법1은 안양에서 강남까지 걸리는 시간만 알면 된다. 그렇기에 방법2는 별로 좋은 추정 방식이 아니라고 결론 내릴 수 있을까?

당연히 아니다. 방법1은 도로 거리나 평균 속도, 고속도로와 시내의 차이 등에 대해 가정을 하지 않는 것이 아니다. 안양과 강남 간의 직선거리를 그대로 차용함으로써 고속도로와 시내에 차이가 없고 여러 도로의 상황이나 교통 체증과 같은 환경이 전부 동일하다는 논리적 점프를 하는 것일 뿐이다. 만약 주어진 정보가 충분하다면 방법2가 훨씬 더 정확한 결론을 도출할 수도 있다.

엄밀한 비교는 아니지만 방법1은 상대가치평가, 방법2는 DCF 같은 절대가치평가에 비유할 수 있다. 상대가치평가가 절대가치평가에 비해 가정값을 덜 입력해도 되기 때문에 오차 범위가 작은 것이 아니다. 시장, 섹터, 혹은 유사 기업들의 가격이 '평균적으로는' 적정 가치에 수렴한다는 커다란 가정을 모델 스스로가 암묵적으로 해버렸기 때문에 사용자 입장에서 정할 수 있는 파라미터가 비교적 적다. 그러니 사용자가 무엇을 입력하는가에 따라 결괏값이 덜 변동하는 것은 자연스러운 일이다.

반면 DCF는 모델 스스로가 그런 볼드한 가정을 해버리는 것이 아니라, 최대한 사용자에게 자유를 준다. 그러니 사용자가 입력하는 값에 따라 결괏값이 크게 변동하는 것은 당연한 일이다. 이를 통계학적인 용어로는 편향-분산 트레이드오프(bias-variance tradeoff)라고 한다.

그러니 '상대가치평가가 더 나은 방법론이다, DCF는 이런저런 이유로 별로다' 같은 논의들은 다 무의미한 이야기이며 주어진 정보와 데이터에 따라 적합한 모델이 다 다르다는게 정답이다. 그런데 독자가 진지하게 가치투자를 하고 싶다면, 그 어떤 모델을 선호하든 DCF를 한 번은 꼭 공부할 것을 권장한다. DCF에 비해 자유도가 낮은 잔여이익모델(Residual

Income Model, RIM)이나 상대가치평가, 또는 배당할인모델을 사용하기 위해서는 각각의 모델이 자체적으로 하는 가정이 무엇인지를 명확히 이해할 필요가 있다. 그렇지 않으면 반드시 오남용으로 이어진다.

예를 들어 상대가치평가의 경우, 시장이 평균적으로는 옳다는 가정이 깔려 있기 때문에 시장이 전반적으로 고평가되어 있거나 전반적으로 저평가되어 있으면, 상대가치평가로 내린 결론이 틀릴 수 있다. 그 외 모든 모델도 마찬가지로 각각의 모델에 내재한 가정들이 있고, 그 가정에 맞지 않는 시장 환경이나 기업에 대해서는 매우 크게 틀린 결론으로 이어진다.

RIM의 경우, 장부가치를 기준으로 삼아 미래 초과이익의 현재가치를 더하는 개념이다. 따라서 시장가치가 장부가치 수준으로 많이 디스카운트되어 있는 한국에서는 제한적으로 사용할 수 있어도, 주주환원이 잘 이루어져서 시장가치 대비 장부가치가 크게 낮은 편인 미국 시장에서는 사용하기가 어렵다. 예를 들어 2023년 2월 기준 삼성전자의 PBR은 1.1배지만 애플의 PBR은 43배다.

그런 관점에서 여러 모델에 내재한 가정을 통합적으로 이해하려면 자유도가 가장 높은 모형 중 하나인 DCF를 이해하면 좋다. 단순한 모델만 공부한 사람은 DCF를 이해할 수 없지만 DCF를 공부한 사람은 단순한 모델들의 이론적 부분뿐만 아니라, 거기에 내재한 결함과 어떤 상황에서 잘못된 의사 결정으로 이어지는지까지 이해할 수 있다. 따라서 투자에 진지하게 임하고자 하는 사람은 DCF를 매번 실전 투자에서 사용하지는 않더라도, 꼭 시간을 내서 한 번 정도 이해해볼 것을 권장한다.

가치평가를 왜 공부해야 하는가?

이 장을 읽으면 가치평가라는 것이 생각보다 어렵다고 생각할 독자가 있으리라 생각한다. 그러나 이 책의 목적은 투자 입문서로 여러 가지 투자철학과 투자 전략들에 대한 개괄적인 소개를 하면서 어떤 주제들을 공부해야 하는지 로드맵을 제시하기 위함이지, 가치투자를 처음부터 끝까지 구체적으로 가르치기 위함이 아니다. 따라서 부득이하게 설명에 많은 축약이 있는 점을 이해해주기 바란다.

전문적인 기관 투자가가 되려는 생각이 없다면, 앞서 언급한 몬테카를로 시뮬레이션이나 블랙-숄즈의 이야기는 잊어도 좋다. 승률 50%를 기준으로 생각했을 때, 이런 방법론들은 58%의 승률을 58.5%, 59%로 올려줄 수 있는 도구들이다. 주식에 처음 입문한 초보 투자자라면 우선 승률을 40% 대에서 50% 이상으로 올리는 데 집중하면 된다. 그리고 50% 이상의 승률을 가지기 위해 필요한 지식은 생각보다 기본적이고 이해하기 쉽다.

솔직히 말해서 아주 기본적인 상대가치평가 방법론만 제대로 이해하고 올바르게 사용해도 개인 투자자 중 상위 3%에 들 수 있을 것이다. 유사 기업을 어떤 식으로 선정하는지를 알고, PER 같은 상대가치 배수들의 통계적 분포를 이해하고, 배수를 그 결정 요소에 따라 표준화한 후 결과를 해석할 줄만 알아도 대다수의 개인 투자자보다 앞서나갈 수 있다. 거기서 조금 더 나아가고 싶으면 기본적인 절대가치평가 방법론, DCF 모델링 방법론을 배우고 직접 해보면 좋다. 여기까지 익힌다면 어지간한 기관 투자가들과 도구 면에서 큰 차이가 없을 것이고, DCF를 해본다는 사실 자체만으로 내가 보유하거나 관심 있는 주식에 대해 많은 인사이트를 얻을 수 있을 것이다.

그런데 참 이상한 일이다. 고등학교 3학년 시절 수능 공부했던 것의 10분의 1만 노력해도 그 정도는 될 텐데, 이에 대해 올바른 방식으로 제대로 공부하는 개인 투자자는 찾아보기가 힘들다. 수능 언어 영역의 지문을 읽고 답하는 것에 비해 훨씬 더 직관적이고 성적을 올리기 쉬운 분야임에도 그렇다. 왜 그럴까? 그저 게으르거나 잘못된 지식을 습득했기 때문일 수도 있지만, 근본적으로는 시장의 단기적인 변동성과 불확실성이 투자 공부의 효용을 가려버리기 때문이 아닐까 한다. 단기적으로는 아무리 공부를 많이 한 뛰어난 투자자라 할지라도 손실을 낼 수 있고, 아무 생각 없이 친구의 말을 듣고 매수하거나 말도 안 되는 전략을 구사하는 사람도 수익을 거둘 수 있다. 그래서 주식 공부는 소용없다는 회의론에 빠지는 것이라 생각한다. 그러나 한 해 두 해가 반복되면 변동성 아래에 가려져 있던 확률적 우위는 반드시 자신을 드러내게 되어 있다. 인생에서도 주식시장에서도 마찬가지 법칙이 적용된다.

　세상을 확률론적으로 바라보는 관점만 몸에 익힌다면, 독자는 이미 대다수의 개인 투자자보다 더 많은 돈을 벌 자격을 갖추었다고 할 수 있다. 꼭 명심했으면 한다. 노력은 단기적으로 당신을 배신할 수 있지만 장기적으로는 반드시 보상을 안겨준다.

3단계 리서치: 사람이 알고리즘을 이길 수 있는 영역

　재무제표의 숫자에 기초한 가치평가는 결국 표준화한 과거의 데이터에서 미래를 추정하는 것이다. 성공적인 가치투자를 위해서는 재무제표의 숫자에 나오지 않는 기업의 면면을 반드시 직접 리서치해야 한다. 결혼에 비유하자면, 결혼 정보 업체나 믿을 만한 지인에게서 사람을 소개받는 것이 1단계 종목 탐색이고 그 사람의 집안, 재산, 학력, 외모 등 수치적이고 표면적인 공개 사실을 들여다보는 것이 2단계 가치평가라면, 3단계 리서치는 그 사람과 직접 연애하며 그의 가치관과 인성에 대해 알아가는 것이라 할 수 있다. 리서치가 얼마나 중요한 단계인지 짐작이 될 것이다.

특히 요즘 같은 시대에는 리서치가 더 중요해진다. 사람이 알고리즘이나 인공지능에 비해 월등한 우위를 가질 수 있는 분야가 리서치이기 때문이다. 지난 10년간 데이터과학의 혁명으로 많은 정보가 디지털화, 빅데이터화되었으며 이에 따라 데이터에서 패턴을 찾아내 추론하는 머신러닝 알고리즘이 황금기를 맞았다. 이런 알고리즘의 득세와 함께 인간의 효용은 무엇일까에 대한 고민도 활발해졌다.

머신러닝은 과거의 데이터에서 반복되는 패턴을 인식해 미래에도 그것이 반복될 것이라고 가정하며 추론하는 것이다. 금융시장 같은 복잡한 대상을 모델링하기 위해서는 딥러닝처럼 파라미터 개수가 엄청나게 많고 유연하며 복잡도가 그 대상만큼 높은 모델을 사용할 수밖에 없고, 이를 위해서는 엄청난 양의 데이터가 필요하다. 복잡도가 높은 모델을 학습하는 데 적은 수의 데이터를 사용하면 이는 필연적으로 과최적화로 이어지기 때문이다. 과최적화란 모델이 주어진 데이터에만 지나치게 맞춰져서, 새로운 데이터가 주어졌을 때 정확도가 낮은 현상을 이야기한다. 이를 예방하기 위해서는 많은 수의 데이터가 필수적이다.

가치 있는 데이터의 기준

데이터가 데이터로 효용이 있기 위해서는 일정 수준으로 표준화되어야 한다. 예를 들어 사과의 맛에 대해 100명에게 설문조사를 실시해 1부터 10까지 평가를 받을 경우, 이 정보는 데이터로서의 가치가 있다. 그러나 만약 100명에게 100가지의 다른 음식을 줄 경우는 어떨까? 어떤 사람은 바나나를 먹어보고 맛을 평가하고, 어떤 사람은 우유를 마시고 맛을 평가한다면, 그렇게 모인 데이터는 아무짝에도 쓸모없을 것이다. 일관되지 않은 데이터로는 통계적 모델링을 하기가 힘들다.

정성적 리서치의 영역, 즉 경영진의 전략, 제품의 경쟁 우위, 기업이 속한 시장의 경쟁 구도 등은 세상에 존재하는 기업의 수만큼 그 양상이 다양하기에 획일적으로 표준화해 비교하기 힘든 영역이다. 따라서 일관된 데이터를 얻기도 힘들고 시시각각 변화하는 환경에 잘 들어맞는 모델을 학습하는 것도 불가능에 가깝다. 그렇기에 이런 분야야말로 사람의 직관과 사고력이 알고리즘에 비해 월등한 우위를 가질 수 있는 것이다.

　그런데 정성적 리서치라고 해서 마냥 주관적인 감과 직관에 의존하는 것은 아니다. 리서치에도 산업 분석, 기업이 경쟁 우위를 가지는 방식, 인수합병이나 자사주 매입 같은 이벤트가 기업에 미치는 영향 등을 분석하는 틀과 방법론이 존재한다. 이와 관련해 세 가지 방향으로 정리하고자 한다.

　첫째, 기업 공시 자료를 통해 기업을 다각도에서 이해한다. 미국 주식의 경우 사업 보고서인 10-K 공시를 통해 비즈니스 모델에 대해 이해하고, DEF-14A를 통해 경영진 및 이사회에 대한 힌트를 얻을 수 있다. 또 Form 3, 4, 5를 통해 기업 내부자의 매매를 들여다볼 수 있고, 8-K를 통해 기업의 중요 이벤트에 대한 정보를 얻을 수 있다.

　더 나아가 실적 시즌에는 실적 발표와 컨퍼런스 콜을 통해 기업의 방향성을 가늠할 수 있다. 애널리스트의 컨센서스를 들여다보는 것도 좋은 방법이다. 이와 관련해 아주 훌륭한 참고서는 베스트셀러 《뉴욕주민의 진짜 미국식 주식투자》인데, 일독을 권유한다.

　둘째, 경영진의 가치 창출 방법을 들여다본다. 비슷한 업종, 비슷한 비즈니스 모델을 가진 기업이어도 가치 창출을 하는 방식은 하늘과 땅만큼 다르다. 개인이 기업의 가치 창출 방법을 공부하는 데 가장 직관적인 지침은 '행동주의 투자자'의 접근 방식이라고 본다. 행동주의 투자자(corporate activist)란 20세기에 기업 사냥꾼으로 불리던 기관 투자가들의 후예를 뜻한다. 기업을 인수해 비용 절감 등을 통해 가치를 높인 후 팔아치우는 것으로 악명이 높았으나 최근에는 주주 행동주의와 궤를 같이하는 추세다. 타깃이 되는 기업의 지분을 매수한 후 경영진에게 기업 가치 제고 방법을 제안하고, 이 제안이 먹히지 않을 경우 미디어를 동원하고 주주총회에서 표 대결을 하는 등 해당 기업에서 실현되지 않은 가치를 실현하고 빠져나간다. 행동주의 투자자가 실현되지 않은 가치를 찾는 방법은 5~8가지 정도로 분류되는데, 이 방향으로 공부해보면 기업의 가치 창출에 대한 틀을 잡는 데 큰 도움이 될 것이다.

　행동주의 투자에 대해 개괄적으로 알고 싶으면 로널드 D. 오롤의《행동주의 투자 전략》을, 기업의 가치 창출 프로세스에 대해 가치평가의 프레임에서 상세히 이해하고 싶으면 맥킨지의《기업가치평가》를 추천하지만, 후자의 경우 읽기 만만한 책은 아니라 선뜻 권하기가 힘들다.

　셋째, 산업 및 업종에 대해 리서치한다. 이런 리서치는 사실 개인이 행하기 어려우며 가성비도 나오지 않는다. 따라서 직접 리서치하는 것보다는 애널리스트의 보고서를 읽으면서 정보를 습득하고, 이를 본인의 주체적인 사고로 소화하는 것이 낫다. 산업이라는 것은 개별 기업과 다르게 단기간에 빨리 바

뀌지는 않기 때문에, 산업 관련 보고서를 주기적으로 읽는 습관을 들이면 최신 트렌드를 받아들이는 데 드는 시간과 비용을 줄일 수 있다. 물론 가장 중요한 것은 이런 산업에 대한 지식을 자신이 들여다보고 있는 종목과 연관 짓는 것이다.

3단계와 관련해 마지막으로 꼭 하고 싶은 말이 있다. 2단계 가치평가와 3단계 리서치는 절대로 따로 놀면 안 된다. 정성적으로 행하는 리서치에서 얻는 직관과 정보들이 각각 가치평가의 어느 단계에 어떻게 반영되어 기업의 가치에 어떤 영향을 미치는지 깊게 생각해야 한다. 이와 관련해서 가치평가의 아버지라고 할 수 있는 다모다란 교수의 《내러티브 앤 넘버스》 일독을 추천한다.

4단계 포트폴리오 관리: 분산 투자와 리스크 관리

가치투자 프로세스의 마지막 4단계는 포트폴리오 및 리스크 관리다. 포트폴리오 관리라는 주제에도 단순한 분산 투자를 넘어서 각 자산군에 대한 지식, 팩터 모델, 리스크의 측정 및 관리 등 여러 세부 토픽들이 존재한다. 여기서는 투자 입문서 취지에 맞게 개인 투자자에게 필요한 분산 투자와 리스크 관리에 대해 짧게 이야기하고 넘어가겠다. 자꾸만 투자 입문서라는 핑계를 대서 독자들에게 죄송한 마음이 들지만, 사실 포트폴리오 관리라는 토픽도 제대로 다루려면 책 한 권을 다 할애해도 부족하다. 언젠가 투자 입문서가 아닌, 세부 주제를 심도 있게 다룰 기회로 독자들을 찾아뵐 수 있기를 기대한다.

분산 투자의 이해

분산 투자에 대해서는 '해야 한다'는 이야기와 '집중 투자가 낫다'는 이야기를 모두 들어보았을 것이다. 어느 한쪽을 선택하기 전에 본질적으로 왜 이렇게 상반된 이야기가 나오는지 들여다볼 필요가 있다. 투자를 잘한다는 것은 단순히 수익을 많이 내는 것이 아니라 낮은 리스크로 높은 수익을 내는 것이다. 앞서 언급한 정보 지수보다 좀 더 일반적으로 사용되는 지표가 샤프지수이고, 그 외에도 여러 가지 평가 척도가 존재한다. 그 어떤 성과 지표든 분자에는 투자 성과가, 분모에는 리스크 척도가 오는 것은 비슷하다.

여기서 분모에 오는 리스크는 보통 표준편차, 즉 변동성으로 계산한다. 가격이나 수익률이 얼마나 들쭉날쭉하게 변동하느냐를 나타내는 수치라고 생각하면 된다. 그런데 분산 투자를 하게 되면, 이론적으로 포트폴리오의 수익률은 유지하면서도 변동성을 줄일 수 있다. 그래서 많은 학자가 분산 투자를 '금융시장에서 유일한 공짜 점심'이라고 부른다. 분산 투자를 하면 왜 포트폴리오 변동성이 내려갈까?

주식 A는 6일 동안 +2, -1, +2, -1, +2, -1 식으로 움직이고 주식 B는 -1, +2, -1, +2, -1, +2 식으로 움직인다고 해보자. A 주식을 2개 사는 것, B 주식을 2개 사는 것, A 주식과 B 주식을 1개씩 사는 것은 모두 +6의 수익을 가져다준다. 그런데 세 번째 방법의 경우 +1, +1, +1, +1, +1, +1의 수익이 나면서 변동성은 0이 되어버린다. 물론 현실에는 포트폴리오 변동성을 0으로 만드는 방법이 존재하지 않지만, 이 예시를 통해 분산 투자가 어떻게 수익률을 유지하면서도 리스크를 낮출 수 있는지를 알게 되었을 것이다.

그런데 아무 주식에나 분산 투자를 해도 되는 것일까? 완전히 동일하게 움직이는 주식 A와 B가 있다고 해보자. 상식적으로 생각해도 A와 B를 함께 사든 A만 사든 수익률이나 리스크에는 차이가 없을 것이다. 이를 통계 용어인 상관계수로 표현하면, 서로 완벽히 동일하게 움직이는 두 주식은 상관계수가 +1이고, 서로 완벽히 반대로 움직이는 두 주식은 상관계수가 -1이다. 그리고 당연히 두 주식의 상관계수가 -1에 가까울수록 분산 투자의 효과는 커지고, 상관계수가 +1에 가까울수록 분산 투자의 효과는 미미해진다.

이렇듯 서로 움직이는 방향이 다른 주식을 포트폴리오에

편입하면 리스크가 줄어든다. 그런가 하면 포트폴리오 사이즈가 커질수록 해당 포트폴리오와 상관계수의 마이너스 폭이 큰 자산군이나 종목을 찾기는 더욱 어려워진다. 포트폴리오에 포함된 종목의 개수가 늘어남에 따라 변동성의 하한선에 다가가며 분산 투자의 효과가 점점 미미해지는 것이다.

분산 투자에 잠재된 손해

한편 학자들의 말대로 분산 투자는 완전히 공짜 점심일까? 분산 투자를 해서 손해 보는 것은 없을까? 크게 두 가지가 있다. 일단 가시적으로 드러나는 것이 운용 비용이다. 종목을 많이 넣을수록 포트폴리오 변동성이 낮아지지만 매매와 관리에 드는 비용은 늘어나게 된다.

운용 비용 중 체결 수수료는 어떻게 책정되는가에 따라 큰 차이가 없을지도 모르지만, 보유 종목을 트래킹하는 비용과 포트폴리오 최적화에 드는 리소스는 유의미하게 커진다. 분산 투자의 효과는 종목 수에 비례해 미미해지는 반면 운용 비용은 꾸준히 증가하기에, 어느 시점에서는 종목 수를 늘리는데서 오는 효용보다 매매 비용에서 오는 손해가 커지게 된다.

분산 투자의 또 다른 손해는 매매 비용만큼 가시적이지 않지만 그보다 훨씬 더 치명적일 수 있다. 그것은 바로 종목의 개수를 늘릴수록 '덜 매력적인' 종목에 투자해야 한다는 사실이다. 보유 종목 숫자를 늘리려면 '가장 저평가된 종목'부터 시작해서 '그다음으로 저평가된 종목' '세 번째로 저평가된 종목' '네 번째로 저평가된 종목'을 차례로 편입할 수밖에 없다. 포트폴리오 성과도 함께 낮아질 수밖에 없다.

따라서 '분산 투자냐 집중 투자냐'의 문제는 답이 정해져 있는 것이 아니라 결국 매매 비용과 내가 감당할 수 있는 리서치 범위 안에서 최적점을 찾는 문제다. 중장기 가치투자자의 경우 매매 비용은 미미한 수준일 것이기에, 본인이 확률적 우위를 잃지 않고 투자할 수 있는 종목의 개수가 어느 정도인지를 가늠해볼 필요가 있다.

리스크 관리하기

그렇다면 리스크 관리는 어떻게 하는 것이 좋을까? 인터넷에서 투자 리스크 관리 방법을 검색해보면 온갖 이야기가 난무한다. '손절은 칼같이 지켜야 한다' '손절은 절대 하면 안 된다' 같은 상반된 주장이 있는가 하면, '자신이 원칙을 정하고 그것을 지키는 것이 중요하다' 같은 이야기도 있다. 과연 리스크 관리의 본질은 무엇일까?

리스크 관리의 본질을 이해하기 위해 먼저 알아야 할 것이 있다. 리스크 관리는 투자철학과 전략에 따라 달라야 한다는 사실이다. 몇 초 동안의 가격 괴리를 이용해 매매하는 차익거래 트레이더의 리스크 관리 방법과, 수년간 중장기 투자를 하는 가치투자자의 리스크 관리 방법이 동일할 수 없다. 그리고 동일한 시간 지평(time horizon)을 가진 중장기 투자자라 해도 저마다의 투자철학과 전략을 가지고 있다.

이렇듯 저변에 깔린 투자철학과 전략의 차이를 인지하지 못한 채 여러 전문가나 거장의 이야기를 듣다 보면 일관된 리스크 관리 방법은 존재하지 않는 것처럼 여겨질 수 있다. 자신에게 맞는 리스크 관리 방법을 찾기 위해서는 자신의 투자철학과 전략을 우선 정립해야 한다.

자신의 투자철학과 전략에 대해 인지했다면, 이와 관련해 발생할 수 있는 리스크에 대해 생각해보아야 한다. 투자 리스크를 나누는 방법은 각양각색이다. 주식 투자와 관련해 가장 흔하게 쓰이는 리스크 분류는 시장 전체에 영향을 주는 체계적 리스크(systematic risk)와 개별 종목에만 영향을 주는 고유 리스크(idiosyncratic risk)로 나누는 방법이다. 이 외에도 시장 리스크(market risk), 신용 리스크(credit risk), 운영 리스크(operational risk), 유동성 리스크(liquidity risk) 등 리스크를 나누는 방법은 다양하다.

여기서는 상장기업에 투자하는 개인 투자자를 기준으로 기회비용 리스크, 고유 리스크, 체계적 리스크 세 가지를 다루도록 하겠다. 첫 번째 부류의 리스크는 기회비용 리스크로,

보유 포지션이 성과를 내지 못하는 가운데 더 좋은 투자처를 놓치는 것을 가리킨다. 기회비용 리스크는 셋 중 가장 해결하기가 쉽다. 저평가된 것으로 보이는 종목에 투자했다고 해서 오르기를 기다리기만 할 것이 아니라, 주기적으로 종목을 탐색하고 분석하면서 더 좋은 기회가 보일 때마다 포트폴리오를 업데이트해주면 된다. 이것이 뇌동 매매나 오버트레이딩으로 이어지지 않고 적절한 절제와 함께 시스템적으로 이루어진다면 기회비용 리스크는 많이 줄일 수 있다.

기회비용 리스크는 기관보다 개인이 더 유리한 몇 안 되는 영역 중 하나이기도 하다. 운용 액수가 작아 유동성의 제약을 크게 받지 않을뿐더러, 기관의 경우 포트폴리오 턴오버(turnover, 포트폴리오의 보유 종목을 얼마나 자주 교체하는지에 대한 척도)가 높으면 투자자들에게 좋지 않은 인상을 주기 때문이다.

두 번째 부류의 리스크는 개별 종목에만 영향을 주는 고유 리스크로, 분산 투자로 어느 정도 줄일 수 있으며, 이에 관해서는 앞에서 다루었다. 이제 마지막 부류인 체계적 리스크가 남았다. 금융위기나 닷컴 버블 등에 의해 주식시장 전체가 영향받는 리스크다. 이런 체계적 리스크를 완벽하게 헤지하는 것은 불가능하며 바람직하지도 않다. 이 리스크야말로 우리가 얻는 리스크 프리미엄의 원천이기 때문이다. 하지만 헤지 방식에 대해 조금이라도 알아둔다면 자신의 투자 전략을 한 단계 업그레이드하는 데 도움이 될 것이다.

통상적인 헤지 방법은 저평가된 종목을 매수하면서 고평가된 종목을 공매도하는 것이다. 이는 롱숏 헤지펀드나 마켓 뉴트럴 헤지펀드가 구사하는 방식이다. 그 외에도 많은 기관이 사용하는 외가 풋옵션 매수, 다양한 합성 스프레드 매매, 지수 선물 매도, VIX지수 활용 등의 방법이 있다. 그러나 어느 헤지도 완벽하게 리스크만 줄여주지는 못한다. 공짜 점심은 없다는 뜻이다. 풋옵션 매수의 경우 하락에 따른 손실 리스크를 일정 수준으로 없애주지만 옵션 만기가 올 때마다 롤오버를 통해 비용을 지불해야 한다.

결국 헤지라는 것은 본인이 원치 않는 리스크를 다른 종류의 리스크로 대체하거나, 지나치게 많은 리스크를 줄이면서 잠재 수익의 폭도 줄이는 행위라 할 수 있다. 그 교환을 하는 것이 스스로가 원하는 포트폴리오 성과 목표와 리스크에 합당한지 자문해볼 수 있어야 한다. 이렇듯 리스크를 효율적으로 관리하기 위해서는 시장의 다양한 상품에 대한 심도 있는 공부가 선행되어야 적재적소에 적절한 도구를 선택할 수 있다.

개인 투자자 입장에서 할 수 있는 헤지를 요약한다면 크게 세 가지가 있다. 첫째, 앞서 언급한 공매도다. 본인이 보유한 종목을 토대로 어떤 산업이나 테마에 집중적으로 노출되어 있는지를 파악한 후 해당 노출이 적정 수준인지를 판단한다. 만일 노출이 지나치다고 판단되면 동종 섹터나 테마와 관련해서 고평가된 주식을 공매도하는 방식을 사용할 수 있다. 개인에게도 공매도에 대한 접근성이 점점 좋아지는 추세이기 때문에 적절히 사용하면 좋은 도구가 될 수 있다. 그리고 재미있는 사실은, 좋은 종목을 찾는 것보다 나쁜 종목을 찾는 것이 조금 더 쉽다는 것이다.

두 번째 방법은 주가지수 선물을 활용하는 것이다. 본인이 선호하거나 저평가되었다고 생각하는 주식을 보유하고 있는데 전체 시장 상황이 좋지 않을 것으로 판단될 때, 주가지수 선물을 매도하거나 인버스 ETF를 소액 매수하는 방식으로 시장 움직임에 대한 노출을 줄일 수 있다.

세 번째 방법은 풋옵션을 매수하는 것이다. 그런데 옵션의 가격은 단순히 시장의 방향성만으로 결정되는 것이 아니라 내재 변동성, 만기까지의 시간 가치 등 여러 요소의 영향을 받기 때문에 옵션에 대한 진지한 공부가 선행되어야 한다.

마지막으로 현금을 보유하는 것도 훌륭한 헤지다. 어쩌면 이것이 가장 훌륭한 헤지일지도 모른다. 역설적으로 투자하지 않을 때를 알고 인내할 수 있는 자만이 제대로 된 좋은 성과를 올릴 수 있다. 주식시장의 변동성은 뇌에서 도파민이 분비되게 하고 시장 참여자로 하여금 끊임없이 차트를 쳐다보며 잦은 매매를 하게 만든다. 포커 테이블에 앉아 돈을 벌기 위한 가장 기본적인 소양은 좋지 않은 패가 나왔을 때 접을 줄 아는 것이다. 이는 주식시장에서도 마찬가지로 적용된다. 확실히 좋은 패가 있을 때만 매매하는 습관을 기른다면 이미 투자의 반은 성공한 것과도 같다.

차트 트레이딩:
알고리즘 시대,
현실적인 차트 활용법

　아…. 그놈의 차트, 차트, 차트. 얼마나 많은 청년에게 헛된 희망을 안겨준 주제인가! 캔들스틱, MACD, RSI, 일목 균형표, 볼린저 밴드….

　물론 차트 매매로 돈을 벌 수 있으며 기술적 지표의 효용은 분명히 있다. 나도 십수 년 전 차트로 트레이딩을 시작했으며, 학부 시절에는 차트 외에는 아무것도 보지 않는 '차티스트'가 되려 한 적도 있다. 심지어 지금도 매매 시 차트를 종종 이용한다. 그럼에도 불구하고, 혹시 전업으로 차트만을 기반으로 매매하려는 사람이 있다면 온 힘을 다해 말리고 싶다. 차트는 수면에 비친 무지개와도 같기 때문이다.

차트 패턴의 본질

차트 매매는 '시장에서 체결되는 매매 정보에서 추출한 시그널을 이용해 매매하는 방식'을 통칭한다고 할 수 있다. 매매 정보는 언제, 어디서, 무엇이, 얼마나, 얼마에 매매되었는지에 관한 것이다. 즉 차트 매매는 거래 시간, 거래소, 상품, 거래량, 가격 등의 정보를 추출해서 시그널을 찾는 것이다. 이 시그널은 캔들스틱 차트나 P&F 차트 등에서 관찰되는 패턴, 추세, 변동성, 모멘텀, 거래량과 관련한 각종 기술적 지표를 통해 찾는다. 한마디로 요약하면 차트 매매는 과거 패턴을 분석하고 그 패턴이 미래에도 반복되리라는 가정을 전제한 매매다.

차트 혹은 기술적 지표의 패턴과 여기서 파생되는 시그널의 본질에 대해서 생각해보자. 패턴이 왜 생기고, 시그널이 어떻게 나오며, 트레이더가 그 시그널을 사용하면서 시장에 어떤 일이 벌어지는지 말이다. 개괄적인 흐름은 다음과 같다.

- 1단계: 시장 참여자의 반복적 행동 기제로 인한 패턴 생성
- 2단계: 소수 트레이더의 패턴 인지 → 패턴 강화
- 3단계: 패턴의 과다한 사용 및 대중적 전파 → 시그널 및 수익 기회 소멸
- 4-A단계: 패턴 사용자가 감소하며 수익 기회 재생성
- 4-B단계: 패턴 소멸

1단계. 패턴 생성

패턴은 시장 참여자의 심리 요인, 수급, 전략 등에서 생겨난다. 예를 들어 차트 패턴에는 이중 바닥(double bottom)이라 불리는 W자형 패턴이 있는데 이를 매수 기회로 보는 사람이 많다. 왜 이런 패턴이 나올까? 하락장에서 최근 저점의 가격을 염두에 두고 있는 시장 참여자가 '이전 저점으로 가면 사야지' 하는 생각을 하다가 실제로 그 지점에서 매수를 하면서 해당 패턴이 생기는 것이다.

캔들스틱 차트에서 십(十)자 모양 봉을 도지(doji)라 부른다. 도지의 종류는 여러 가지인데, 일반적으로 시초가와 종가가 동일하거나 비슷한 경우를 일컫는다. 도지 패턴은 보통 반전 시그널로 읽힌다. 시초가와 종가가 동일하게 끝났다는 것은 혼조세를 의미하기 때문이다. 상승 추세에 있다가 방향성을 찾지 못하면 그다음 날부터 하락 반전한다든가, 하락 추세에 있다가 방향성을 찾지 못하면 그다음 날부터 반등한다든가 하는 해석이 나오는 것이다.

제로 혹은 더블 제로 효과라는 패턴은 가격이 (102달러나 99.7달러가 아닌) '100'달러처럼 0 혹은 00으로 끝나는 곳에서 가격 흐름이 반전할 가능성이 높다는 시그널을 보여준다. 이런 패턴은 매수 주문을 넣을 때 99.7달러같이 뒷자리가 복잡한 가격보다는 100달러처럼 딱 떨어지는 가격을 선호하는 심리 편향 때문에 생성된다.

'큰손'의 매매 전략에서 나오는 패턴도 있다. 예를 들어 조 단위 자금을 굴리는 거대 연기금이나 헤지펀드가 자신의 주식 매수 포지션을 주가지수 풋옵션으로 헤지하는데, 그 풋옵션을 만기 3일 전에 청산하고 다음 달 만기 풋옵션으로 재매수하는 일을 매달 반복한다고 가정해보자.

이때 이 상품의 옵션시장에서는 만기 3일 전마다 해당 풋옵션의 대량 매도가 발생해 가격이 하락하고, 그다음 달 만기 옵션에서는 대량 매수가 발생해 가격이 상승하는 패턴이 생길 것이다. 다른 누군가가 이 패턴을 포착했다면 하루 전인 만기 4일 전마다 만기 옵션을 숏하고 다음 달 옵션을 롱한 채 하루를 기다렸다가 청산하면서 꾸준한 수익을 얻을 것이다. 이는 실제로 내가 시카고옵션거래소 트레이더로 일했을 때 팀원과 같이 했던 트레이드 중 하나다.

2단계. 패턴 강화

이렇게 생성된 패턴은 보통 금방 변화하거나 소멸한다. 그런데 사라지지 않고 여러 해 동안 지속되는 강건한 패턴이 있다. 패턴의 존재가 조금씩 알려지면서 그 패턴이 더욱 강해지는 경우다. 예를 들어 코스피가 2,000까지 내려가면 무조건 반등하는 패턴이 몇 년간 존재했다고 가정해보자. 이 사실을 인지하는 사람이 점점 늘어나는 가운데 코스피가 2,000으로 떨어지면 많은 사람이 코스피를 매수할 것이다. 일반적인 경우였다면 1,900까지 떨어질 수 있는 매도 추세였어도 이 패턴이 있다고 믿는 사람 때문에 반등하게 되는 것이다. 이처럼 2단계 패턴 강화는 자기 현시적 예언(self-fulfilling prophecy)의 성질을 가진다고 할 수 있다.

3단계. 패턴의 과도 사용

패턴을 이용하는 사람이 지나치게 많아지면서 수익 기회가 점점 사라지는 단계다. 앞의 사례에서 헤지펀드의 옵션 헤지 패턴을 아는 사람이 더 많아졌다고 해보자. 이들은 해당 패턴을 처음 발견한 사람과 마찬가지로 만기 4일 전마다 만기 옵션을 숏하고 다음 달 옵션을 롱한 채 하루를 기다릴 것이다. 결국 만기 3일 전이 되었을 때는 헤지펀드가 팔려는 만기 직전 옵션은 '너무' 싸지고, 사려는 다음 달 옵션은 '너무' 비싸지게 된다. 이것이 반복되면 해당 헤지펀드의 트레이더는 눈치를 채고 매매 일자나 매매 전략을 변경함으로써 문제를 해결할 것이다.

코스피가 2,000에서 반등하는 패턴을 다시 예로 들어보자. 이 패턴을 많은 사람이 믿게 되면 2,000 근처만 가도 코스피의 주식을 파는 사람이 사라지기 시작할 것이며 2,000까지 채 가기도 전에 반등세가 시작될 것이다. 이때 2,000에서 매수하지 못한 사람은 다음에는 2,100까지만 내려도 매수를 시작할 것이다. 이로 인해 그 패턴에 대한 많은 사람의 믿음이 깨지기 전에는 2,000에서 매수하는 것 자체가 불가능해진다.

물론 이 코스피 2,000의 예시는 패턴 순환을 설명하기 위한 비현실적인 사고실험에 불과하다. 다만 어떤 패턴을 이용하는 사람이 많아지면 왜 수익 기회가 점점 사라지는지는 이해했으리라 생각한다.

4-A단계. 패턴 사용자 감소

3단계에서 해당 패턴을 통해 얻는 수익이 점점 줄어들면 그 패턴을 따르는 사람도 줄어든다. 만약 이때 헤지펀드의 옵션 헤지 예시처럼 일시적인 패턴이 아니라 좀 더 근본적인 심리 편향이나 시장의 시스템적인 기제로 인해 존속할 수밖에 없는 패턴이라면, 해당 패턴을 통해 수익을 내려는 사람이 줄어들 경우 수익 기회는 다시 늘어난다. 그로 인해 그 패턴을 따르는 사람이 재차 늘어나면서 수익 기회는 다시 줄어든다. 블루오션과 레드오션 사이를 순환하는 것이다.

이런 순환을 보이는 패턴의 가장 대표적인 예가 인덱스 차익거래다. 인덱스 차익거래(arbitrage)란 S&P500, 나스닥, 다우 같은 주가지수에 편입되는 종목을 선행 매수하고, 퇴출되는 종목을 선행 매도하는 전략을 일컫는다. 코로나19 시기 테슬라가 S&P500지수에 편입될 때 헤지펀드들이 이 주식을 선행매수한 것이 보도되면서 대중적으로도 널리 알려졌다.

주가지수에 편입될 종목을 선행 매수하면 왜 수익이 날까? 전 세계에 존재하는 수많은 인덱스 ETF와 인덱스펀드에 답이 있다. 이런 패시브 펀드는 주가지수 수익률을 추종하도록 운용되므로 주가지수 종목 구성과 동일하게 포트폴리오를 유지해야 한다. 2020년 12월 20일에 S&P500지수에 포함되었던 어느 종목이 퇴출되고 그 자리에 테슬라가 편입된다고 해보자. 그러면 S&P500지수를 추종하는 인덱스 ETF와 인덱스펀드는 해당 날짜 전후로 테슬라를 매수해야 한다. 만약 어떤 인덱스펀드가 매수 타이밍을 놓쳤고 하루 사이에 테슬라 주가가 10% 상승해 지수도 1% 상승했다면 그 인덱스펀드는 지수 수익률에서 1% 뒤처질 것이기 때문이다.

전 세계의 인덱스펀드가 해당 날짜에 테슬라를 매수해야한다는 사실을 아는 헤지펀드는 어떻게 행동할까? 편입 하루나 이틀 전에 테슬라를 미리 매수한 후 당일 인덱스펀드 주가가 오르면 매도해 차익을 남긴다. 여기까지는 1, 2단계라 볼수 있다. 그런데 지나치게 많은 헤지펀드가 이 같은 인덱스 차익거래를 동시에 하는 3단계가 되면 어떤 현상이 나타날까?

예를 들어 인덱스펀드는 편입 당일 10조를 매수할 예정인데 숱한 헤지펀드가 이 매매에 들어와 30조를 매수해버렸다면, 편입 당일 헤지펀드들은 각자 빠져나가기 위해 사력을 다해야 한다. 인덱스펀드의 10조 매수세가 가격을 끌어올리기도 전에, 눈치 빠른 헤지펀드는 차익을 충분히 남기지 못한 상황에서도 빨리 빠져나갈 것이고, 팔지 못한 20조 물량을 들고 있는 헤지펀드들은 서로 청산하려 애쓰다가 주가 폭락과 함께 손실을 본다. 이런 일이 반복되면 인덱스 차익거래에 임하는 헤지펀드는 점점 줄어들 것이다.

　그런데 인덱스 차익거래의 경우 수익 기회가 낮아졌다고 해서 그 패턴을 만들어내는 기제가 사라지는 것은 아니다. 즉 인덱스 ETF와 인덱스펀드가 주가지수에 편입 혹은 퇴출되는 종목을 매매할 필요성은 여전히 있다. 그래서 인덱스 차익거래 영역이 포화 상태가 되어 수익성이 떨어지면, 인덱스 차익거래팀을 해체하는 헤지펀드가 늘어나고, 해당 매매에 참여하는 주체의 수가 줄어들면서 다시 수익 기회가 생기게 된다. 그러면 얼마 지나 또다시 인덱스 차익거래를 하는 팀이 늘어나기 시작할 것이다. 그렇게 순환의 고리가 형성된다.

4-B단계. 패턴 소멸

　인덱스 차익거래처럼 그 패턴의 저변에 지속적으로 유지되는 기제가 있는 것이 아니라면, 패턴은 일반적으로 소멸한다.

앞에서 살펴본 옵션 매매의 경우처럼 큰손 시장 참여자가 매매 일자나 전략을 변경하면서 해당 패턴은 사라져버리는 것이다.

　지금까지 1단계부터 4-A 혹은 4-B단계까지 차트 패턴의 생애 주기와 순환 고리에 대해 알아보았다. 나는 이런 현상을 십 년 이상 관찰하며 차트 매매는 '수면에 비친 무지개'라고 느끼게 되었다. 차트란 적당한 거리에서 바라보며 적당히 즐겨야 하지, 지나치게 가까이 다가가 소유하려 들면 멀찍이 사라져버리는 습성이 있는 게 아닌가 싶다.

학계와 포커, 그리고 차트 시그널의 판매

　학계에서는 기술적 분석이나 차트 패턴에 대한 논문이 수없이 쏟아져 나온다. 구글 스칼라에서 기술적 분석(technical analysis) 키워드로 검색해보면 그 방대한 양에 놀랄 것이다. 어느 논문은 새로운 기술적 지표를 제시하고, 어느 논문은 기존 기술적 지표의 유의미성과 수익성을 주장한다. 어느 논문은 기술적 지표 무용론을 데이터와 통계 방법론으로 증명한다. 하지만 기술적 분석은 누가 맞다고 결론 내릴 수 있는 성질의 주제가 아니다. 차트 패턴은 고정되지 않고 순환하기에 어떤 데이터를 어떤 기간에 어떤 각도에서 보는가에 따라 제각각의 결론이 나올 수밖에 없다.

4장에서 시장의 효율성 개념을 이야기할 때 효율성과 비효율성은 본질적으로 순환한다는 점을 보았다. 효율적 시장 개념을 강형, 준강형, 약형으로 나누어 갑론을박하는 것은 실전 투자에서는 무의미하다. 이와 마찬가지로 차트 패턴이나 기술적 지표의 통계적 의미에 대해 갑론을박하는 것도 학술적 관점이 아닌 실전에서는 무의미한 일이다.

트레이딩과 포커

시카고에서 옵션 트레이더로 일했을 때, 우리 회사를 비롯해 대부분의 트레이딩회사는 자체적인 텍사스 홀덤 포커 대회를 열거나 WSOP라는 대회 티켓을 나누어주곤 했다. 대다수의 트레이더가 포커를 취미로 삼았다. 트레이더를 그만둔 동료가 프로 포커 플레이어가 되기도 했고, 반대로 프로 포커 플레이어를 트레이더로 채용하기도 했다. 트레이딩은 특성상 포커와 비슷한 자질이 요구되기 때문일 것이다.

포커는 불완전한 정보를 가진 채 상대의 패와 심리 패턴을 읽고 그에 따라 확률을 계산해 베팅하는 게임이다. 상황이 여의치 않으면 칼같이 손절해 본인의 자금을 관리하는 것이 무엇보다 중요하다. 포커 게임에서 반드시 이기는 필승의 전략 따위는 없다. 내가 고정된 전략을 쓰면 이를 간파한 상대는 그 전략을 역으로 이용해 이득을 취할 것이기 때문이다.

예를 들어 내가 스트레이트(5가지 숫자가 순차로 정렬되는 카드)를 노리다가 실패할 때마다 큰 액수로 블러핑(좋은 패가 없는데 세게 베팅해서 내가 좋은 패를 들고 있다고 착각하게 만들어 상대가 게임을 포기하게 만드는 전략)을 한다고 해보자. 몇 번은 성공할지 몰라도 이 전략이 반복되면, 이를 간파한 상대가 역으로 블러핑을 콜하게 되고 그러면 큰 손실이 발생할 수 있다. 앞서 헤지펀드의 옵션 헤지 예시에서 보았듯, 차트 및 기술적 지표의 순환도 이와 비슷한 구석이 있다.

성배 같은 차트 시그널은 존재하지 않는다. 과거 수년간 지속된 패턴도 어느 순간부터 수익을 주지 못할 수 있고, 과거에 수익이 미미했던 전략이 다시 수익을 크게 줄 수도 있다. 마찬가지로 어느 연구자가 특정 기술적 지표를 특정 기간의 데이터를 이용해 검증한 후 통계적으로 유의미한 초과수익을 냈다는 논문을 발표했다 해도 그 시그널은 이미 사라진 상태일 수 있다. 반대로 통계적으로 유의미성이 관측되지 않았다고 결론을 낸 특정 패턴이 후일 유의미해질 수도 있다.

여기서 중요한 사실을 도출할 수 있다. 어느 차트 트레이더가 좋은 패턴을 발견했다면 그것을 남에게 말해주고 싶을까?

남에게 말해주면 어떤 일이 벌어질까? 당연히 그 패턴의 생애 주기가 2단계에서 3단계로 이행하면서 그 패턴에서 오는 초과수익 기회는 점점 사라져버린다. 누군가가 당신에게 기술적 지표나 차트 패턴으로 만든 시그널을 판매하거나 전수하겠다고 한다면, 그는 차트 매매의 본질에 대해 제대로 이해하지 못한 사람일 확률이 매우 높다. 수익 기회가 영원히 계속되는 불변의 시그널은 없으며, 어느 시그널이든 널리 알려지고 과하게 사용되면 수익 기회가 사라지기 때문이다. 1장 경제적 자유의 본질에서 다뤘던 비효율성과 비슷한 맥락으로 이해하자.

왜 차트 매매를 하면 안 되는가?

'그렇다면 포커를 치듯이 차트 매매를 하면 되지 않느냐'라고 생각하는 독자가 있을 것이다. 지금부터는 왜 개인이 차트 매매로 수익 내기가 힘든지를 살펴보겠다. 거두절미하고 말하자면, 대부분의 기술적 매매는 알고리즘 매매의 하위 호환이어서 그렇다. 십여 년 전만 해도 차트 매매의 본질을 잘 알고 유연하게 포커 치듯이 접근하면 수익을 많이 낼 수 있었다. 하지만 현시점에서 그런 기술적 매매는 자동화·시스템화한 컴퓨터 알고리즘의 영역에 장악당하고 있다.

알고리즘 매매의 급증

수많은 개인 투자자가 퀀트, 초고빈도 매매(high-frequency trading), 알고리즘 매매 등을 본인과 상관이 없는 다른 세상 이야기로 받아들인다. 미국 주식시장에서 이루어지는 매매 중 알고리즘 매매 비율은 얼마나 될까? 20%? 25%? 무려 80% 이상의 물량이 알고리즘으로 체결된다. 그중 많은 수는 단순 체결 알고리즘이긴 하지만, 이 수치들은 알고리즘 매매가 주식시장에서 얼마나 높은 위상을 차지하게 되었는지를 여실히 보여준다.

개인 투자자가 차트를 보며 기억 속 패턴을 더듬어 마우스를 클릭하는 것이 과연 알고리즘 매매와 게임이 될까? 9명이 앉아 게임을 하는 포커 테이블에 10번째 일원으로 앉았다고 생각해보자. 그중 6명은 패가 나올 때마다 각종 확률을 알려주는 단말기를 가지고 있고 나머지 3명 중 1명은 엄청난 큰손이며 1명은 가치투자자, 마지막 1명은 차트 매매를 하겠다는 또 다른 개인 투자자다. 이런 판에서 게임을 하고 싶은가? 나라면 죽었다가 깨어나도 하지 않을 것이다.

물론 미국 시장과 한국 시장의 알고리즘 매매 비율은 다르다. 이 분야에서 한국의 증권업계는 미국에 수년 뒤처져 있다. 어쩔 수 없는 일이다. 국내 10대 증권사 시가총액을 전부 합해도 미국 제이피모간체이스(J. P. Morgan Chase) 시가총액의 10%에도 미치지 못한다. 양국 간 증권업계, 운용업계 사이즈는 거의 100배 차이가 난다.

기본적으로 퀀트 비즈니스는 금융업 중에서도 굉장히 자본 집약적인 분야다. 미국의 시타델(Citadel)이나 DRW 같은 트레이딩회사는 초고빈도 매매를 하기 위해 뉴욕거래소 서버가 있는 뉴저지부터 시카고옵션거래소까지 미국 절반을 가로지르는 전용선을 설치했고, 이도 모자라 1,000분의 1초라도 줄이기 위해 극초단파 시설을 설치하면서 직선거리를 선점하기 위해 경유지에 존재하는 빌딩을 매수하기까지 했다.

초고빈도 매매가 아닌 알고리즘 트레이딩이나 퀀트 중장기 투자 분야에서도 프린스턴대의 천체물리학 박사를 데려와 수억 원에 달하는 기본급과 매년 수십억 원에 달하는 보너스를 주면서 팀을 유지한다. 이렇듯 자본 집약적인 분야는 기본적으로 시장이 크지 않으면 유지되지 못한다. 그러다 보니 미국의 퀀트업계 같은 산업이 한국에서는 아직 자생하지 못하고 있다.

그림자 속의 초고빈도 매매 트레이더들

악조건이지만 한국에도 뛰어난 퀀트가 존재하고, 미국계

프랍 트레이딩회사들이 한국에 진출하기도 한다. 코스피시장에서도 초고빈도 매매가 이루어진다. 그런데 그런 퀀트 트레이더가 미디어에 노출이 될까? 절대 노출되지 않는다. 여러분이 기를 쓰고 찾으려 해도 흔적조차 찾기 힘들 것이다. 그 이유는 여러 가지다.

우선 프랍 트레이딩회사는 외부 투자 자금이 아닌 자체 자금을 운용하기 때문에 굳이 외부에 자신의 실력을 자랑할 유인이 없다. 그런 상황에서 굳이 자신의 전략을 노출하거나, 주식시장은 이미 알고리즘이 지배하고 있다는 사실을 대중에게 알리는 것은 자기 발등을 도끼로 찍는 행동이다. 이런 사실을 모르는 개인 투자자가 계속 차트 매매를 한답시고 확률적 우위를 내주어야 초고빈도 매매 알고리즘의 초과수익 기회가 더 많이 발생하기 때문이다.

프랍 트레이딩회사는 왜 외부 투자 자금을 받지 않을까? 받고 싶어도 전략의 자금 수용력(capacity)이 따라주지 못하기 때문이다. 초고빈도 매매는 1틱이나 2틱 정도를 먹고 빠지는 거래를 1초에도 수백, 수천 번 반복한다. 그렇기 때문에 한 번의 매매에 투입할 수 있는 물량이 제한적이다. 매수 호가와 매도 호가에 걸려 있는 물량만큼만 살 수 있지, 그 이상의 자금을 투입하면 내 주문 때문에 호가가 몇 틱 더 위로 튀면서 손해가 발생한다. 초고빈도 매매는 운용 자금보다는 인력과 인프라 비용이 많이 드는 비즈니스이고, 일정 수준의 운용 자금이 있다면 외부 투자는 필요가 없다는 이야기다. 따라서 초고빈도 매매를 하는 프랍 트레이더들은 굳이 미디어에 노출할 유인이 없다.

알고리즘 매매의 우위

그렇다면 알고리즘이 사람에 비해 우월한 이유는 무엇일까? 사람의 기억과 감이 아닌 컴퓨터의 데이터를 이용하면 기술적 지표를 통계적으로 대규모로 검증하는 것이 가능해진다. 기술적 지표별로 조정해야 하는 숫자를 파라미터라고 하는데, 알고리즘은 이 파라미터도 훨씬 더 최적화할 수 있다.

예를 들어 이동평균선이 과거 25일을 평균하는지, 100일을 평균하는지 등에 따라 25일 이평선, 100일 이평선으로 부르는데 여기서 일수가 바로 파라미터다. RSI나 MACD 등 다양한 지표별로 파라미터가 있고 이들을 어떻게 조정하느냐에 따라 시그널이 달라지는데, 이것을 사람 손으로 하기는 매우 힘들다. 각 지표의 수익성은 시장 참여자의 구성이나 패턴 변화에 따라 계속 변화한다. 컴퓨터 알고리즘을 이용하면 각 지표의 수익성을 추적하고 모니터링하는 것뿐 아니라 여러 지표를 조합해 시그널을 내는 것도 수월해진다.

단순히 파라미터 최적화에서만 알고리즘이 우월한 것이 아니다. 기술적 지표들은 결국 주식시장에 존재하는 패턴을 파악하기 위해 사람이 고안한 계산식들이고, 당연히 사람의 렌즈에서 편향이 들어간다. 알고리즘은 그런 과정을 거치지 않고 미가공 데이터 자체에서 순수한 패턴을 추출할 수도 있다.

지난 몇 년간 데이터과학업계는 눈부신 업적을 이뤘다. 알파고는 이세돌 씨와의 바둑 대결에서 승리했고, 이미지넷 (ImageNet)이라는 데이터세트에서 사물을 판별하는 능력도 일취월장했으며, 자율주행 자동차는 상용화에 다가가고 있다. 이런 혁신의 뒤에 있는 것은 딥러닝이라는, 자유도가 매우 높은 알고리즘이다. 딥러닝이 이전의 다른 알고리즘들에 비해 훨씬 월등한 성과를 낼 수 있는 것은, 알고리즘이 결과를 내는 데 필요한 인풋인 설명 변수들을 인간이 직접 선택하는 것이 아니라 알고리즘이 자체적으로 추출할 수 있는 능력에 있다.

쉬운 예로 주어진 이미지에서 개와 고양이를 판별하는 문제가 있다고 해보자. 과거에는 사람이 '꼬리 길이' '수염 여부' '눈 색깔' 등 설명 변수를 직접 지정한 뒤, 어떤 이미지가 주어지면 해당 변수의 값을 이미지에서 추출해 알고리즘에 인풋으로 입력해주었다. 그러나 딥러닝 모델의 한 종류인 합성곱

신경망(convolutional neural network)의 경우, 미가공된 이미지 데이터 자체에서 스스로 여러 단계에 걸쳐 설명 변수로 삼을 만한 패턴과 문양을 추출해낸다.

그 설명 변수들은 사람에게 명시적으로 이해되지 않는 모양일 때도 있지만, 사람에게 명시적으로 이해되는 패턴만 사용하던 기존의 알고리즘에 비해 그런 제약이 없는 딥러닝 모델이 훨씬 월등한 성과를 내는 것은 당연해 보인다. 예를 들어 의외로 '인중의 길이'가 개와 고양이 사이에서 중요한 판별 요소일 수도 있는데, 사람은 인지하지 못하지만 딥러닝 알고리즘은 이를 추출해낼 수도 있다.

이는 알고리즘 트레이딩의 영역에서도 적용된다. 물론 딥러닝은 초고빈도 매매의 영역으로 가면 계산의 복잡도로 인한 속도 저하 때문에 많이 쓰이진 않으며, 노이즈가 매우 높은 주식시장의 특성상 무조건 자유도 높은 알고리즘이 좋은 것만도 아니다. 하지만 인간에 의해 정의된 기술적 지표들에 한정되어 차트 매매를 하는 것에 비해서는 알고리즘이 많은 우위를 확보할 수 있는 것은 부인할 수 없는 사실이다.

참 이상한 일이다. 십 년이면 강산도 변한다고 하는데 왜 많은 사람이 유독 투자에서는 옛 방식이 지금도 그대로 통용된다고 생각하는 것일까? 만약에 병원에서 여전히 1980년대 장비를 사용하고 있다면 누구든 기겁할 것이다. 모든 학문, 모든 산업, 모든 분야에서 기술과 지식은 끊임없이 발전해왔고, 특히 지난 10~20년은 4차 산업혁명으로 인해 그 발전 속도가 기하급수적이었다. 그런데도 왜 주식시장에 대한 개인 투자자의 인식은 변하지 않을까? 차트를 눈으로 바라보며 마우스를 클릭하는 것만으로 매매를 하겠다는 사람은 총알이 넘나드는 전쟁터에 활과 화살을 들고 나가는 것과도 같다. 기습을 잘하면 이길 가능성이 완전히 0%라고 할 수는 없지만 매우 높은 확률로 패배할 것이다.

이렇게 이야기하면 언제나 등장하는 레퍼토리가 있다. "나는 차트 매매로 돈 벌었는데!" "계좌 인증할 수 있는데!"

이는 앞에서 예를 든 동전 던지기나 잭팟 확률로 충분히 설명될 것이다. 복권에 당첨된 사람이 본인의 당첨 사실을 인증한다고 해서 복권 구매가 확률적 우위가 있는 행동인 것은 아니다. 우리가 차트 매매로 돈을 벌 수 있는가에 대한 답을 내기 위해서는, 단순히 개인적인 에피소드에 주목하기보다는 차트 매매에 임하는 전체 모집단 중에 몇 퍼센트가 수익을 내는가를 토대로 보아야 한다.

차트 매매 집단의 승률

그렇다면 차트 매매를 하는 집단의 승률은 어떻게 될까? 이를 정확히 추산하기는 힘들지만, 단타 매매를 하는 개인의 실적을 연구한 논문은 몇 개 있다. 예를 들어 2020년 상파울루 대의 한 논문에 따르면, 브라질의 데이 트레이더 1,600명을 1년간 추적한 결과 그중 97%가 돈을 잃었다. 2013년 대만에서 나온 논문에 따르면, 1% 미만의 개인 트레이더만이 지속적인 초과수익을 냈다. 이 정도면 데이 트레이딩보다는 차라리 강원랜드에서 블랙잭을 하는 것이 돈 벌 확률은 더 높을지도 모르겠다.

　물론 이렇게 생각할 수도 있다. '사법고시 경쟁률이 세다고 해서 사법고시 준비하는 것이 바보 같은 일인가?' 데이 트레이딩 성공 확률과 사법고시 패스 확률을 한번 비교해보자. 사법고시 폐지 전 10년간 평균 경쟁률은 20 대 1이었다. 단순 확률만 보아도 사법고시 패스가 데이 트레이딩 성공보다 확률이 높다. 그런데 이를 단순 확률만으로 판단해서는 안 된다. 확률보다 기댓값이 양인지 음인지를 보아야 한다. 기댓값은 내가 1을 베팅했을 때 얻을 수 있는 평균값을 이야기한다.

　예를 들어 50% 확률의 동전을 던져 앞면이 나오면 3을 벌고 뒷면이 나오면 2를 잃는 게임이 있다. 이때의 기댓값은 (50% × 3) + (50% × -2) = 0.5다. 양의 기댓값이 나오니 이 게임을 꾸준히 하면 돈을 벌 수 있다. 어떤 복권이 있는데 1% 확률로 2억 원을 벌고 99% 확률로 10만 원을 잃는다면 이 복권은 좋은 복권일까? 이만큼 좋은 복권은 현실에 존재할 수 없다. 기댓값이 (1% × 2억 원) + (99% × -10만 원) = 190만 1,000원으로, 복권에 한 번 참여할 때마다 평균적으로 190만 1,000원을 기대할 수 있다는 이야기이기 때문이다.

사법고시 vs 차트 매매 성공 확률

엄밀한 비유는 아니지만 이를 사법고시에 적용하면, 비록 사법고시에 붙을 확률은 5%에 불과하지만 사법고시에 붙어 판검사가 되었을 경우의 효용과 그러지 못했을 경우의 피해를 비교했을 때 전자가 20배 더 좋다면 사법고시를 준비하는 것이 옳은 선택이다. 더욱이 노력을 통해 그 5%의 승률을 높일 수 있다면 말이다. 그런데 차트 매매에서 성공한 1%가 되었을 때 얻는 것이 실패한 99%가 되었을 때 잃는 것의 99배가 될 수 있을까? 전혀 그렇지 않을 것이다.

한 번 붙으면 평생이 보장되는 사법고시와 차트 매매는 다르다. 1년간 열심히 차트 매매한 끝에 상위 1%에 들어 돈을 벌었다 해도 그 성공이 그다음 해의 성공을 보장할 수 없다. 차트 매매로 성공했을 때 벌어들일 수 있는 돈도 실패했을 때 잃을 돈의 99배가 되기는커녕 엇비슷할 것이다. 이 정도로 승률이 기울어진, 기댓값이 지극히 음인 게임을 무엇이라고 하는가? 도박이라고 부른다.

급변하는 21세기다. 트레이딩뿐 아니라 직업과 커리어를 선택할 때도 컴퓨터와 알고리즘에 의해 자동화될 분야는 피하는 것이 현명한 선택일 것이다. 예를 들어 공장의 수작업, 전화 상담, 우편 분류, 여행사 항공편 검색 대행 등은 전부 컴퓨터로 자동화되고 있다. 차트 매매 역시 마찬가지다. 부디 여러분은 황금 같은 시간을 모니터 속 그림 몇 개를 들여다보는 데 허비하지 않기를 바란다.

기술적 지표는 무용지물인가?

내 경험에 비추어 보건대 차트 매매로 보내온 시간이 완전히 무용지물인 것은 아니었다. 차트 매매를 하지 않는다고 해서 기술적 분석을 무조건 등한시하는 것은 옳지 않다. '차트 매매를 하지 말라더니 갑자기 무슨 이야기인가?' 싶을 것이다. 오로지 차트만 보고 패턴을 찾아 매매하는 방식은 구시대적이지만, 기술적 분석에 대한 지식은 확률적 우위가 있는 투자 전략을 가지고 있을 때 매매 시점을 더 정밀하게 만들어주는 역할을 할 수 있다는 이야기다. 그저 풀타임으로 '순수한 차티스트가 되겠다'며 젊은 날을 허비하지 말라는 뜻이다.

차트 패턴으로 읽을 수 있는 수급은 분명히 주가 변화에 일조한다. 그러나 주가는 그보다 훨씬 다양한 요인과 변수의 영향을 받으며 움직인다. 따라서 오로지 차트만 보면서 매매하겠다는 것은 마치 어떤 이미지가 개인지 고양인지를 판별하는 문제를 두고 "나는 뒷다리만 보겠어. 뒷다리만으로 개와 고양이를 판별할 수 있는 스킬을 가진 순수한 뒷다리 마스터가 되겠어"라고 선언하는 것처럼 어리석은 일이다. 이 어리석음 속에는 재무제표, 회계, 거시경제, 뉴스 등을 진지하게 읽고 공부하는 노력을 하기 싫은 마음, 단지 트레이딩의 이익과 손실이 주는 쾌감에만 취하고 싶은 마음이 들어 있는 경우가 다반사다.

지금은 수백, 수천 가지 기술적 분석을 전부 컴퓨터로 구현하고 자동화할 수 있는 시대다. 따라서 자동화된 매매를 하지 않는 인간 투자자에게 기술적 분석은 다른 투자 전략을 보조하는 역할에 머무를 수밖에 없다. 인프라와 전문 인력을 갖춘 퀀트업계에 속하지 않은 개인 투자자가 중점을 두어야 하는 투자 전략은 컴퓨터보다 우위를 가지는 분야에 대한 것이어야 한다. 그렇다면 사람이 컴퓨터 알고리즘보다 우월할 수 있는 영역은 무엇일까? 7장에서는 퀀트와 알고리즘에 대해 다루며 이에 대해 알아보도록 한다.

월가아재의
제2라운드
투자 수업

7장

퀀트 투자와
알고리즘 매매

　　알고리즘 매매는 사실 투자에 막 입문한 사람의 영역은 아니다. 그러나 요즘 개인 투자자를 위한 알고리즘 매매 및 퀀트 투자 관련 툴과 서비스가 많이 생겨나고 있고, 그중에는 잘못된 정보도 많기에 개괄적으로나마 다루어보려고 한다.

　　알고리즘 매매나 퀀트라는 용어에 대해 업계나 학계에서 합의된 정의는 없다. 어떤 서적에서는 컴퓨터를 사용하면 알고리즘 매매, 수학 통계 모델을 사용하면 퀀트 매매라 분류하고, 이 둘이 서로 겹친다고도 한다. 혹자는 퀀트 매매의 하위 영역에 알고리즘 매매가 있다고도 한다. 여기서는 알고리즘 매매나 퀀트의 정의를 컴퓨터, 수학, 통계 등의 방법론을 사용해서 투자하는 모든 방법론으로 통일하겠다. 세부적인 분류도 간단하게 시간축 기준 초단기, 단기, 중장기로 나누어 설명하기로 한다.

100만분의 1초로 승부하는 '초고빈도 매매'

가장 먼저 HFT로 알려진 초고빈도 매매를 살펴보자. 이 분야에는 그냥 잘하는 수준을 넘어 '국가대표급' 코딩 스킬을 가진 사람이 주로 종사한다. 매매당 투입 가능한 자금 액수인 자금 수용력(capacity)이 높지 않기 때문에 몇몇 승자가 대부분의 수익 기회를 독식하는 경향이 있는 생태계다. 또 내가 만난 HFT 트레이더는 전부 MIT 출신이거나 프로그래밍 대회대상 또는 금상 출신이었다. 100만분의 1초라도 빠른 쪽이 수익 기회를 가져가기 때문에 그 '찰나'의 순간조차 더 단축하려고 가능한 모든 수단을 동원한다.

그러나 코딩 실력보다 더 큰 경제적 해자는 하드웨어와 인프라에 있다. 일반적으로 우리가 사용하는 인터넷은 광섬유회선을 이용하며 이 회선은 빛의 속도 66%에 이르는 속도를 가지고 있다. 초고빈도 매매로 유명한 미국의 시타델, DRW, 점프 트레이딩(Jump Trading) 같은 회사는 1,000분의 1초를 줄이기 위해 시카고에서 뉴욕까지 극초단파(microwave) 네트워크를 설치하고, 직선거리를 확보하기 위해 중간에 위치한 건물을 인수하기까지 한다. 이렇게 해서 빛의 속도 99%에 이르는 속도를 확보한다. 이에 더해 최고로 빠른 컴퓨터 하드웨어를 구축하고, 계산을 병렬 처리하기 위해 GPU를 이용한다.

개발자가 논리회로를 원하는 의도에 맞춰 동작하게 만드는 FPGA 프로그래밍도 많이 쓰인다. 속도 지연을 조금이라도 막기 위해 추가 비용을 내고 거래소와 물리적으로 가장 가까운 곳에 서버를 설치하는 콜로케이션(colocation)은 필수다.

초고빈도 매매에 잠식되는 '단기 알고리즘 매매'

초고빈도 매매에서 시간 지평을 조금 더 길게 보면 데이 트레이딩 영역이 있다. 대중적으로 잘 알려진 페어 트레이딩(pair trading)은 통계적 차익거래(statistical arbitrage)의 일종인데, 과거 데이터에서 패턴을 찾아내고 그 패턴이 미래에도 반복될 것이라는 가정하에 하는 매매 방식이다. 일반적으로 개인이 백테스팅 서비스 등을 이용해서 하는 알고리즘 매매도 이 영역에 속한다. 그런데 알고리즘 방식은 너무나도 다양해서 딱 이것이라고 집어 말하기는 힘들다. 몇 가지를 살펴보면 다음과 같다.

기본적으로 회귀분석이나 시계열 분석 모델을 활용하는 방식이 있다. ARMA 모델이라고 불리는 모델군에서 더 나아가 ARIMA 모델이나 GARCH 모델 등을 써서 시계열로 추정해볼 수 있고, 시계열에서 공적분(cointegration)의 개념을 사용해서 페어 트레이딩을 해볼 수도 있다. 조금 더 나아가 칼만 필터(Kalman filter)를 함께 사용하거나 시장 체제 변화(market regime change)를 포착하기 위해 은닉마르코프모형(Hidden Markov Model, HMM)을 사용할 수도 있다.

최근 몇 년 뜨거워진 머신러닝도 가격 변화를 예측하는 데 활용할 수 있다. 지도 학습에서 의사결정나무(decision tree)나 랜덤 포레스트(Random Forest)를 활용할 수 있고, 대체로 그보다 상위 호환의 성과를 보여주는 LightGBM이나 XGBoost 같은 알고리즘을 사용할 수도 있다. 딥러닝은 계산 속도가 느린 편이라 속도가 중요한 영역에서 자주 쓰이진 않지만, 자연어 처리 분야에 적용된 후 알파 시그널로 가공되는 방식으로 많이 쓰이며, 최근에는 강화학습도 그 적용 분야를 조금씩 넓히는 추세다.

이런 단기 알고리즘 매매는 초고빈도 매매에 조금씩 잠식당하고 있다. 데이 트레이딩 알고리즘 매매도 초고빈도 매매만큼은 아니지만 빈도가 높기에, 진입 및 청산에서 오는 매매 비용을 무시할 수 없다. 따라서 초고빈도 매매 진입 및 체결 알고리즘의 도움 없이 예측 알고리즘만 사용한다면 매매 체결 과정에 도사리고 있는 여러 다른 초고빈도 매매 알고리즘의 먹잇감이 될 수밖에 없다. 매매 때마다 1센트, 2센트씩 빼앗기겠지만, 가랑비에 옷 젖듯이 그것이 지속되면 누적 수익률에 큰 영향을 주게 된다.

어떤 알고리즘 매매회사는 이 문제를 해결하기 위해 다른 초고빈도 매매팀에 수익의 25~35%를 떼주고 체결 과정을 위임하기도 한다. 그런데 25~35%씩이나 떼도 자체적으로 매매하는 것보다 높은 수익률이 나오기 때문에 여전히 위임하는 것임을 감안하면, 초고빈도 매매 알고리즘의 위용을 간접적으로나마 체감할 수 있을 것이다.

퀀터멘털과 대안 데이터의 대두, '중장기 퀀트 투자'

전통적으로 중장기 투자를 계량적으로 접근하는 방식으로는 팩터 투자가 대표적이다. 팩터 투자란 특정 자산의 가격 변화를 팩터라고 불리는 여러 가지 요소로 분해해서 다루는 방식이다. 팩터는 크게 경제 성장률, 이자율, 인플레이션 등 거시경제에 관련한 팩터와 가치, 변동성, 모멘텀, 퀄리티 등 스타일 팩터라고 불리는 부류 두 가지로 나뉜다.

한편 중장기 투자에서 최신 트렌드는 퀀터멘털(Quantamental) 투자와 대안 데이터의 대두로 설명할 수 있다. 퀀터멘털 투자는 재무제표, 현금흐름, 성장률 등을 애널리스트가 분석하는 전통적 펀더멘털 투자에 데이터를 통한 통계적 방법론을 적용한 것이다. 대안 데이터는 금융업계에서 전통적으로 사용해오던 가격 정보나 재무 정보가 아닌 인공위성 데이터, 웹 트래픽 데이터, 헬스케어 데이터, 신용카드 체결 데이터 등을 사용해 시장을 예측하는 영역이다.

대안 데이터란?

예를 들어 월마트 매출을 알려면 전통적으로는 매 분기 실적 발표를 참조했지만, 지금은 인공위성으로 월마트 주차장을 촬영한 데이터를 통해 차량방문 대수를 추적해 미리 매출을 추정하고 이에 따라 포지션에 진입하는 방식을 채택할 수 있다. 마찬가지로 인공위성 촬영 데이터를 이용해 원유를 저장하는 오일 탱크가 수면에 잠긴 깊이(그림자 길이)를 가늠해 오일 트레이딩의 시그널로 활용할 수도 있다. 심지어 위키피디아 조회 수를 이용하는 트레이딩 시그널도 존재한다. 이들 데이터를 대안 데이터라고 하는데 최근 들어 폭발적으로 성장하고 있다.

그런데 대안 데이터를 팩터화해 중장기 투자를 하기 위해서는 값비싼 대안 데이터는 물론이고 기본적인 팩터 데이터도 MSCI 바라(MSCI Barra) 같은 소스에서 많은 돈을 주고 구입해야 한다. 또한 팩터의 알파 시그널을 통해 포트폴리오를 운용하기 위해서는 상당히 많은 수의 종목을 담아야 한다. 본인이 추구하는 알파 팩터를 제외한 부분을 잘 상쇄해서 헤지해야 하기 때문이다. 이렇듯 대안 데이터를 이용한 중장기 투자는 많은 자금과 비용이 필요한 분야이기에 개인이 혼자 하기가 쉽지 않다.

예를 들어 뉴스 데이터 분석을 통해 특정 회사에 관한 기사 내용이 긍정적인지 부정적인지를 계산하는 센티먼트(sentiment) 모델을 알고리즘에 학습시켰다고 해보자. 이 모델을 통해 페이스북과 구글에 대한 신문 기사를 분석했더니 긍정적인 점수가 많이 나왔고 마침 주가도 상승했다.

반면 포드와 현대자동차에 관한 신문 기사를 분석했더니 부정적인 점수가 많이 나왔고 마침 주가도 하락했다. 그렇다면 이제 이 센티먼트 모델이 보여주는 긍정, 부정 결과에 따라서만 매매하면 되는 것일까?

성급하게 일반화할 문제가 아니다. 페이스북과 구글은 기술주인 반면 포드와 현대차는 자동차 산업 종목이다. 따라서 이들 주가의 변화는 뉴스 센티먼트와 관계없이 산업과 관련한 이벤트나 시각 변화에서 기인한 것일 수 있다.

따라서 동일한 산업 내 종목 간에도 기사의 센티먼트 점수에 따라 서로 다른 결과가 나오는지 확인해서, 산업이라는 팩터에서 오는 영향을 제하고 뉴스 센티먼트 팩터에서 오는 영향을 검증해야 한다.

알파, 베타 팩터의 이해

문제는 이렇게 확인해야 할 기본적인 팩터가 한두 개가 아니라는 사실이다. 거시경제 팩터부터 시작해서 모멘텀, 퀄리티, 사이즈, 변동성, 밸류 팩터 등 여러 분류가 있고 그 분류 안에 또 수많은 팩터가 존재한다. 내가 새로운 대안 데이터나 아이디어로 팩터를 만들어낸다고 해도 잘 알려진 기존의 팩터를 무시하고 안일하게 백테스팅을 한다면, 그 결과가 새로운 팩터 때문인지 기존 팩터 때문인지 알 수 없게 되는 것이다.

잘 알려진 기존의 팩터를 리스크 팩터 혹은 베타 팩터라고 하고, 새로 리서치한 나만의 팩터를 알파 팩터라고 한다. 잘 알려지지 않았기에 초과수익을 줄 수 있는 알파 팩터를 제대로 찾아내는 것은 정말로 많은 노력과 시간이 드는 일이다.

요즘 미디어를 보면 잘못된 방법론에 퀀트라는 이름을 붙이는 경우도 눈에 띈다. 내 유튜브 구독자 중 한 명은 이런 잘못된 방식의 퀀트 투자를 맹신하다가 수천만 원의 피 같은 돈을 잃었다는 이메일을 내게 보내기도 했다. 투자 입문서인 이 책에서 제대로 된 알파를 찾기 위해 퀀트로서의 전문성을 쌓는 과정까지 다루기는 힘들지만, 적어도 잘못된 방법으로 시간을 허비하지는 않도록 퀀트 투자와 관련해 주의할 점을 짚어보기로 한다.

백테스팅의 함정과 마법공식의 허와 실

요즘 대중적으로 유행하는 퀀트 투자의 근간은 바로 백테스팅이다. 과거 데이터에 기초해 여러 재무 지표나 전략을 검증해보고 수익률이 높게 나오면 그 전략을 사용하는 방식이다. 거두절미하고 결론부터 이야기하자면, 백테스팅 방식은 많이 오남용되고 있다.

백테스팅은 특정 전략 아이디어에 대해 충분한 리서치를 하고, 다른 여러 가지 계량적 툴과 통계적 방법론들을 이용해 그 가설을 최대한 검증한 후, 마지막에 돌려보는 것이다. 백테스팅은 적게 할수록 좋다. 백테스팅은 이미 로직을 탄탄하게 쌓은 전략을 마지막에 검증하기 위한 용도이지, 좋은 전략을 찾아내기 위해 마구 돌려보는 방법이 아니다.

지난 10년을 놓고 보았을 때, 수익률이 좋았던 전략은 과연 몇 개나 될까? 잠시 생각해보기를 바란다. 100개? 1,000개? 1만 개? 아니, 무한하다. 여러 전략의 파라미터가 연속적이기 때문에 실제로 증명도 가능하다. 그러나 그 무한히 많은 전략

중 미래 10년 동안에도 수익률이 좋을 것은 얼마나 될까? 몇 개 되지 않을 것이다.

이 분야에서 가장 유명한 전략 중 하나가 조엘 그린블랫 (Joel Greenblatt)의 마법공식(Magic Formula)일 것이다. 그린블랫에 관해 이야기하자면 세 가지 정도로 요약할 수 있다. 첫째, 그의 마법공식은 현대적 의미에서는 퀀트 전략이 아닌, 종목 선정 룰에 해당한다. 조엘 그린블랫이나 벤저민 그레이엄도 퀀트였다는 주장은 존중한다. 하지만 시대가 많이 변했다는 것도 인지해야 한다.

둘째, 정작 그의 헤지펀드였던 고담자산운용(Gotham Asset Management)은 특수상황 펀드(Special Situation Fund)로 회사 분할, 인수합병, 파산 등 이벤트에 대해 다양한 전략을 구사했지, 마법공식만으로 투자하지는 않았다. 셋째, 마법공식이 공개된 이후 백테스팅을 해보면 실적이 형편없다.

동전 10개를 수없이 던지다 보면 10개 전부 앞면이 나오는 경우가 반드시 생기는 이치와 마찬가지로, 백테스팅도 무제한으로 수없이 하다 보면 확률적 우연에 의해 10년 연속 수익을 낸 전략이 끊임없이 나올 것이다. 이 오류는 학계에서는 P-해킹(P-hacking)이라는 용어로 이미 널리 알려져 있다. 제대로 된 퀀트라면 이 '확률적 우연'에 의해 좋게 나온 백테스팅 결과를 최고의 적으로 인식해야 한다.

확률적 우연과 제대로 된 인과 관계를 구별하는 것은 퀀트 리서치의 가장 중요한 임무 중 하나다. 백테스팅을 자주 돌리면 돌릴수록, 확률적 우연이 인과 관계로 둔갑해 당신을 속일 여지가 늘어난다. 명확한 경제 논리가 없고 통계적 검증도 거치지 않은 전략에 대한 의미 없는 백테스팅은 최소화해야 한다.

알파, 베타, 스마트 베타의 차이

퀀트 투자를 공부하며 백테스팅을 하려는 이유는 애초에 무엇인가? 시장의 수익률에 만족하지 못하기 때문이다. 구태여 시간을 쏟아 무엇인가 연구를 한다면 그 목적은 당연히 시장 수익률보다 높은 초과수익을 내는 것이다. 이 초과수익을 알파라 부르고 시장 수익률을 베타라 부른다.

7장에서 이것 하나만큼은 반드시 기억하기를 바란다. 알파, 즉 초과수익이라는 것은 대중적으로 사용되지 않는 참신한 데이터, 새로운 정보, 독창적인 전략에서 나온다. 어느 바이오 회사가 신약 임상 실험을 통과하리라는 사실을 누구나 다 알고 있다면 그 회사의 주가는 이미 높이 치솟았을 것이다. 누구나 다 아는 우량 종목은 이미 가격이 높다. 누구나 다 아는 전략은 지속적인 초과수익을 만들어내지 못하고 누구나 다 아는 목 좋은 상권은 권리금이 비싸다. 이것은 상식이다.

팩터 투자 관점에서는 참신한 팩터를 알파 팩터라고 한다. 반면 누구나 다 아는 시장 팩터, 파마-프렌치(Fama-French) 모델의 팩터 같은 것은 베타 팩터라고 한다. 한편 과거에는 참신한 알파 팩터였지만 이제는 대체로 잘 알려진 모멘텀 팩터, 밸류 팩터, 변동성 팩터, 사이즈 팩터 등은 스마트 베타 팩터라고 부른다.

퀀트 리서치를 통해 꾸준한 초과수익을 내기 위해서는 끊임없이 알파를 추구해야 한다. 독창적인 아이디어와 참신한 데이터를 연구하면서 새로운 가설을 세우고, 그 가설을 여러 통계적·계량적 방법으로 검증하며, 최후의 순간에 백테스팅을 해서 검증이 완료되면 실전에서 사용하는 과정을 반복해야 한다. 그 어떤 알파든 시장에 전파되기 마련이며 이를 통해 점점 베타로 변해버리기 때문이다.

같은 맥락에서 보면 시중에 이미 잘 알려진 팩터를 선택해 백테스팅할 수 있도록 만들어놓은 툴이 왜 진지한 퀀트 리서치에 부적합한 것인지도 자명해진다. 누구나 사용할 수 있는 대중적·범용적 백테스팅 툴에 나열된, 누구나 다 아는 팩터는 본질적으로 베타 팩터 혹은 스마트 베타 팩터다. 베타나 스마트 베타 팩터로 과거를 헤집어 수익률이 괜찮았던 조합을 찾아낸들 그것이 알파, 즉 초과수익을 꾸준히 낼 가능성은 높지 않다. 괜찮았던 조합을 찾으려고 수백 번 백테스팅을 하다 보면 필연적으로 P-해킹 문제, 과최적화 문제가 발생하기 때문이다.

물론 그렇게 하더라도 시장 상황이 좋으면 돈을 벌 수 있다. 주식시장은 확률의 영역이기 때문에 좋은 전략으로도 손실을 볼 수 있고 나쁜 전략으로도 이익을 볼 수 있다. 그러나 이길 확률이 낮고 기댓값이 음인 행동을 반복하면, 한두 번은 이길 수 있을지 몰라도 필연적으로는 초과손실을 낼 수밖에 없다.

그렇다고 해서 시중의 백테스팅 툴이 전부 무용한 것은 아니다. 앞에서 언급한 툴은 유저의 입장에서 자유도가 별로 없이 툴에서 제공되는 팩터들의 조합만으로 백테스팅을 해볼 수 있는 경우를 말한다. 본인만의 데이터를 업로드할 수 있거나, 일정 수준의 코딩을 통해 스스로 짠 고유의 로직을 백테스팅하도록 만들어놓은 서비스의 경우, 얼마든지 효용이 있는 도구라 할 수 있다.

수익률의 함정

다음으로는 좋은 전략과 나쁜 전략을 판가름하는 기준이

무엇인지에 대해 알아보자. 이는 비단 퀀트 투자뿐 아니라 가치투자나 단타 트레이딩을 비롯한 모든 종류의 투자철학과 투자 전략에 공통으로 해당하는 주제다.

앞서 잠시 언급했지만 단순 수익률이 아닌 리스크 대비 수익률을 표시해주는 대표적인 성과 지표가 샤프지수다. 샤프지수는 무위험 이자율을 초과하는 수익률을 수익률의 변동성으로 나눈 값이므로, 이 지수만 사용해도 단순 수익률 비교에서 오는 병폐를 어느 정도는 교정할 수 있다. 2020년 ARKK라는 ETF를 운용하는 아크인베스트(ARK Invest)의 캐시 우드(Cathie Wood)는 테슬라의 주가 상승을 예측해 일약 스타덤에 올랐고, 많은 자금이 해당 ETF로 몰렸다.

그런데 내가 ARKK의 과거 성과를 샤프지수로 계산한 결과 같은 기간 나스닥의 ETF인 QQQ보다 오히려 조금 더 낮은 것으로 나타났다. 단지 변동성이 세 배 정도 높아서 수익률도 더 높았던 것이었다. 단순히 3배 레버리지를 썼다면 나스닥 ETF로 ARKK보다 나은 성과를 낼 수 있었다. 아니나 다를까, 2022년 들어 나스닥이 25% 정도 폭락하는 사이 ARKK는 70% 이상 폭락하는 사태가 벌어졌다.

샤프지수와 소르티노지수

그렇다면 샤프지수는 리스크 대비 성과를 완벽히 반영해

줄까? 샤프지수에서 리스크를 측정하는 분모의 변동성을 보면 약간 의아한 생각이 들 것이다. 변동성은 결국 포트폴리오 수익률이 얼마나 널뛰기하는지를 측정하는 것인데, 이는 위로 튀는 것과 아래로 튀는 것을 똑같이 취급하는 값이기 때문이다.

상식적으로 생각할 때 우리는 포트폴리오 가치가 급락하는 것을 두려워해야 하고 급등하는 것은 반겨야 한다. 그런데 변동성은 포트폴리오 가치가 급등하는 이벤트에서도 상승한다. 이를 보완하기 위한 성과 지표가 바로 소르티노지수(Sortino ratio)다. 분모에 전체적인 변동성 값을 넣는 샤프지수와 달리 소르티노지수는 손실이 나는 날에 대해서만 변동성을 계산한다.

이번에는 분모가 아닌 분자의 수익률도 살펴보자. 당신의 투자 전략이 순매수와 공매도를 병행하는 롱숏 에퀴티 전략 같은 타입이 아니라 대다수 개인 투자자처럼 주식을 매수만 하는 롱온리(long-only) 전략이라면 당신의 수익률은 시장의 수익률에 큰 영향을 받는다. 주식시장이 상승할 때 당신의 샤프지수도 덩달아 높아지고 시장이 하락할 때 당신의 샤프지수도 덩달아 낮아진다. 따라서 자신이 잘해서 샤프지수가 높은 것인지 시장이 좋아서 높은 것인지를 구분하기가 매우 힘들어진다.

이렇듯 시장의 퍼포먼스에 자신의 포트폴리오 퍼포먼스가 영향을 많이 받는 투자 전략의 경우, 샤프지수와 병행해서 5장에서 설명했던 정보 지수를 사용하는 것이 좋다. 정보 지수는 단순 수익률이 아닌 벤치마크 대비 수익률을 분자에 두고 그 벤치마크 대비 수익률의 변동성을 분모에 두는 방식으로 계산하는 성과 지표이기 때문이다.

샤프지수든 소르티노지수든 정보 지수든 공통적으로 발견되는 맹점이 하나 있다. 테일 리스크(tail risk)를 잘 잡아내지 못한다는 사실이다. 테일 리스크란 극히 낮은 확률로 발생하지만, 한번 발생하면 극도로 높은 손실이 나는 이벤트를 말한다. 2장에서 언급했던 마팅게일 베팅 방식을 기억할 것이다. 매우 높은 확률로 조금씩 벌지만 지극히 낮은 확률로 모든 것을 잃어버릴 수 있는 방식 말이다. 이런 특성을 가지는 전략의 경우, 평소의 샤프지수는 굉장히 높게 나오지만 실제로는 어마어마한 폭탄을 끌어안고 있는 것이다. 이에 해당하는 실전 전략으로는 극외가 풋옵션 판매가 있다.

극외가 풋옵션 판매의 경우, 평소 주식이 극외가까지 폭락하는 사태는 빈번하게 일어나지 않기 때문에 꾸준히 작은 프리미엄에 대한 수익을 벌게 되지만, 한 번이라도 평균치에서 크게 벗어나는 가격 하락이 오면 평소 작은 프리미엄으로 번 돈의 수십, 수백 배까지 잃게 된다. 물론 그런 사태가 벌어지기 직전까지도 샤프지수는 엄청나게 높을 것이다.

만일 과거 데이터가 굉장히 많은 전략이라면, 최대하락폭 (maximum drawdown, MDD) 같은 지표를 통해 테일 리스크를 잡아낼 수 있다. MDD란 과거 하락 폭 중 가장 큰 손실을 의미하는데, 수익률에서 무위험 이자율을 뺀 후 MDD로 나눈 성과 지표인 칼마지수(Calmar ratio)를 활용할 수 있다. 그러나 대부분의 전략에서 테일 리스크를 제대로 잡아낼 만큼의 긴 시계열 데이터를 확보하는 건 불가능에 가깝기 때문에 실전에서 그리 큰 도움이 되지는 않는다. 결국 샤프지수, 소르티노지수, 정보 지수, 그리고 칼마지수가 리스크를 반영한 성과 지표라지만 그 자체만으로 만능은 아니다.

업계에서는 이를 보완하기 위해 VaR(Value at Risk)이라는 리스크 지표를 함께 사용한다. VaR은 포트폴리오가 입을 수 있는 손실을 확률적으로 계산하는 방법론인데, 만약 내 포트폴리오의 1일 95% VaR이 1억 원이라고 하면, 내가 1억 원 이상 손실 볼 확률이 5% 정도 된다고 해석하면 된다. 그 확률 분포를 어떻게 추정하는가에 따라 과거 데이터나 몬테카를로 방법론, 모수적 방법(parametric method) 등을 사용하는데, 어느 방법이든 추정이기 때문에 제각각 한계와 장단점이 있을 수밖에 없다. 따라서 이런 수치적 지표들 외에도 본인의 전략에 대한 다방면의 정성적 분석이 뒷받침되어야 한다는 사실을

〔표 7-1〕 투자 대가들의 성과 지표

기간	투자자	연평균 수익률(%)	변동성(%)	샤프지수	정보 지수
1977~2016	워런 버핏	17.6	23.6	0.74	0.49
1977~1990	피터 린치	20.8	21.2	0.98	1.78
1993~2010	피트 뮬러의 PDT 파트너스	10.4		3 이상	
1988~	짐 사이먼스의 메달리온 펀드			4 이상	

꼭 명심해야 한다.

대가들의 샤프지수

일반적으로 어느 정도의 샤프지수가 훌륭한 수치일까? [표 7-1]에서 투자 대가들의 성과 지표로 연평균 수익률, 변동성, 샤프지수 등을 정리해보았다.

참고로 버핏의 기준 기간인 1977~2016년 S&P500지수의 샤프지수는 약 0.45였다. 그런데 버핏과 린치의 샤프지수는 1이 채 안 되는데, 내가 시카고옵션 트레이더로 재직했던 시절의 샤프지수는 2가 넘었다. 나는 버핏이나 린치보다 위대한 투자자였나? PDT 파트너스를 운용한 피트 뮬러(Pete Muller)의 샤프지수는 무려 3이 넘었고, 짐 사이먼스의 메달리온 펀드 성과는 1990년대에 4 이상이었다가 2000년대에는 그보다 훨씬 더 높은 수치를 기록했다. 그렇다면 워런 버핏이 세계 최고의 투자자라는 수식어는 과장된 것일까?

전혀 그렇지 않다. 먼저 샤프지수를 비교할 때는 동일한 전략군끼리 비교해야 한다. 전략별로 시간 지평과 자금 수용력이 다르기 때문이다. 초고빈도 매매의 경우 투입 자금 대비 수익률이 어마어마하게 높고 수익을 내지 못하는 날이 거의 하루도 없지만 자금 수용력이 낮아 투입 자금에 제한이 있다. 인프라 비용과 개발 인건비 또한 어마어마하게 많기 때문에, 매매 성과의 샤프지수가 높아도 다른 비용까지 따지면 적자를 면치 못하는 경우가 허다하다.

그런 맥락에서 보면 보통 시간 지평이 짧고 자금 수용력이 낮은 단타 매매를 하는 트레이더일수록 샤프지수가 높고, 버핏이나 린치처럼 대규모 자금으로 중장기 투자를 하는 투자자일수록 샤프지수가 낮다. 샤프지수 비교는 동종 전략 간에나 의미가 있는 것이지, 이처럼 중장기 투자자와 단타 트레이더 간에는 의미가 없다. 따라서 [표 7-1]의 수치들만으로 버핏, 린치, 사이먼스, 뮬러 간에 누가 더 실력이 좋은지 정확히 알 수는 없다.

누군가의 투자 성과를 측정한다는 것은 이렇듯 말처럼 단순한 일이 아니며 정말 많은 뉘앙스가 들어간다. 따라서 본인이 개발한 전략의 성과를 제대로 측정해야만 하는 퀀트 투자자의 경우, 샤프지수를 비롯한 다양한 성과 지표들을 제대로 이해하고 다각도에서 성과를 평가하고 검증해보아야 할 것이다.

데이터, 데이터, 데이터

이제 백테스팅을 먼저 해서 전략을 찾으면 안 되는 것을 알았고, 알파와 베타의 차이도 알았으며, 성과를 측정하는 지표도 알았다. 드디어 퀀트 투자로 뛰어들면 되는 것일까?

퀀트 투자에서 가장 걸림돌이 되는 것은 다름 아닌 데이터다. 야후 파이낸스나 구글 API를 통해 무료 데이터를 다운받거나 웹 스크래핑(web scraping)을 하면 된다고 생각할 수 있지만, 퀀트 투자에 적합한 수준의 데이터를 얻는 것은 그리 쉬운 일이 아니다. 단순한 오류는 코딩으로 어느 정도 걸러낼 수 있다고도 생각할지 모르지만, 금융 데이터를 깊게 제대로 클리닝하다 보면 클리닝 주체의 주관이 들어갈 수밖에 없는 지점이 굉장히 많다.

현재 가격이 41달러이고 하루 동안 40~42달러 사이에서 매매된 주식이 있다고 해보자. 그런데 마감 직전 한 트레이더의 주문 입력 실수로 42달러가 아닌 24달러로 매수가 들어갔다. (생각보다 이런 실수가 자주 있어서 'Fat Finger'라는 용어가 있을 정도다.) 이 경우 그날 그 종목의 저점을 40달러로 계산할 것인가, 아니면 24달러로 계산할 것인가?

주가 정보 중 저가와 고가를 참고하는 퀀트 알고리즘을 쓰는 사람에게 이는 굉장히 큰 문제가 될 것이다. 실제 그 24달러는 자신이 결코 직접 매매할 수 없는 가격인데도 백테스팅을 돌리면 그와 비슷한 가격에 매수했다는 결과가 나올 수 있기 때문이다. '그런 실수는 삭제하고 계산하면 되는 것 아닌가' 싶을 수도 있다. 10주 매매였다면 그렇게 해도 될지 모른다. 그러나 1,000주였다면, 아니 10만 주였다면? 사실 '오류'라고 칭하기도 애매하다. 실제로 24달러에 거래가 이루어진 것은 사실이기 때문이다. 이 예시는 주가 데이터 클리닝에 산적한 문제 중 하나에 불과하다.

재무제표 데이터에도 많은 문제가 있다. 자산 총계나 부채 총계 같은 큰 숫자는 야후 데이터를 써도 무방할 수 있으나 더 세부적인 항목을 들여다보면 부족한 것이 너무나도 많다. 애초에 재무 데이터는 회사가 공시하는 10-K 사업보고서 목차에서 추출하는데, 정해진 목차 항목에서 추출한 값에 오류가 있는 경우는 많지 않지만, 운용 리스(operating lease)나 연구비처럼 주석이나 별도 목차를 참고해 보정해야 하는 항목은 생각보다 수작업이 많이 필요하다.

　세부 항목까지 잘 처리된 양질의 데이터를 구하려면 S&P 캐피털 IQ나 블룸버그 같은 서비스를 이용해야 하는데, 서비스 이용료가 연 수천만 원에 이른다. 개인 투자자가 사용하기에는 무리가 있고, 설령 돈을 내고 사용한다 해도 여전히 수작업으로 보정해주어야 하는 부분이 존재한다.

　이 외에도 백테스팅을 하기 위해서는 생존자 편향(survivorship bias) 문제도 해결해야 한다. 생존자 편향이란 현재 시점에 생존한 회사만으로 백테스팅을 할 경우, 암묵적으로 자신에게 '망할 회사를 미리 예지할 수 있는 능력이 있다'고 가정하는 효과가 나는 것을 의미한다. 예를 들어 현재 나스닥에 상장된 회사 중에서 내가 원하는 조건에 맞는 회사를 매수하는 전략을 백테스팅한다고 해보자. 이때 과거 나스닥에 상장되었다가 상장 폐지된 회사는 그 전략의 매수 범위에서 자동으로 제외되어버린다. 그러나 실제로 내가 과거부터 이 전략을 썼다면 신의 예지력을 가지지 않은 이상 상장 폐지 종목을 전부 피해 가며 투자할 수는 없을 것이다. 따라서 이 전략의 백테스팅 성과는 필연적으로 뻥튀기가 된다.

　비슷한 문제로 미래 선지 편향(look-ahead bias)이 있다. 생존자 편향을 좀 더 일반화한 개념이라고 할 수 있는데, 백테스팅을 행하는 시점에서는 알고 있지만 과거 시점에서는 몰랐을 정보를 이용해 전략을 짜는 경우다. 예를 들어 2021년 코스피 기준 시가총액 상위 100위에 있는 종목 중에서 PER이 15 미만인 주식을 매수하는 전략으로 2011~2021년 기간을 백테스팅했더니 굉장히 수익률이 좋았다고 하자. 문제가 보이는가?

2011년 시점에서 2021년 코스피 상위 100위 종목을 알고 있다고 가정하고 있는 것이다. 이런 문제야 조금만 주의하면 쉽게 피할 수 있다고 생각하겠지만, 데이 트레이딩 영역으로 가면 문제가 좀 더 복잡해진다. 뉴스 데이터를 이용한 센티먼트 모델로 매매를 한다면, 그 뉴스 데이터가 몇 시에 입수되었는지를 고려해 그 시각 이전에는 해당 시그널로 매매하면 안 되도록 설정해야 한다.

더 어려운 문제가 있다. 내가 직접 데이터의 질을 컨트롤할 수 없는 경우로 외부 대안 데이터를 사용할 때가 그렇다. 이미 잘 알려진 대중적 정보나 데이터를 사용하는 것은 베타 팩터에 가깝고 진정한 초과수익을 내기 위해서는 참신한 데이터나 방법론을 사용해야 함을 앞서 살펴보았다. 이를 위해 새로운 대안 데이터를 구입해서 전략을 짠다고 가정해보겠다.

예를 들어 각 회사가 '구인 공고를 몇 개나 내는지'에 대한 데이터를 가지고 그 회사의 내부 사정을 유추하고, 이를 통해 매매하는 전략을 쓴다고 하자. 즉 구인 공고가 급증하면 회사 내부 실적이 괜찮으리라 추정해 매수하고, 급감하면 매도하는 방법이다. 이를 위해 구인 공고를 내는 사이트에서 과거 데이터를 구입했는데, 그 사이트가 2014~2018년에는 2018~2022년에 비해 절반 정도의 회사에 대한 데이터만 가지고 있다고 해보자. 생각보다 흔한 문제다. 그러면 이 결측치를 보정(data imputation)하기 위해 2018~2022년의 수치를 2014~2018년에 소급 적용할 수도 있다. 만약 내가 이 데이터에 그런 가공이 더해졌다는 사전 지식 없이 이 데이터를 내 퀀트 전략에 사용하면 선지 편향이 생기게 되는 것이다.

그런 문제는 데이터에 대한 충분한 설명을 해당 업체로부터 전해 듣고 조정할 수도 있지만, 현업에서 그런 문제를 해당 업체가 선제적으로 알려주는 경우는 드물다. 게다가 뉴스 텍스트 데이터에서 추출한 센티먼트 모델값처럼 기존 데이터에서 2차, 3차로 가공한 파생 데이터를 받을 경우 이를 일일이 체크하는 것은 더더욱 쉽지 않다.

데이터 개수로 보는 퀀트의 한계

통계적으로 유의미하다는 것은 무엇일까? 대한민국에 대해 무지한 어느 외국인이 대한민국 남성의 평균 키를 가늠한다고 해보자. 그가 처음 만난 남성의 키가 188cm였다고 해서 평균 키를 188cm라고 결론지으면 될까? 무리가 있다고 생각해서 두 명을 더 만났고, 각각의 키가 170cm, 182cm였으니 이제 평균 키를 180cm라고 결론지으면 될까? 부족할 것이다. 30명을 더 만났다면? 어느 정도 정답에 근접할 것이다. 1,000명을 만나 평균을 냈다면? 이제 자신감을 가지고 결론지어도 될 것이다.

통계적인 추정이라는 것은 우리가 모집단(대한민국 남성 전체)에 대한 정확한 값을 모를 때 일부 샘플(만나는 일부 남성)을 토대로 그 모집단을 추정하는 것이다. 샘플이 늘어날수록 더 정확한 통곗값을 도출할 수 있는데, 이때 샘플을 통해 내린 추론을 얼마나 믿을 수 있는지를 오차 범위라는 개념으로 명시한다. 대선 기간에 여론 조사 기관이 발표한 수치를 보면 항상 오차 범위가 표시된다. 모 후보의 지지율이 37%인데 오차 범위가 ±4%라는 식이다. 이 오차 범위는 당연히 샘플의 개수가 많을수록 점점 더 줄어든다.

퀀트 투자는 본질적으로 한정된 기간의 한정된 샘플을 이용해 모집단에 해당하는 실제 분포를 추정하려고 노력하는 것이다. 당연히 데이터가 많을수록 더 정확하게 추정할 수 있다. 시간 지평이 짧은 초고빈도 매매나 단타 데이 트레이딩은 이미 퀀트 알고리즘이 지배하고 있지만, 시간 지평이 긴 중장기 투자는 아직까지 인간 애널리스트나 펀드매니저가 주로 담당하고 있는 이유가 바로 거기에 있다.

분기별로 발표되는 재무 데이터는 1년에 4개, 10년 치를 보아도 40개밖에 안 된다. 반면 일봉 주가 데이터의 경우 1년에 252개, 10년이면 2,500개 정도 확보되며, 시봉은 10년에 2만 개, 분봉은 120만 개나 확보된다. 이렇게 데이터가 많으면 복잡도가 높은 모델을 사용할 수 있고 여러 가지 다양한 통계적 분석도 유의미하게 할 수 있다. 따라서 분봉과 시봉을 활용하는 데이 트레이딩에서 통계 알고리즘은 유의미성을 확보하기가 비교적 쉽다.

단순히 데이터 개수만 많다고 해서 통계적 유의미성이 확보될까? 그렇지 않다. 동일한 분포에서 나오는 데이터여야 한다. 예를 들어 대한민국 남성의 평균 키를 알려고 하는데 1950년대에 10개, 1980년대에 40개, 2020년대에 25개 하는 식으로 데이터를 모았다면 이것이 의미가 있을까? 대한민국 남성의 평균 키는 1950년대부터 엄청나게 변화해왔다. 시간대가 다른 데이터를 가지고 정확한 결론을 도출할 수 없다.

금융시장은 사람의 키 변화와는 비교도 할 수 없을 정도로 시간의 흐름에 따라 성질이 크게 변한다. 특히 금융위기나 코로나19 같은 이벤트가 터지면 시장 참여자의 구성과 성질까지 달라지면서 이전 데이터로 학습된 전략이 전부 망가지는 결과가 나올 수 있다. 이를 시장 체제 변화라고 하는데, 월가에서 산전수전을 다 겪은 퀀트도 이런 문제로 고심한다.

실제로 코로나19가 터진 직후 수많은 퀀트 펀드가 두 자릿수 손실을 기록했다. 업계의 유명 퀀트 중 하나인 프레이저 젠킨스(Inigo Fraser Jenkins)는 'Why I am no longer a quant(왜 나는 더 이상 퀀트를 하지 않는가?)'라는 기고문을 통해 백테스팅의 한계와 평균회귀 의존에 대해 신랄한 비판을 쏟아냈다. 이 같은 시장 체제 변화도 시간 지평에 따라 알고리즘의 효용이 달라지는 데 큰 역할을 한다.

1년 치만 해도 12만 개의 데이터가 확보되는 분봉 레벨에서 이루어지는 데이 트레이딩의 경우, 동일한 시장 체제하에서 충분한 통계적 유의미성을 확보할 수 있다. 하지만 연 4개 분기 데이터를 수집할 수 있는 재무 데이터와 펀더멘털 분석의 경우, 통계적 유의미성을 조금이나마 확보하기 위해 10년 치, 20년 치 데이터를 쓰려다 보면 현재와 전혀 특성이 다른 먼 과거 시장 체제의 데이터까지 사용할 수밖에 없다.

이쯤 되면 왜 PER, PBR 같은 팩터를 나이브하게 넣고 10년 치 백테스팅을 뚝딱 돌려서 만든 전략에다 내 피 같은 목돈을 투입해서는 안 되는지, 그 이유를 명확히 깨달았으리라 생각한다.

그래도 퀀트 투자자가 되겠다면…

지금까지 이야기한 여러 가지 문제와 어려움을 알고도 퀀트 투자자가 되겠다고 결심했다면 반드시 당부하고 싶은 것이 있다.

첫째, 퀀트도 자기 절제력이 필요하다. 여기서 절제력이란 무분별한 백테스팅을 하지 않는 것은 물론이고 전략을 실전에서 사용할 때 리스크를 관리하는 것 또한 포함한다. 퀀트 매매라고 해서 모든 것이 자동화되고 수학적으로 최적화되는 것은 아니다. 결국은 퀀트 리서치를 하는 주체의 주관이 많이 들어갈 수밖에 없고 어떤 부분은 수동으로 할 수밖에 없다. 그렇기에 매 순간 청명한 정신을 유지하며 자신을 절제할 줄 알아야 한다.

둘째, 비퀀트적 언어로 본인의 전략을 명료하게 설명할 수 있어야 한다. 빅데이터, 패턴 인식, 백테스팅, 인공지능 등의 거창한 용어가 아니라 일상적인 언어로도 '내가 선택한 전략이 어떻게 상식적으로, 경제학적으로 초과수익을 가져다줄 수 있는지'를 잘 설명할 수 있어야 한다. 그것이 불가능하다면 그저 데이터를 뒤져서 입맛에 맞는 조합을 찾아내는 P-해킹이나 이런저런 데이터를 기웃거리는 데이터 스누핑(data snooping)을 하고 있을 확률이 높다.

셋째, 퀀트 리서치를 통해 '검증'된 전략은 '성과가 좋을 것이라고 증명된 전략'이 아니라 '성과가 나쁠 것이라고 증명하지 못한 전략'에 불과하다. 매 순간 본인의 전략을 여러 각도에서 의심해야 하는 이유다. 지나치게 좋아 보이는 결과가 나온다면 특히 더 의심해야 한다.

매매 비용에서 수수료나 슬리피지(slippage, 불리한 가격에 체결하는 것)를 너무 느슨하게 설정한 것은 아닌지, 실전에서 생길 수 있는 유동성 문제를 고려하지 못한 건 아닌지, 전략의 파라미터를 조금 바꾸어도 해당 수익률이 유지되는지 등을 체크해야 한다. 매매 타이밍이 월말 리밸런싱이라면 그 전날인 29일로 바꾸어도 수익률이 유지되는지를 체크해보는 식으로, 전략의 파라미터를 조금씩 조정해보는 것을 잊지 말자. 하루나 이틀의 변화로 수익률이 급변한다면 아마도 과거 데이터에 과최적화되어 있을 확률이 높다. 이에 더해 다양한 외생적 쇼크나 이벤트에 대한 가정도 추가해보고 통계적인 노이즈도 추가해보자.

넷째, 무엇보다 퀀트의 한계를 직시하고 겸손해야 한다. 계량적인 사고방식은 투자자에게 매우 중요하지만, 퀀트 투자를 너무 쉽게 생각하고 어설픈 백테스팅에 기초해 투자하는 것은 단순히 시간 낭비를 넘어서 '나는 과학적으로 투자 중이야'라는 그릇된 자신감을 심어줄 수 있다. 그리고 그 자신감이 과도한 레버리지와 리스크로 이어지면 많은 손실을 입을 수 있다.

여기까지 읽으면 퀀트가 너무 어렵게만 느껴질 것이다. 가치투자도 쉽지 않고 차트 매매도 힘들고… "무엇을 어떻게 하라는 것이냐?"라는 반응이 나올 수 있다. 이런 반응을 접하면 나는 한숨을 쉴 수밖에 없다. 남보다 돈을 더 많이 버는 것은 원래 어려운 일이다. 가만히 앉아서 키보드와 마우스로 불로소득을 얻기는 원래 어렵다. 지극히 상식적인 이야기다. 돈을 버는 것은 본질적으로 어려운 일이다. 주식시장에서 초과수익을 꾸준히 내는 것도 불가능하진 않지만, 미디어나 일부 책에서 말하는 것처럼 쉬운 일이 아니다. 초과수익을 내려면 시간을 투자해서 제대로 공부해야 한다.

그렇다고 해서 그 과정이 사법고시만큼 어려운 것은 아니다. 워런 버핏이나 피터 린치급의 성과를 내지는 못하겠지만, 적당히 리스크를 조절하며 만족할 수 있는 재테크를 하는 것은 서울대 가기 위한 수준의 난도는 절대 아니다. 수능 공부에 쏟았던 시간의 절반, 아니 10분의 1만 쏟아도 개인 투자자 중에서는 최상위권이 될 수 있다.

그만큼 진지하게 공부하는 개인 투자자가 이상하리만치 드물다. 아이러니하게도 많은 사람이 돈 버는 것을 인생의 최고 우선순위로 두면서도 그에 대한 노력은 다른 분야에 비해 훨씬 덜 쏟는 것 같다. 막상 돈 버는 공부를 하려고 해도 제대로 된 지침서를 찾지 못해서 그럴 수 있다. 설령 열심히 공부했다 해도 그 노력은 시장의 들쭉날쭉한 변동성에 가려져 가시적으로 나타나지 않아서일 수도 있다.

그러나 1장 '경제적 자유의 본질'에서 이야기했듯이 노력은 단기적인 변동성에 가려질 수 있으나 장기적으로 쌓이면 조금씩 변화가 체감된다. 투자도 별반 다르지 않다. 올바른 방향으로 시장의 본질을 바라보며 정석적인 공부를 해나간다면 경제적 자유를 향한 길은 누구에게나 열려 있으리라 생각한다.

3부
경제적 자유에
이르는 길

개인 투자자가
나아가야 할 길

2부에서는 개인 투자자들이 주로 접하는 다섯 가지 투자 전략인 지수 추종, 가치투자, 차트 매매, 알고리즘 트레이딩 그리고 중장기 퀀트 투자에 대해서 다루어보았다. 아무래도 개괄적으로 여러 투자 전략을 다루다 보니 독자 입장에서는 속시원하고 구체적인 방법론이 제시되지 않아 답답할지도 모른다.

누누이 강조했다시피 이 책은 투자 입문서다. 투자에 입문하는 사람은 무엇보다도 시장의 효율성에 대한 개념을 제대로 정립하고 다양한 투자철학과 투자 전략을 접하는 것이 우선이다. 그 과정을 통해 내가 어떻게 초과수익을 낼 수 있을지, 다시 말해 어떻게 하면 다른 시장 참여자들의 실수를 찾아낼 수 있을지에 대해 깊이 고민해야 한다. 그 과정 없이는 부실한 하체로 권투를 배우는 것과 같은 결과로 이어진다. 이

기본기가 갖춰져야 구체적인 전략에 대해 세밀하게 배우며 실전 응용을 해볼 수 있다.

8장에서는 개인 투자자가 이 책을 덮고 나서 어떤 방향으로 공부해야 할지에 대해 길을 제시해보고자 한다.

투자의 기본기

개인 투자자들과 소통하다 보면 어떤 이들은 무언가 화려한 전략, 대중적이지 않고 쉽게 접할 수 없는 지식을 기대하기도 한다. 하지만 그 어떤 투자 기법이든, 기본 바탕이 되는 배경지식과 가치관이 탄탄하게 다져져야 빛을 발할 수 있다. 그런 면에서 투자 공부의 시작은 차트 매매나 퀀트 기법이 아닌 아주 기본적인 회계 지식과 가치평가 공부가 되어야 한다.

기본적인 회계 지식과 가치평가를 통해 쌓는 지식은 다양한 투자철학과 투자 전략의 기본기가 된다. 개별 주식의 가치가 어떤 과정을 통해 산정되는지 아는 지식은 전체적인 주가지수의 움직임에 대한 직관을 제공해주기 때문에 패시브 지수 추종 전략을 사용하더라도 큰 도움이 된다. 또 주식에 대해 세부적으로 아는 지식은 자산 배분 전략을 구사하는 투자자에게도 필수적이다. 결국 배분할 자산군 중에 가장 중심되고 중요한 자산이 주식이기 때문이다.

심지어 퀀트 전략을 리서치할 사람에게도 재무제표, 회계, 가치평가에 대한 지식은 필수적이다. 의미가 없는 백테스팅을 마구 돌리는 게 아니라 진지한 전략 리서치를 해보겠다면 그런 펀더멘털 지식에서 출발해 전략에 대한 가설을 세우고 검증을 행해야 한다.

내 커리어 중반, 트레이더에서 데이터과학 분야로 전환을 시도했을 때 내가 했던 치명적인 실수가 있다. 그것은 바로 미적분과 선형대수를 비롯한 수학적 기초를 탄탄히 다지지 않은 채 얼른 머신러닝, 딥러닝, 강화학습 같은 멋져 보이는 기법들을 금융시장에 응용하고 싶어 했던 것이다. 도대체 왜 서포트 벡터 머신(Support Vector Machine) 알고리즘의 커널 함수(Kernel Function)를 일일이 수학적으로 도출하며 공부해야 하는지 이해하지 못했고, '교과서에 다 나오는' 이런 고리타분한 기초 말고 딥러닝으로 뉴스 센티먼트 모델을 만든다든지, 강화학습을 옵션 데이터에 적용해본다든지 하는 화려한 것들에 뛰어들고 싶어 했다.

그러고서 라자드 투자은행(Lazard), 켄쇼테크놀로지(Kensho Technologies), S&P글로벌에서 데이터과학자로 일하면서 많은 후회를 했다. 실전에서 머신러닝과 딥러닝을 적용하는 것에는 이미 만들어진 파이썬 라이브러리를 그저 로딩해서 돌리는 것을 넘어 너무나도 많은, 작지만 중요한 뉘앙스들이 필요했다. 내 모델의 정확도가 88%에서 멈춰서 어떻게 더 개선해야 할지 모를 때 앞으로 나아가게 해준 것은 화려한 딥러닝에 대한 지식이 아니라, 내가 사용하는 모델에 대한 깊은 수학적 이해, 기초적이고 지루하기 짝이 없던 기초 통계학, 선형대수, 미적분, 회귀분석에 대한 이해였다.

켄쇼와 S&P글로벌에 있던 시절, 내 팀 동료들은 대부분 이공계 박사 출신이었는데, 그들과 나의 차이는 학위나 머신러닝 '기법'에 대한 지식 차이가 아니라, 그 저변에 수년간 훈련된 수학과 통계 기초에 대한 체력 차이였다. 그래서 나는 이미 데이터과학 석사 학위를 가지고 켄쇼에 입사했음에도 불구하고, 재직 기간 동안 파트타임으로 야간에 스탠퍼드대학원의 수업 24학점을 추가로 들으며 파김치가 되어야 했다. 한번은 밤을 새워 중간고사를 친 후 회사 회의 중에 응급실에 가기도 했다. 전부 기초 체력을 등한시하고 화려한 것을 좇다 벌어진 일들이었다.

남들이 모르는 초과수익의 본래 의미

초과수익은 남들이 모르는 정보, 남들이 쓰지 않는 데이터, 남들이 쓰지 않는 전략에서 온다고 강조한 바 있다. 하지만 그 말은 기본적인 지식을 제대로 배우지 않고 건너뛰어도 된다는 말이 아니다. 남들이 모르는 것을 찾기 위해서 우선은 남들이 알고 있는 수준의 정보, 남들이 쓰는 데이터, 남들이 쓰는 전략은 제대로 마스터해야만 한다.

많은 개인이 사용하는 상대가치평가를 예로 들어보자. "나는 PER 같은 거 다 아는데?"라고 생각하는 독자가 있을 수도 있다. 하지만 PER을 움직이는 핵심 요소가 무엇인가라는 질문에 단순히 주가와 주당순이익이라는 표면적인 대답을 넘어 재무제표의 요소들과 PER을 잘 연관지어 생각할 수 있어야 한다. 애널리스트 리포트의 PSR 배수를 보면, 어떤 산업과 어떤 재무 구조에서 PSR이 큰 판단 오류를 일으킬 수 있는지 알아야만 한다. PER을 다중회귀분석 모델로 예측한 리포트를 볼 때는 어떤 문제를 주의해야 하는지, 그 모델의 한계가 무엇인지 인지해야 한다. 이는 비단 가치투자를 하는 투자자 외에 퀀트 투자를 하는 사람도 마찬가지다. 이런 부분을 속속들이 알지 못하면서 백테스팅에 PSR이나 EBITDA, ROE와 관련된 팩터들을 넣고 아무 생각 없이 돌리는 일은 없어야 한다.

이런 일반적인 지식에 대한 탄탄한 기본기를 갖추고 나야 비로소 본인만의 투자 전략을 정립하고 남들에 비해 더 나은 초과수익을 추구해볼 수 있게 된다. 그런데 초과수익은 남들이 모르는 정보, 남들이 쓰지 않는 데이터에서 온다고 했지만, 이를 이분법적으로 오해해서 초과수익은 "이 지구상에서 그 누구도 모르는 대단한 비법"이라는 반대편 극단의 생각을 하는 독자가 있을 수도 있다. 하지만 언제나 그렇듯 이 부분도 이분법적이 아닌 확률론적 사고방식으로 생각해야 한다.

퀀트업계의 최전선에 있는 미국 르네상스테크놀로지 (Renaissance Technologies)의 핵심 인력 정도가 아니고서야, 지구상에서 타인은 모르는 대단한 비법을 발견해낼 수 있을 리는 만무하다. 그리고 그만한 비법이 없어도 초과수익은 충분히 낼 수 있다. 어떤 전략이나 정보, 데이터를 바라볼 때, 대중적으로 알려졌는지 알려지지 않았는지 칼로 무 자르듯 이분법적으로 나누려 해서는 안 된다. 아무도 모르는 정보나 전략을 0으로 두고, 투자 지식이 별로 없는 개인 투자자도 아는 정보나 전략을 100으로 두었을 때, 대부분의 전략이나 정보, 데이터는 그 중간 어디쯤 있을 것이다.

'알려진 정도가 0에서 5 정도 되는 초특급 비법'을 찾아 나서야겠다고 기초 체력을 기르는 것을 등한시해서는 안 된다. 본인의 투자관과 개념을 잘 정립하고, 이미 잘 알려진 것으로 보이는 지식, PER, PBR이나 내재가치평가에 대한 정확하고 편향 없는 지식부터 바탕이 되어야 그때부터 더 복잡하고 남들과 차별화되는 에지(edge)를 스스로 찾아나갈 시도를 할 수 있다. 일단은 60, 70 정도 알려진 지식부터 시작해서 점점 30, 40 정도의 수준으로 올라가는 것을 목표로 해야 한다. 투자에 입문하자마자 금융시장의 성배 같은, 독자를 부자로 만들어 줄 가상의 전략을 찾아다니느라 전전긍긍하는 어리석음을 범하지 말기를 바란다.

그렇기에 이 책을 덮고 나면 기초 회계부터 시작해서 다모다란 교수의 '교과서 같은' 가치평가 책부터 읽기를 바란다. 회계 기초와 가치평가에 대한 기본기가 탄탄하게 갖춰지면 그때부터 다양한 투자철학과 투자 전략을 경험해보기 바란다. 직접 경험해보는 것은 많은 손실을 동반하기 때문에, 잭슈웨거의 '시장의 마법사들 시리즈'를 비롯해 투자 거장들의 삶과 철학, 그리고 시장을 바라보는 관점을 담은 저서들을 읽으며 간접 경험을 할 것을 추천한다.

그 과정이 끝나고 나면 본인의 성향과 목적, 투자에 투입할 수 있는 시간과 노력의 양, 지식적으로 우위가 있는 영역을 고려해 자신만의 투자철학과 투자 전략의 방향성을 정하고, 그 방향으로 깊은 공부를 해나가면서 실전 연습을 하면 된다.

자동화된 알고리즘 매매를 피하라

독자가 기초 회계와 가치평가에 대한 지식을 탄탄히 다지고 다양한 투자철학과 투자 전략을 접해보았다는 가정하에, 그다음 단계에서 고려할 점을 짚어보자. 만약 독자가 기본기를 다진 후 시장으로 나가 초과수익을 다투려고 한다면 본인의 확률적 우위의 원천이 어디 있는가, 어떤 전장을 선택할 것인가에 대해 깊이 고민해야 한다.

그중에서도 어지간히 이공계적인 능력이 출중한 사람이 아니라면, 자동화된 퀀트의 영역은 피할 것을 권한다. 완전 자동화된 알고리즘 매매의 영역은 인프라가 확률적 우위를 확보하는 데 굉장히 중요한 역할을 하기에 개인이 이기기는 힘들다. 또 승자가 많은 것을 가져가는 승자독식의 측면도 있다. 그 이유는 자동화에서 오는 '규모의 경제'가 존재해서다. 하버드, 프린스턴 물리학 박사 출신 퀀트 5~6명이 팀을 이뤄 운용하는 알고리즘 전략들과, 일반적인 개인 투자자가 어설프게 만든 수천 개의 퀀트 알고리즘을 시장에 풀어놓으면, 전자가 나머지 모두를 압살해버린다.

이는 이미 9년간의 거대한 실험으로 증명되었다. 2011년부터 개인 투자자들에게 퀀트 알고리즘 전략을 크라우드소싱하겠다는 야심 찬 목표를 가지고 출범했던 퀀토피안(Quantopian)

플랫폼에서 1,200만 명의 개인 투자자가 수천만 번의 백테스팅을 거듭했다. 그중에서 수익률이 좋고 안정적이었던 전략들을 선별해 퀸토피안 헤지펀드가 운용되었고, 업계 최고의 헤지펀드매니저 중 하나인 스티브 코헨이 이를 후원했지만 결과는 처참했다. 지속적 손실이 났고, 결국 이 플랫폼은 2020년에 셧다운되었다.

자동화된 퀀트 알고리즘 매매의 세계에서는 그 경쟁에 참여하는 모든 플레이어가 주식시장과 관련한 대체로 동일한 데이터세트를 가지고, 대체로 동일한 통계적 방법론으로, 대체로 동일한 전략을 사용한다. 그 전장에서 자그마한 확률적 우위를 확보하기 위해 퀀트 헤지펀드들은 수십억을 들여 〈네이처(Nature)〉에 논문을 게재한 박사들을 고용하고, 이제는 많은 돈을 들여 대안 데이터 시장에 뛰어들고 있다.

개인이 완전히 자동화된 퀀트 투자, 알고리즘 매매를 하겠다는 것은 그런 기관과 동일한 전장에 더 열악한 인프라에서 기관이 가진 데이터의 부분집합인 데이터, 그리고 기관 퀀트들보다 열악한 이공계적 지식을 가지고 싸우겠다는 것과도 같다. 물론 그 불리함 속에서도 유동성 문제 때문에 기관이 잘 건드리지 않는 틈새를 찾을 가능성이 없지는 않지만, 대부분의 개인은 지속적으로 에지를 내주는 희생양이 될 수밖에 없다.

물론 여기서도 이분법적으로 '개인이 퀀트 하면 절대 초과수익을 못 낸다 vs 개인도 퀀트로 초과수익을 낼 수 있다'의 관점으로 바라보아서는 안 되고 확률론적으로 바라보아야 한다. 퀀트 투자를 하는 개인 투자자 중 초과손실을 내는 비율이 압도적으로 많고, 새로운 개인이 퀀트 투자를 했을 때 얻을 초과수익의 기댓값이 마이너스라는 식으로 생각해야 한다. 그렇지 않으면 퀀트 투자에 도전한 숱한 개인 중 성공한 몇몇의 결과에 혹하게 된다.

문명의 이기는 누려라

그런데 여기서 강조하고 싶은 것은 '완전히 자동화된' 알고리즘 매매의 영역에서 싸우지 말라는 것이지, 여러분이 투자를 할 때 데이터과학 도구를 비롯한 문명의 이기를 멀리하라는 말이 아니라는 점이다. 자신이 정립한 투자철학과 투자 전략의 방향과 관련해 이미 잘 만들어진 분석 툴이나 서비스가 존재한다면 얼마든지 이용해도 좋다. 퀀트 알고리즘을 사용하는 툴도 얼마든지 사용하라.

단, 그것을 자신의 투자 전략에서 확률적 우위를 내는 원천으로 착각해선 안 된다. 단언컨대 핀테크 플랫폼이든 로보 어드바이저든 기업 정보 앱이든, 아무 개인 투자자나 가입해서 사용할 수 있는 툴이면서 '자동화된 초과수익'을 계속해서 떠먹여 주는 서비스는 존재하지 않는다. 그런 부류의 알고리즘이나 알파였다면 남에게 서비스하는 것이 아니라 스스로 프랍 트레이딩을 하든가 헤지펀드를 차리는 것이 맞다. 그런 플랫폼과 앱의 효용은 개인 투자자의 투자 편의성을 개선해줌으로써 개인이 가지고 있는 확률적 우위에 리소스를 집중하도록 도와주는 역할에 있다.

개인이 추구할 확률적 우위의 원천

　그렇다면 개인이 가질 수 있는 확률적 우위는 어떤 영역에 있을까? 주식시장에서 영역을 넓혀가고 있는 기관의 인프라와 자동화된 알고리즘 속에서 자기만의 니치를 찾는 문제는, 데이터과학이 4차 산업혁명을 일으키고 있는 흐름에서 머신러닝 알고리즘에 비해 인간이 우월한 영역이 무엇인가를 찾는 문제와 맞닿아 있다.

　2부에서도 잠깐 설명했지만, 인간이 우월한 영역이 무엇인가를 알기 위해서는 알고리즘의 한계에 대해 알 필요가 있다. 알고리즘의 근본적 한계는 과거 데이터에 의존한다는 것이다. 과거 데이터의 개수가 많고 과거 패턴 및 데이터 분포가 현재와 크게 다르지 않은 문제에서는 알고리즘이 엄청난 혁신을 만들어낼 수 있지만, 데이터 개수가 적고 시시각각 변화하는 환경에서는 아직 인간의 성과를 이기긴 힘들다.

알고리즘은 현상을 설명할 때 귀납적 추론을 사용한다. 귀납법은 관찰된 사실을 토대로 결론을 도출하는 방식인데, 여러 백조가 전부 하얗다는 사실을 토대로 모든 백조는 하얗다는 결론을 내리는 식이다. 그러면 새로운 백조가 주어졌을 때 그 백조를 보지도 않고 하얗다고 추정할 수 있다. 백테스팅도 마찬가지다. 과거에 어떤 매매 시그널이 나올 때마다 수익을 냈다면, 미래에 비슷한 환경에서 매매 시그널이 나오면 수익을 내리라 추정하는 것이다.

귀납적인 영역에서 알고리즘은 인간을 훨씬 능가하고 있다. 그러나 추론을 하는 방식에는 귀납적인 방법만 있는 것이 아니다. 일반적인 원리에서 특수한 사실을 이끌어내는 연역적인 추론도 있는데, '모든 동물은 죽는다'라는 진리를 알고 있는 상태에서 '사자도 동물이니 사자도 죽을 것'이라는 사실을 이끌어내는 방식이다. 같은 방식으로 '금리가 내리면 주식시장은 오른다'라는 일반적인 원리에서 '미 연준이 금리를 인하할 예정이니 주식시장은 오를 것'이라는 결론을 도출할 수 있다. 똑같은 사실을 알고리즘이 귀납적으로 추론하기 위해서는 과거에 금리를 인하했던 데이터가 매우 많아야 한다. 하지만 그런 데이터의 개수는 많아야 몇십 개에 불과하기 때문에 알고리즘이 충분한 통계적 유의미성을 획득하기가 어렵고 추정 오차도 매우 커진다.

물론 학계에서 연역적 추론을 하는 인공지능의 연구도 오래전부터 진행되어왔다. 심볼릭 AI(Symbolic AI)라고 하는 분야가 그것인데, 딥러닝이 대두하기 전이던 20세기에는 그 화두가 인공지능 담론을 지배했다. 2010년대부터 GPU 병렬 처리로 인한 연산 속도의 비약적인 발전과 빅데이터의 폭발적인 증가로 인해 딥러닝이 인공지능의 혁신을 이끌게 되면서 심볼릭 AI는 잠시 역사의 뒤안길로 사라졌지만, 최근에는 딥러닝의 한계를 극복할 대안으로 다시 조명받고 있다. 언젠가는 두 방법론이 융합하면서 알고리즘이 인간의 직관과 추론력을 능가할 날이 오리라 생각하지만 현시점에서 그런 범용 인공지능의 개발은 요원해 보이고, 어차피 그 특이점이 오면 주식시장에서 초과수익을 내는 문제는 더 이상 인간에게 중요한 문제 축에도 끼지 못할 것이다.

여전히 존재하는 개인 커피숍 같은 영역

결국 현시점에서 개인이 알고리즘에 비해 우위가 있는 영역은 연역적 추론과 정성적 분석의 분야다. 거시경제를 바라보고 가치투자에서 개별 기업을 분석하고 정성적 리서치를 하는 영역에서는 사람의 직관과 사고력이 매우 중요하다. 또한 그 영역에서는 개인이 쏟는 노동에 비례해 성과가 나온다. 자동화된 알고리즘 매매에서는 1,000명의 개미 투자자가 1명의 정상급 퀀트를 이길 수 없지만, 기업 분석에서는 정말 실력 좋은 정상급 애널리스트라도 혼자서 개미 투자자 1,000명의 먹거리를 뺏을 수 없다.

표준화된 가격 데이터, 거래량 데이터, 재무 데이터를 두고 경쟁하는 퀀트 영역과 달리, 기업 분석의 영역에서는 1만 개의 주식 종목이 있으면 1만 개의 각기 다른, 획일화되지 않은 콘텍스트가 존재한다. 이를 일률적으로 가치평가하거나 분석하는 방법론은 존재하지 않는다. 기업 분석은 완전 자동화가 불가능한 영역이어서 규모의 경제 효과도 미미하고 승자독식의 현상도 발생하지 않는다. 아직 월가에서도 기업 분석과 가치평가는 뱅커들이 일일이 수작업으로 한 기업 한 기업 엑셀을 이용해서 진행한다. 이렇듯 금융 분야에서 기업 분석과 가치평가는 데이터과학과 알고리즘이 가장 영향력을 미치지 못하고 있는 분야다. 따라서 개인 커피숍 같은 영역을 찾아 초과수익을 추구해봄 직하다.

따라서 본인의 투자철학과 투자 전략을 정립해나가는 데 언제나 이런 점을 참고했으면 한다. 특히나 본인의 소질과 적성이 이공계적인 소양보다는 논리와 사고력, 직관에 더 우위가 있다면, 당연한 이야기이지만 트레이딩이나 퀀트 영역보다는 기업 분석과 정성적 리서치의 방향을 권유하는 바다.

투자의 본질과
이분법적 사고

이 책을 마무리하기에 앞서 가장 중요한 주제를 조금만 더 논하고 싶다. 2장 '투자에서 이기기 위한 세 가지 공리' 중 첫 번째, 확률적 우위에 관한 것이다. 독자 여러분이 확률적 사고를 체화하고 이분법적 사고를 지양할 수 있다면 적어도 쓸 데없는 비용을 지출하거나, 사기를 당하거나, 회복 불가능한 사태에 처하지는 않을 것이기 때문이다.

　확률적 사고는 굉장히 피곤한 일이다. 상대의 논리를 주도 면밀히 살펴야 하고, 나무보다는 숲을, 결과보다는 본질을 보는 일이기 때문이다. 확률적인 사고의 정반대 편에는 결과론적 사고, 이분법적 사고가 있다. 이분법적 사고는 듣기에 명쾌하다. 화자는 간결하게 결론을 내릴 수 있고 청자는 고민할 것이 없어서 시원하다. "이 주식은 사십시오" "저 주식은 파십시오" 하는 사람에게는 자신감이 느껴져 신뢰해도 될 것만 같다.

반면 특정 종목의 재무제표를 상세히 설명하면서 '이런 경우에는 이렇게 될 가능성이 높고 저런 경우에는 저렇게 될 가능성이 높으니 이러저러한 방식으로 바라보고 접근해야 한다'며 주저리주저리 말하는 사람의 이야기는 지루하다. 대부분은 족집게같이 알아맞히는 애널리스트를 원하지, 55% 정도 맞히는 설명은 듣고 싶어 하지 않는다.

확률적 사고의 힘

인간의 뇌는 전체 에너지의 20% 이상을 사용한다. 과거 야생에서 살던 인간에게 에너지는 생존과 직결된 것이었다. 그렇기에 어떤 사물이나 대상에 대해 깊은 사고를 하는 행동은 에너지 비용이 매우 높은, 우리의 생존 본능에 역행하는 방식이다. 그렇기에 우리는 너무나도 쉽게 이분법적 사고의 유혹에 빠져버리고 만다. 그러나 본질은 대부분 이분법적인 양극단 사이 어느 지점에 있다.

누군가가 55개의 빨간 공과 45개의 검은 공이 든 주머니를 들이밀면서 빨간색이 나올지 검은색이 나올지 답하라고 강요한다면, 정답은 '55%의 확률로 빨간색이 나올 확률이 조금 높다'지, '빨간색'이나 '검은색'이 아니다. 그것을 깨닫게 되면 세상의 많은 것, 비단 투자뿐만 아니라 정치, 사회, 가족 관계, 삶에 대해 바라보는 관점이 이전과 다르게 변한다. 매트릭스에서 벗어나는 것이다.

좋은 투자 전략은 언제나 돈을 벌고 나쁜 투자 전략은 언제나 돈을 잃는 것이 아니다. 아무리 좋은 투자 전략을 사용해도 10번 중에 4번은 손실을 볼 것이고, 아무리 나쁜 투자 전략을 사용해도 수익을 얻는 일이 반드시 한두 번은 생길 것이다. 그렇다면 도대체 이 불확실성 속에서 좋은 전략과 나쁜 전략을 어떻게 구분할 수 있을까? 누군가가 나쁜 전략으로 운 좋게 수익을 냈던 계좌를 인증하며 여러분을 유혹할 때, 그것이 나쁜 전략이라는 것을 어떻게 판별할 수 있을까?

그것을 100% 완벽하게 골라내는 방법은 세상에 존재하지 않는다. 그 방법을 아는 사람은 이미 워런 버핏을 능가하는 거부가 되었을 것이고, 퀀토피안도 셧다운되지 않았을 것이다. 그러나 적어도 나쁜 전략에 속지 않게 도와주는 가이드는 존재한다. 그 첫 번째가 2장에서 언급한 투자의 세 가지 공리다. 누군가가 독자에게 투자 기법을 알려준다고 했을 때, 그 사람이 투자의 세 가지 공리를 체화하고 있는지부터 살펴보기를 바란다. 확률적 우위의 개념을 알고, 자금 관리와 절제의 중요성을 알고 수신(修身)하는 사람인지를 살핀다면 많은 도움이 될 것이다.

두 번째로는 지금 공부하는 것이 1장에서 이야기했던 실력인지 아니면 비효율성인지를 판단해보아야 한다. 낚시에 비유하자면 좋은 어장을 찾는 근본적인 방법을 알려주는 것인지, 아니면 본인이 실컷 재미를 본 어장이 어디 있는지 위치만 알려주는 것인지를 따져보는 것이다. 마지막으로, 말하는 상대가 논리와 상식을 통해 설득하려고 하는지, 그보다는 스포츠카, 럭셔리한 집, 계좌 인증 등의 보여주기식 결과를 통해 설득을 시도하는지 살피기를 바란다.

재물을 과시하는 것은 정신이 빈곤한 자의 대표적인 특질이다. 스스로 실력을 쌓아가는 여정을 탄탄히 쌓아온 사람이라면 그런 빈곤한 정신을 가졌을 리도 없지만, 그 이전에 논리적인 설명을 통해 상대에게 어떻게 실력을 쌓는가를 전수해줄 수 있기에 본질을 호도하는 그런 인증을 할 필요가 없을 것이다.

매트릭스의 안이 더 달콤하다

그런데 이분법적 세계의 매트릭스에서 벗어나 확률적인 세계를 마주하는 것이 그저 달콤하기만 한 것은 아니다. 이 책의 1, 2부를 읽은 독자 중에서도 답답함을 느끼는 사람이 많으리라 생각한다. 영화 〈매트릭스〉에서 주인공 네오가 매트릭스에서 벗어난 후 마주한 현실은 지극히 어두운 디스토피아적 세계였다. 그 속에서 네오는 제대로 걸을 힘조차 없이 무력한 자기 자신을 느껴야 했다. 이분법적인 사고를 버리고 확률적인 사고를 하면서 마주하게 되는 현실 역시 무력한 자기 자신일 수 있다.

세상에 손쉽고 빠르게 부자가 되는 확실한 방법은 존재하지 않으며 나 역시 운이 도와주지 않으면 그 방법을 찾을 수 없다는 현실, 금융시장에서 아무리 열심히 노력하고 공부한다 해도 승률은 55~60%에 그칠 뿐 승률 70~80%의 족집게 실력자가 될 수 없다는 현실, 코인으로 빠르게 부자 된 사람은 운이 좋았던 예외적인 사례였고 내가 그것을 재현할 수 없다는 현실, 주식시장에 성배는 없다는 냉정한 현실 말이다.

그렇기 때문에 확률적 사고의 걸음마를 막 뗀 직후에는 금방 이분법적 사고의 타성에 저항하지 못하고 이내 달콤한 또 다른 가상 현실의 유혹에 빠질 수 있다. 〈매트릭스〉의 악역 사이퍼가 그랬듯이 말이다. 《부의 추월차선》 같은 책을 집어 들고, '소액으로 수억 원 버는 법' 같은 영상을 클릭하고, '수년 내 10배 될 주식'을 말해주는 사람을 찾아다닐지 모른다.

그러나 확률적 사고로 세상 바라보기를 수년 반복하다 보면 그 얼마 되지 않는 것 같은 1~2%의 확률적 우위가 가져다주는 진정한 힘을 깨닫게 된다. 말로만 떠들어댔던 '복리의 마법' 같은 것을 온전하게 체화하는 것이다. 55~60%'밖에 안 된다'고 무시했던 것을 존중하게 되고, 그 확률적 우위를 찾고 유지하기 위해 자기 절제를 하는 과정에 대해 긍지와 재미를 느낄 수 있게 된다.

불확실성은 노력하는 사람 편

확률적 사고를 가진 채 열심히 불확실한 시장에서 노력을 거듭한다면, 궁극적으로는 세상에 불확실성이 존재한다는 사실에 마음 깊이 감사할 것이다. 왜냐하면 불확실성이 존재한다는 사실, 세상 그 어떤 방법론으로도 주식의 적정 가치를 완벽하게 구하거나 상승할 주식을 완벽하게 예측할 수 없다는 사실 때문에 시장 참여자들 간에 의견이 다양하게 갈리고 누군가는 초과수익을, 누군가는 초과손실을 내게 되기 때문이다. 시장을 완벽하게 예측할 수 있는 성배가 존재한다면 시장은 효율적이라는 의미이고, 효율적인 시장에서는 우리가 아무리 열심히 노력해도 주식 투자를 통해 부자가 될 수 없다.

그러니 오히려 노력하는 사람에게 시장의 불확실성은 고마운 존재다. 게으르게 노력하지 않고 도박하듯이 시장의 불확실성을 즐기며 무책임하게 주식 투자에 임하는 사람들의 부가 초과수익이라는 형태로 노력하는 사람의 주머니로 들어가게 하는 것이 바로 불확실성이기 때문이다.

그런데 아무리 확률적 사고를 강조하는 글을 읽어도, 그 글을 읽을 때는 반짝 고개를 끄덕이다가, 막상 현실에서는 이를 실천하기가 어려운 경우가 많다. 어떻게 해야 제대로 확률적 사고를 배양하고 확률적 우위를 찾아, 본질적인 삶의 방향을 바꿀 수 있을까?

확률적 사고를 한다는 것은 어떤 대상의 표면적인 특성을 살펴 이분법적 결론을 내리는 것이 아니라, 그 본질에 대해 요모조모 뜯어보고 깊게 사고한다는 뜻이다. 결국은 다른 무엇도 아닌 본인의 사고력의 깊이에 의해 승부가 난다. 그리고 본인의 사고력의 깊이를 깊게 만드는 최고의 방법은 바로 일기 쓰기, 글쓰기다.

나는 18세부터 현재까지 20년에 걸쳐 블로그에 1,300편이 넘는 일기를 써왔다. '나를 키운 것은 8할이 일기 쓰기였다'라고 자신 있게 말할 수 있다. 많은 사람이 성공을 위해 무엇을 해야 할지 생각하다가 막막한 느낌을 받는다. 성공으로 정의되는 '결과'를 바라보기에 그렇다. '어떻게 해야 저런 진로를 찾을 수 있을까?' '어떻게 해야 저 대학에 들어갈 수 있을까?' '어떻게 해야 저 직장을 가질 수 있을까?' '어떻게 해야 저만한 돈을 벌 수 있을까?' 이런 고민이 많다면 결과만 바라보고 있는 것이다.

인생을 살아가는 태도와 투자는 일맥상통하는 부분이 있다. 1,000만 원을 가지고 어떻게 해야 1억 원을 만들 것인가 하는 '결과'에 대해서만 고민하다 보면 소소하게 버는 10만 원이 시시해 보이고, 위험한 선택을 하다가 나락으로 떨어지게 된다. 그게 내 20대의 모습이었다. 나는 그래서 숱한 시간을 허비하고 고생만 죽도록 했다.

좋은 트레이더, 좋은 투자자는 목표에 집착하지 않고 매 순간 최선의 확률적 우위가 있는 행위에 집중한다. 1,000만 원이 있든 1억 원이 있든 50%의 승률을 51%, 52%로 만드는 것에 집중하고 이를 꾸준히 반복해나갈 뿐이다. 그리고 그 결과를 받아들인다. 반면 어리석은 투기꾼은 1,000만 원으로 1억 원을 만들기 위해 승률을 올리기보다는 베팅 사이즈를 키우고 리스크를 늘린다. 그렇게 모든 것을 잃어버리고 만다.

일기는 공허해질 수 있는 내 정신을 단단하게 채워주었다. 정말로 일기 쓰는 것 하나만 제대로 하면 성공적인 삶을 살 수 있다. 일기를 쓰는 행위는 비단 주식 투자뿐만 아니라 내가 삶에서 맞닥뜨리는 선택의 순간에 옳은 선택을 할 확률을 50%에서 51%, 52%로 올리는 가장 확실한 방법이다. 단기적으로 나타나는 결과에 현혹되지 말기를 바란다. 눈앞의 시험을 망쳐도, 운 좋게 찍은 것이 다 맞아도 그 결과에 휘둘리지 말고 꾸준히 본질적인 승률을 높이고 사고의 깊이를 더 깊게 만드는 데만 집중하자. 그러다 보면 언젠가 원하는 곳에 다다를 수 있으리라 믿어 의심치 않는다. 일기 쓰기에 대해서는 다음 마지막 장에서도 조금 더 이야기하겠다.

당신은 정녕 행복하기 위해 경제적 자유를 꿈꾸는가?

지금까지 투자를 통해 경제적 자유에 도달하는 여러 방법을 거시적인 관점에서 하나씩 살펴보고 공부의 방향과 로드맵을 제시해보았다. 그런데 우리가 알다시피 경제적 자유는 인생의 최종 목표가 아니라 행복을 얻기 위한 수단에 불과하다. 경제적 자유가 추구하는 것은 본질적으로 행복이라는 사실을 잊어선 안 된다. 이 책을 마무리하면서, 내가 십수 년간 금융의 세계에서 살면서 행복이라는 주제에 대해 깨달은 바를 진심을 다해 전하고자 한다.

우리는 살아가면서 내가 아닌 다른 외부적인 것에 희망을 투영할 때가 많다. '돈 많은 사람과 결혼하면 경제적으로 더 나아지지 않을까?' '내조 잘하는 사람과 결혼하면 집에서 따뜻한 세끼를 먹게 되지 않을까?' 새로운 정치인이 등장할 때마다 '저 사람이 우리 살림살이를 좀 더 나아지게 하지 않을까?' 생각한다. 족집게처럼 투자 종목을 집어주고 수익을 보장한다는 광고를 볼 때마다 '이들이 하라는 대로 하면 나도 파이어족이 될 수 있지 않을까?' 하는 희망을 품는다. 그러나 그렇게 외부에 의지하고 타인에게 의탁한 희망은 언제나 실망과 원망으로 이어지기 마련이다.

돈이 행복을 가져다준다는 생각

취리히대의 연구진이 쓴 'Does Marriage Make People Happy, Or Do Happy People Get Married?(결혼이 사람을 행복하게 만드는 것일까, 아니면 행복한 사람이 결혼하는 것일까?)'라는 논문이 있다. 연구진은 약 1만 5,000명에게서 17년간 수집한 데이터 13만 개를 분석한 결과, 결혼 전에 행복했던 사람이 결혼 후에도 행복하며 결혼 자체가 대단한 변화를 가져오기는 어렵다는 결론을 내렸다.

자본주의 사회에서 많은 것을 돈이 규정한다는 것은 부인할 수 없는 사실이다. 그래서 많은 사람이 본인의 문제를 돈 탓으로 돌린다. 결혼 상대가 자신을 행복하게 만들어줄 것이라는 희망에 자신을 의탁하는 것처럼, 현재 자신의 괴로움은 전부 돈이 없어서 생긴 것이라고 생각하면서 돈만 많으면 행복해질 것이라는 희망에 자신을 의탁한다.

행복에 대한 심도 있는 고민이 선행되지 않은 채 돈을 벌려고 노력하는 것은 정상에 무엇이 있는지도 모른 채 열심히 산을 오르는 것과 같다. 산을 오르는 과정이 아무리 불행해도 '아직 산을 덜 올랐기 때문'이라며 계속해서 잘못된 길을 오른다. 막상 정상에 도달했더니 애초에 목표한 산이 아니었다면 얼마나 허탈할까? 우리는 우리에게 주어진 일주일 중 최소 5일은 돈을 벌기 위해 직장 생활을 한다. 나머지 이틀도 돈에 대한 걱정에서 자유롭지 않다. 그렇게 우리 삶의 큰 부분을 차지하는 돈이라는 주제에 대해 진지하게 고민하는 시기는 빠르면 빠를수록 좋다.

괴로움의 반대말은 자유가 아니다

경제적 자유를 추구하는 이유에 대한 답은 표면적으로 다양할 수 있어도 그 본질은 모든 사람에게 똑같다. 쾌락을 추구하고 욕망을 충족하기 위해서, 그리고 인생을 살아가면서 생기는 괴로움을 없애기 위해서인데, 사실 이 둘은 동전의 양면과 같기에 그저 '괴롭지 않기 위해서'라고 요약할 수 있을 것이다. 쾌락을 마음껏 추구하지 못해서 생기는 갈증 또한 괴로움이기 때문이다.

보기 싫은 상사가 있는 회사를 계속 다녀야 하는 괴로움, 치료를 받아야 하는데 병원비를 내지 못하는 괴로움, 부모님께 많은 용돈을 드리지 못하는 괴로움, 사고 싶은 것을 사지 못하는 괴로움, 멋진 스포츠카나 고급스러운 집을 사지 못하는 괴로움…. 우리는 이런 괴로움을 없애려고 경제적 자유를 추구한다. 괴로움의 본질은 '세상이 내가 원하는 대로 컨트롤되지 않는 것'에 있다. 그리고 경제적 자유는 세상의 많은 것을 컨트롤할 수 있게 하면서 괴로움을 줄여준다. 가지고 싶은 것을 가질 자유, 하고 싶은 것을 할 자유, 하기 싫은 것을 하지 않을 자유를 준다.

문제는 자유가 괴로움의 반대말이 아니라는 사실이다. 자유가 많아진다고 해서 괴로움이 줄어드는 것은 아니다. 본인의 소원을 적은 목록을 흔히 버킷 리스트(bucket list)라고 한다. 그런데 오늘은 자신의 괴로움을 적은 페인 리스트(pain list)를 한번 만들어보길 바란다. 버킷 리스트에 있는 소원 중 이루어지지 않고 괴로움이 되어 페인 리스트에 올라가는 것도 있을 것이고, 친구를 비롯한 인간관계 문제, 자식·부모·형제 갈등, 몸 건강 상태, 늙는 것에 대한 두려움, 헤어지거나 사별한 사람에 대한 그리움, 불안·우울증 등 정신 건강 문제, 사고 싶은 것을 사지 못하는 괴로움, 취미 생활하고 싶은데 부족한 여가 시간, 타인에 대한 부러움, 질투, 충족되지 않은 인정 욕구, 다니기 싫은 직장, 외모에 대한 불만족 등 숱하게 많은 항목이 페인 리스트에 오를 것이다.

페인 리스트를 다 작성했다면 그중에서 어떤 항목이 돈으로 해결 가능한지 표시해보기를 바란다. 사고 싶은 것을 사지 못하는 괴로움, 다니기 싫은 직장, 충족되지 않은 인정 욕구 같은 것은 돈으로 해결 가능하겠지만 인간관계, 자식·부모·형제 문제, 노화나 건강, 헤어진 사람과 그리움, 정신 건강 등은 돈만으로 해결하기는 어려울 것이다.

[그림 10-1]은 소득 수준에 따른 평균적인 삶의 만족도를 나타낸다. 소득이 일정 수준에 이르기까지 만족도는 비례해

[그림 10-1] 소득과 행복도

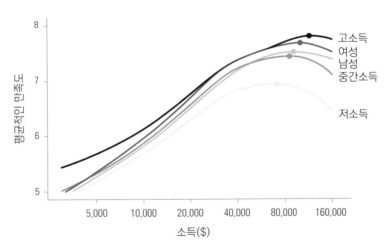

자료: 'Happiness, Income Satiation, and Turning Points Around the World'
(by Andrew T. Jebb et al., 2018)

상승하지만, 소득이 어느 정도에 이르면 만족도가 오히려 떨어지는 것을 볼 수 있다. 여기서 분명히 강조하고 싶은 것은, '행복에서 돈은 중요하지 않다'라는 진부하면서도 사실이 아닌 이야기를 하려는 것이 아니라는 점이다. 돈이 없으면 불행할 확률이 확정적으로 높아지고, 돈을 벌면 벌수록 행복해진다는 것은 부인할 수 없는 사실이다. 일정 수준의 부가 축적되면 추가적인 부에 따르는 행복도 상승이 점점 미미해지긴 하지만, 그 '일정 정도'에 이르기 위해서는 꽤 높은 소득을 달성해야 한다.

그러면 그 소득까지 갈 수 있을지 없을지도 모르는 상황이니 일단은 돈 버는 데 집중해야지 왜 지금 탁상공론을 하고 있느냐고 물을 수도 있을 것이다. 하지만 자신의 삶에 대해 조금 고민해보는 데 대단한 시간이나 자원이 드는 것은 아니다. 당신이 원하는 만큼의 부를 이룰 수 있을지 없을지는 당연히 모르지만, 만약에 이루게 되었을 때 후회하는 일이 없기 위해서는 반드시 지금, 아직 경제적 자유를 얻지 못했을 때 이에 대한 철학을 정립해놓아야 한다.

부와 행복의 상관관계

그런데 왜 부가 일정 수준 쌓이면 더 이상 행복도에 영향을 주지 못하는 것일까? 그 이유는 페인 리스트에서 보았듯

〔그림 10-2〕 부와 행복도

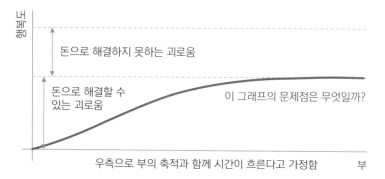

이, 괴로움 중에는 돈으로 해결하지 못하는 항목이 있기 때문이다.

　다만 [그림 10-2]와 같은 그래프를 우리의 삶에 곧이곧대로 적용하기에는 부족한 점이 있다. 먼저 이 그래프는 수많은 사람의 데이터를 '평균한' 것이기에 현실적으로는 개개인의 특성에 따라 천차만별의 결과가 나올 것이다. 또한 이 그래프는 시간의 흐름에 따른 부의 축적을 보여주는 것이 아니라 특정 시점에서 다양한 소득 수준의 사람을 조사한 뒤 평균하여 만든 그래프라는 것을 염두에 두어야 한다.

　다시 말해서 '홍길동'이라는 사람의 부가 월 200만 원에서 월 2,000만 원으로 증가함에 따라 그의 행복도가 어떻게 변화하는지를 보여주는 그래프가 아니라, 월 200만 원을 버는 사람들의 평균 행복도와 월 2,000만 원을 버는 사람들의 평

〔그림 10-3〕 시간의 흐름에 따른 부와 행복도

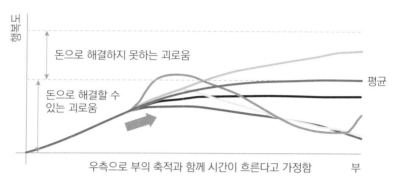

균 행복도를 비교하는 그래프다. 우리에게 중요한 것은 전자, 즉 그래프의 좌측에서 시작해 부를 축적하면서 우측으로 이동하려고 할 때 시간의 변화에 따라 어떤 일이 일어나는지에 대한 질문이다. 그 양상은 사람마다 천차만별이겠지만 대표적인 케이스 몇 개는 상상해볼 수 있다.

[그림 10-1]이 소득 계층별 행복도를 비교한 그래프라면 [그림 10-2]와 [그림 10-3]은 시간의 흐름에 따른 부의 축적과 행복도의 변화를 보여주는 그래프다. 이 그래프에 해당하는 여러 가지 시나리오를 살펴볼 수 있다.

쾌락과 행복의 상관관계

첫 번째 시나리오로 '돈을 벌면서 쾌락에 탐닉하는 경우'를 살펴보자. 이는 젊은 나이에 돈을 많이 번 사람에게 주로 나타나는 양상이다. 행복에 대한 고민, 자기 절제, 수신이 동반되지 않은 상태에서 돈을 벌기 시작하면 처음에는 돈이 주는 쾌락 때문에 행복도가 가파르게 상승할 수 있다. 그러나 대부분의 쾌락(유흥, 마약 등)은 필연적으로 동전의 양면처럼 괴로움을 반대급부로 동반한다.

술을 마시면 기분이 좋지만 그다음 날 숙취로 괴롭고 살이 찌며 건강이 상한다. 담배를 피우면 기분이 좋지만 심혈관 및 신장이 손상되고 체취도 나빠진다. 모르는 상대와 하룻밤을 보내고 헤어지면 책임 없는 쾌락을 즐길 수 있지만 성병의 위험과 함께 자기애가 하락하고 공허함이 찾아온다. 이런 내용을 나타낸 것이 [그림 10-4]다. 부를 축적함에 따라 쾌락에 탐닉하면 단기적으로는 만족도가 더 올라갈 수 있다. 그러나 시간이 지남에 따라 그 반대급부를 받으며 돈으로 해결할 수 없는 괴로움의 영역이 조금씩 커지게 된다.

즉각적인 반대급부보다 더 심각한 부작용은 따로 있다. 모든 쾌락은 처음 겪을 때 가장 강렬하고 익숙해질수록 무뎌져서 더 강렬한 쾌락이 아니면 이전과 동일한 만족감을 주지 못한다는 것이다. 그로 인해 점점 더 강렬한 쾌락을 찾게 된다. 미국의 마약 중독자는 주로 교육 수준이 낮은 극빈층이라 생각하기 쉽지만 건실하게 사는 사람도 생각보다 많다. 누구나 한번 마약을 경험하고 나면 헤어나지 못하고 나락으로 떨어

〔그림 10-4〕쾌락에 탐닉할 때 부와 행복도

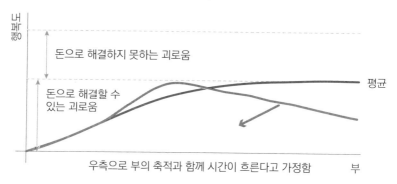

지는 것이다.

　예일대에서 행한 익명의 설문조사에서 학생의 35%가 마약을 한 번 이상 경험했다고 답했다. 다트머스대에서는 100명 넘는 학생이 마약 관련 입건된 일이 있었고, 컬럼비아대의 어느 학생은 수천만 원 상당의 마약을 학교에 유통한 혐의로 구속되기도 했다. 흡연을 습관적으로 하다가 금연하는 사람은 담배를 '끊는 것이 아니라 평생 참는 것'이라고 말한다. 하물며 마약 같은 극한의 쾌락을 경험한 사람은 어떨까?

　성매매도 마찬가지다. 성행위에 노련한 직업여성에게 돈을 주고 하룻밤을 보내는 것에 익숙한 사람이 평범하게 가정을 꾸리고 평생을 일반적인 여성과 함께 안온하고 자극 없이 살아갈 수 있을까? 인간 뇌의 도파민 보상 시스템은 자극의 절대적 수준에 의해 움직이는 것이 아니라 예상치 대비 상대적 수준에 따라 연동되는 기제다. 여기에서 쾌락의 한계 효용 체감의 법칙이 비롯된다.

자기 절제와 수신이 동반되지 않은 채 젊은 나이에 큰돈을 벌어 책임 없는 쾌락을 즐기는 사람은 한계 효용 체감의 법칙과 쾌락에 따르는 부작용 때문에 시간이 흐를수록 행복도가 낮아지고 새로운 괴로움이 생겨나는 경험을 하게 된다. 그리고 이렇듯 절제하지 않고 사는 사람의 부가 제대로 유지될 리없다. 부를 늘리는 것뿐만 아니라 지키는 데도 청명한 정신과 부단한 노력이 필요하기 때문이다. 따라서 쾌락에 탐닉하는 경우는 시간이 흐를수록 부마저도 감소하면서 행복도가 더하락하는 최악의 상황이 벌어지게 된다.

젊은 나이에 어마어마한 돈을 벌어 일찍 은퇴하는 사례로 미국의 운동선수를 들 수 있다. 미국의 스포츠 주간지와 NBA 선수협회에 따르면, NBA 농구 선수의 60%와 NFL 축구 선수의 78%가 은퇴 후 5년 내로 재정적 어려움을 겪고 이 중 상당수가 파산한다. 다른 연구 논문에서는 이들의 파산율을 15%로 본다. 일반인과 비교도 안 되게 높은 수치라는 사실은 분명하다. 흔히 경제적 자유가 대단한 만병통치약인 것처럼 숭상되지만, 그 자유라는 것이 행복의 동의어가 아니란 점, 그 자유를 감당할 준비가 안 된 사람에게는 양날의 검이 될 수 있다는 점을 명심해야 한다.

행복하기를 잠시 미루는 행동

첫 번째 시나리오로 '돈을 벌면서 쾌락에 탐닉하는 경우'를 보았다. 이제 두 번째 시나리오로 그 반대 지점에 있다고 할 수 있는 '경제적 자유를 위해 현재의 행복을 포기하는 경우'를 살펴보자.

나는 하루하루를 즉흥적으로 사는 욜로(YOLO)식 삶보다는 미래를 위해 저축하고 현재 하고 싶은 일은 일정 수준 절제하는 삶이 더 현명하다고 생각한다. 그런데 지나치게 현재의 고통을 합리화하면서 경제적 자유를 추구하고, 지금 당장 해결할 수 있는 문제마저도 돈 탓으로 돌리며 그 해결 시점을 경제적 자유 이후로 미루는 태도까지 현명하다고 하기는 힘들다. 예를 들자면 돈을 아끼려고 컵라면으로 끼니를 때우고, 병원에 가야 하는데 가지 않으며, 몸을 혹사하거나 지나치게 자린고비처럼 행동하면서 인간관계를 포기하는 행동이 이에 해당할 것이다.

이렇듯 현재의 행복을 포기하며 악착같이 돈을 모았다고 하자. 목표한 부를 달성해 이제 조금 즐기며 살려고 소비 수준을 높이면 그 직후는 일시적으로 가파르게 행복도가 상승할 것이다. [그림 10-5]에서 가운데에 일시적으로 상승하는 구간이 바로 그렇다. 하지만 그 이후는 돈으로 증가하는 행복도가 금방 한계치에 다다르게 된다. 돈으로 해결하지 못하는

〔그림 10-5〕행복을 유예할 때 부와 행복도

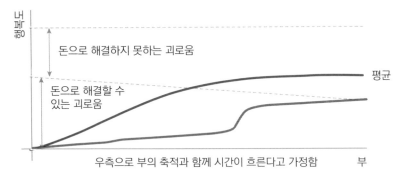

괴로움, 즉 인간관계나 건강 등에서 발생한 괴로움이 오랫동안 방치되어 심각한 상태에 이를 것이기 때문이다. 현재의 행복을 포기할 때는 물론이고 어느 정도 부를 이루었을 때도 행복도가 평균보다 낮음을 알 수 있다.

한편 고통과 스트레스를 지나치게 참아가며 돈을 버는 것도 현명하지 못하지만, 쌓이는 스트레스를 부정적인 방식으로 풀며 부를 축적하는 것도 문제다. 돈을 벌고 부를 쌓는 행위는 현재의 소득 수준을 그냥 유지하는 것에 비해 훨씬 많은 에너지와 스트레스를 요구한다는 사실을 명심하자. 현재의 몸무게를 유지하려면 가벼운 운동으로도 충분하지만 근육을 기르기 위해서는 단기적으로 많은 체력 소모와 피로를 감내해야 하는 것과 마찬가지다. 거기서 오는 긴장과 스트레스를 건전하게 풀어주지 않고 술, 담배, 유흥, 불건전한 인터넷 활동 등으로 해결하면 첫 번째 시나리오와 마찬가지로 반대급부의 괴로움이 쌓이게 된다.

어떤 사람이 이렇게 될 가능성이 높을까? '일단은' 돈부터 벌고 보자는 사람, 돈으로 일정 수준 이상의 행복을 얻을 수 없다는 것을 알지만 그래도 그 '일정 수준'만큼의 돈은 무조건 벌겠다는 사람, 지금 자신의 불행이 모두 돈 때문이라고 생각하는 사람이다.

덜 벌어서 불행하다는 생각

지금까지 부와 행복도의 관계를 쾌락 탐닉, 행복의 유예, 부정적 스트레스 해소의 관점에서 살펴보았다. [그림 10-6]의 중간 구간처럼, 어느 경우나 돈으로 살 수 있는 행복이 적어지는 구간이 있다. 행복에 대한 제대로 된 가치관이 정립되어 있지 않은 상태라면, 이 구간에 들어섰을 때 '내가 아직 덜 벌어서 행복하지 않다'라며 모든 것을 돈 문제로 돌리고 잘못된 방향으로 계속 나아갈 수 있다.

이 악순환에 한번 빠지면 생각보다 헤어 나오기가 힘들다. 왜냐하면 돈을 소비하는 것은 일시적인 만족감을 주기 때문이다. 그래서 점점 더 돈에 집착하면서 돈 버는 일에 매달리게 된다. 벌어도 벌어도 배가 고픈 아귀도(餓鬼道)로 떨어져버리고 마는 것이다.

〔그림 10-6〕돈 때문에 불행하다는 생각이 부와 행복에 미치는 영향

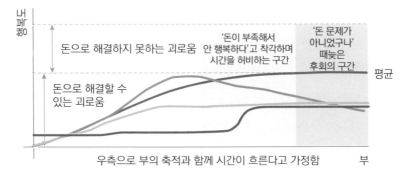

돈이 아닌 행복을 최적화하라

지금까지 부의 축적과 행복도의 관계를 다양한 상황에서 살펴보았다. 원하는 만큼 부를 축적하더라도, 행복에 대한 현명한 가치관을 가지고 그 부를 올바르게 유지하지 않는다면 진정한 의미의 자유에 도달할 수 없다. 그런 상황에 처하지 않기 위해 실천할 내용은 다음의 다섯 단계로 요약할 수 있다.

- 1단계: 페인 리스트를 만든다.
- 2단계: 이 리스트를 찬찬히 보며 내 모든 괴로움이 돈 문제가 아니라는 사실을 직시한다.
- 3단계: 현재 돈이 없어도 해결할 수 있는 문제부터 해결한다.

· 4단계: 올바른 방법과 마인드로 경제적 자유를 추구한다.
· 5단계: 행복을 최적화하는 습관을 들인다.

이 단계 중 1~2단계는 앞에서 다루었다. 다만 페인 리스트에 현재의 괴로움뿐 아니라 미래의 괴로움도 포함해야 한다는 것을 강조하고 싶다. 젊은 사람이라면 노화나 건강 문제 등이 그 예가 될 것이다. 페인 리스트에서 돈으로 해결할 수 없는 문제가 무엇인지 표시하고 내 모든 괴로움이 돈의 문제가 아니라는 사실을 직시해야 한다.

행복과 리스크의 관계

3단계가 필요한 이유는 여러 가지가 있다. 첫째, 인간관계나 건강의 문제는 묵혀둘수록 악화되어 시간이 흐르면 해결이 불가능해질 수 있다. 둘째, 장기적으로 괴로움을 늘리는 부정적인 자극을 추구할수록 도파민 보상 체계가 망가지고 마인드를 변화시키기가 더 힘들어진다. 그리고 무엇보다 중요한 점은, 돈을 벌면 행복해지기도 하지만 그 반대로 행복한 사람이 돈도 더 잘 번다는 사실이다.

미국 로체스터대 생물학자 토마스 카라코(Thomas Caraco)는 흥미로운 실험을 했다. 실험 결과를 'Energy Budgets, Risk and Foraging Preferences in Dark-Eyed Juncos(검은눈방울새의 에너

지 소비, 위험 및 채집 선호도)'라는 논문으로 발표했는데, 주요 내용은 이렇다. 검은눈방울새를 대상으로 두 개의 씨앗 통을 반복적으로 보여주되, 한 통에는 고정적으로 적당량의 모이를 넣어두었고 다른 통에는 굉장히 많은 모이를 넣어두거나 아예 모이를 넣어두지 않았다. 즉 후자는 변동성 리스크가 있는 선택이라고 할 수 있다.

　관찰 결과, 최근에 먹이를 먹은 새는 전자를 선호했고 쫄쫄 굶은 새는 후자를 선호했다. 카라코는 이를 '네거티브 에너지 소비(Negative Energy Budget)'라는 개념으로 설명했는데, 갈증과 추위에 고통당하는 생물은 '적당히 확실한 보상'으로는 어차피 생존 확률을 높일 수 없으므로 리스크가 있더라도 도박을 하게 된다는 것이다.

　흥미롭게도 이런 현상은 사람에게도 관찰된다. 〈월스트리트저널〉의 칼럼니스트 제이슨 츠바이크(Jason Zweig)가 저술한 《투자의 비밀(Your Money and Your Brain)》에 따르면, 1,000명의 미국인에게 부자 되는 방법을 물었을 때 저소득층은 다른 소득층의 두 배인 21%가 복권을 언급했다고 한다. 또한 이들은 적당한 리스크를 회피한 반면 큰 리스크는 다른 소득층보다 50%나 더 많이 선택했다.

　주식시장에서도 비슷한 통계가 나타났다. 자산이 7만 5,000달러 이하인 투자자는 복권 같은 '잡주'에 집중하는 비율이 높았고 이로 인해 연평균 수익률이 5% 정도 뒤처지는 것으로 나타났다. 검은눈방울새의 행동과 비슷한 패턴을 보인 것이다. 따라서 3단계는 비단 본인의 현재 행복뿐만 아니라 투자 성적을 위해서라도 꼭 짚고 넘어가야 한다.

진정한 경제적 자유를 위한 마인드

4단계는 경제적 자유를 추구하는 올바른 방법과 마인드를 갖추는 것인데, 이는 1장에서 충분히 설명한 바 있다. 실력을 갈고닦고, 리스크를 적당히 관리하고, 충분한 시간을 들이고, 비효율성을 탐색하는 것이다. 그러나 대다수의 청년은 충분한 시간을 간과해 리스크를 지나치게 높이는 모습을 보인다. 토끼와 거북이의 우화가 주는 "천천히 노력하는 자가 승리한다"라는 교훈을 참고할 필요가 있다.

마지막 5단계는 부가 아닌 행복을 최적화하는 습관을 들이는 것이다. 우리의 궁극적인 목표는 행복이지 돈다발 자체가 아니다. 검은눈방울새와 츠바이크의 책에 나온 복권의 예시에서 알 수 있듯이, 행복도가 높을수록 시간이 흐르는 것과 비례해 축적되는 부도 더 많아진다는 사실을 잊지 말자.

이제까지 본 행복도와 부의 그래프에서 중요한 것은 부라는 수평축이 아니라 행복도라는 수직축이라는 것을 명심해야 한다(그림 10-7 참조). 우리는 눈앞의 돈을 보고 오른쪽으로 달

[그림 10-7] 부와 행복도의 최적화

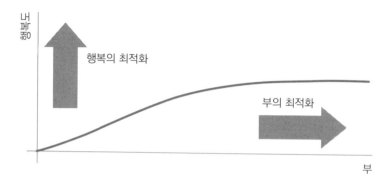

려야 하는 것이 아니라 삶의 본질을 보고 위를 향해 올라가야 하는 것이다. 그리고 이는 사후적인 괴로움을 동반하는 단기적인 쾌락 추구가 아닌 지속 가능한 방식이어야 한다. 그러면 지속 가능한 행복은 구체적으로 어떻게 추구하는 것일까?

예를 들어 여가 시간이 주어졌을 때 어떻게 활용할지에 대한 문제를 살펴보자. 취미(또는 즐거운 부업)를 즐기고 자기계발을 하며 가족과 시간을 보낸다면 부의 축적에는 도움이 안 되겠지만 행복도는 올라갈 것이다. 반면 그 시간에 돈을 더 벌겠다고 쉬지 않고 일하며 스트레스를 많이 받으면 부는 축적되지만 건강과 가족 관계가 악화되며 행복도는 낮아지게 될 것이다(그림 10-8 참조).

시간과 자원을 어디에 쓸 것인지에 대한 선택권이 자기 앞에 놓여 있다면, 무조건 돈을 더 벌어 수평축의 오른쪽으로

[그림 10-8] 여가 활용 방식에 따른 부와 행복도

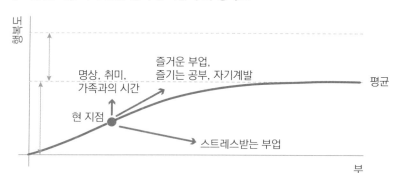

이동하는 데 쓰는 대신 수직축의 위쪽, 즉 행복도를 최적화하는 방향이 어느 쪽인지를 찾아 그리로 향해야 한다. 회사 다니기를 너무 싫어하는 직장인이 있다고 하자. 상사 꼴 보기가 정말 싫어 죽겠고 스트레스도 너무 많이 받는데 그 스트레스를 주말에 취미나 여가 생활을 즐기는 것으로 푼다. 이 경우 스트레스가 적고 다니기 편하지만 돈을 조금 덜 주는 회사로 이직하는 것이 장기적인 행복에는 더 최적일 수 있다(그림 10-9 참조).

행복에 대한 오해

그런데 이런 결정을 내릴 때 반드시 명심해야 할 것은, 근시 안적으로 행복을 최적화하는 것이 아니라 장기적인 관점에서 최적화해야 한다는 점이다. 회사를 그만두고 어설프게 전

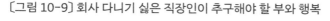

〔그림 10-9〕회사 다니기 싫은 직장인이 추구해야 할 부와 행복

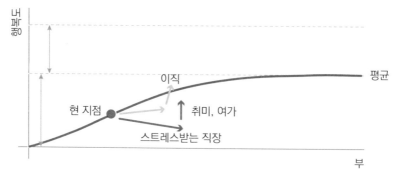

업 투자를 하기로 결정한 사람이 있다고 하자. 사실은 주가가 우상향한 시기여서 시장 환경 덕에 큰 수익을 낸 것에 불과한데 자신의 실력이 좋고 투자라는 것이 너무 쉽다고 착각해 회사를 그만둔 것이다. 초기에는 손실을 조금 보더라도 상사 볼일 없고 업무 스트레스도 없어 행복할 것이다. 그렇다고 해서 행복도를 최적화한답시고 그런 결정을 내려도 될까?

당연히 아니다. 직장 생활을 할 때는 업무에서 비롯되는 기분에 따라 행복도가 오르고 내리기는 하지만 부는 계속해서 축적된다. 반면 전업 투자를 하는 순간 행복도와 부는 함께 오르내린다. 이는 자칫 손실이 나면서 심적 고통을 겪고 그 고통 때문에 더 도박처럼 투자하게 되는 악순환을 만들어낼 수도 있다(그림 10-10 참조). 그러다 보면 부가 하락하면서 행복도가 필연적으로 동반 하락하는 결과를 불러올 수 있다.

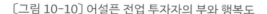

[그림 10-10] 어설픈 전업 투자자의 부와 행복도

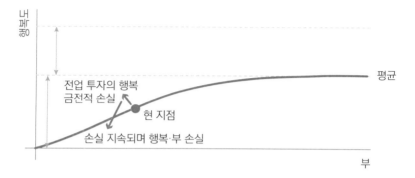

인간관계를 예로 들어보자. 우리는 부모에게 좋은 자식이 되고 싶고 자녀에게 좋은 부모가 되고 싶다. 그래서 더 열심히 일해 수입을 100만 원 올린 후 부모에게 용돈을 더 드리거나 자녀에게 장난감을 더 사줄 수 있을 것이다. 이렇게 되면 번 만큼 소비하는 것이니 내 소득 수준은 그대로 원점일 것이나 그 소비를 통해 자식 노릇, 부모 노릇을 더 잘할 수 있으니 행복도는 올라갈 것이다.

그런데 만약 부모가 돈이 부족한 상황이 아니거나 아이가 이미 많은 장난감을 가지고 있다면, 자식 혹은 부모로서 추가 근무나 부업 등으로 건강까지 상해가며 돈을 더 버는 것보다 그 시간에 부모나 자식의 얼굴을 자주 보는 것이 훨씬 나을 것이다(그림 10-11 참조).

지금까지 언급한 것은 예시일 뿐이다. 강조하고 싶은 것은

〔그림 10-11〕 효도 관점의 부와 행복도

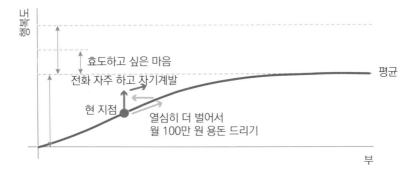

부가 아닌 행복을 최적화하며 살아야 한다는 것이다. 다시 말하지만 돈이 행복에 중요하지 않다는 뜻은 절대 아니다. 그저 내가 가진 한정된 시간과 자본, 마음의 여유, 스트레스를 감당할 여력 등을 무조건 돈 더 버는 데 쓰는 것은 최선이 아니라는 이야기를 전하고 싶다. 내가 가진 것을 돈 버는 데 투입하고 그렇게 더 번 돈으로 얻게 되는 행복이 있을 것이고, 직접적으로 행복을 추구하는 데 투입해 얻게 되는 행복이 있을 것이다. 이에 대한 판단은 단기적인 쾌락보다 장기적인 행복의 관점에서 신중하게 생각해야 한다.

일기 쓰기, 그 단순한 행위의 중요성

행복을 최적화하려면 자신이 추구하는 행복이 무엇인지에 대한 깊은 이해가 선행되어야 한다. 부와 행복도의 그래프에서 우향(부의 증가)이 아닌 우상향(부와 행복도의 동시 증가)은 생각보다 어렵다. 기본적으로 자신에 대한 이해가 필요하고 꽤 높은 수준의 메타인지도 요구된다. 9장 후반부에서도 일기 쓰기의 중요성을 잠깐 강조했지만, 자신에 대한 이해와 메타인지를 키우는 가장 좋은 방법은 바로 일기를 쓰는 것이다. 일기는 단순히 일과를 쓰는 것보다는 고민거리나 생각할 거리에 대해 한 줄이라도 더 적어보며 되도록 장문으로 쓰는 것이 좋다. 예를 들어 미래가 막막하게 느껴진다면 그 막막함에 대해 한 줄이라도 더 적으며 고민해야 한다.

일기는 사고 수준을 높인다

남보다 앞선 삶을 산다는 것은 남보다 좋은 차, 좋은 집, 좋은 대학 간판, 더 많은 돈을 가지고 있다는 뜻이 아니다. 남보다 앞선 삶을 산다는 것은 남보다 앞선 사고 수준을 가지고 있다는 뜻이다. 누구나 이런 후회를 해본 적이 있을 것이다. '아, 내가 지금 알고 있는 것을 중학교 때 알았다면' '고등학교 때 그렇게 하지 않고 이렇게 했다면' 하는 생각 말이다. 만약에 현재의 의식 수준을 가지고 초등학교로 돌아간다면 얼마나 더 성공적인 삶을 살 수 있을까? 단순히 물질적으로 성공한 삶뿐만 아니라 후회가 적은 삶을 살 수 있을 것이다.

나는 20대 성인이 되면서 '이제 나도 다른 어른들처럼 높은 의식 수준을 가지게 되었다'라고 느꼈다. 그런데 20대 후반, 30대 초중반, 30대 후반을 지나면서 보니 전혀 그렇지 않았다. 높은 의식 수준을 가진 사람은 낮은 의식 수준을 가진 사람을 이해할 수 있지만 그 반대는 불가능하다.

사람은 누구나 자신의 현재 의식 수준으로 세상을 바라보면서 타인의 의식 수준도 자신과 같을 것이라고 착각한다. 초등학생이 부모에게 어쭙잖은 거짓말을 하면서 들키지 않으리라 생각하는 것과 비슷하다. 그러나 살면 살수록 사고의 깊이에는 끝이 없다는 것을 느낀다. 아마 대부분은 자신이 도달할 수 있는 깊이의 사고 수준에 도달하지 못한 채 생을 마감할 것이다. 이것이야말로 우리가 두려워해야 하는 것이다.

우리는 살아가면서 많은 생각을 하지만 그 대부분은 스쳐지나가거나 멀리 날아가 버린다. 그런데 일기를 통해 그 생각을 붙잡아 문장으로 옮기고 나면 그 문장이 닻이 되어 그 주제와 관련해 더 깊은 사고로 들어갈 수 있다. 마치 깊은 지하로 내려갈 때 중간에 머물 지점을 설치하면 더 깊이 내려갈 수 있는 것과 같다. 이런 연습을 매일 하다 보면 어느 순간 자신의 사고력이 향상되었음을 느끼게 되고, 그렇게 재미를 붙이면서 점점 더 가속이 붙는다. 그렇게 5년, 10년 지나면 어쭙잖게 눈앞의 돈을 좇는 데 시간을 허비하는 사람보다 훨씬 앞선 삶을 살고 있을 것이다.

일기는 승률을 높이는 최고의 수단

이전 장에서도 강조했듯이 현명한 사람, 좋은 투자자는 목표에 집착하지 않고 매 순간 최선의 확률적 우위에만 집중한다. 1,000만 원이 있든 1억 원이 있든 50%의 승률을 51%, 52%로 만드는 것에만 집중하고, 이를 꾸준히 반복하며 그 결과를 받아들인다. 삶에서 승리하는 것도 마찬가지다. 자신의 본질적인 실력을 키우고, '나'라는 동전의 승률을 1%라도 올리기 위해 수신(修身)하며 결과에 일희일비하지 않고 묵묵히 나아가야 하는 것이다.

물론 실력을 등한시하고 리스크만 엄청나게 진 투기꾼 중에서도 운이 좋아 성공하는 사람은 예나 지금이나 나올 것이다. 그러나 그런 사례에 현혹되어서는 안 된다. 동전의 앞면과 뒷면을 연속으로 몇 번 맞혔다 하더라도 동전을 던지는 횟수가 많아지면 적중 확률은 결국 통계적 승률인 50%로 수렴하기 때문이다. 인생도 마찬가지다. 젊은 날에 반짝 운이 좋아 성공해도 한순간에 몰락해버리는 일이 비일비재하다.

일기를 매일 꾸준히 쓰다 보면 자신의 삶과 그 스토리에 점점 더 애정이 생기는 것을 느끼게 된다. 일기는 내 삶이라는 책이다. 그 책에 자랑스럽고 값진 흔적을 남기다 보면 남이 보기에 부러울 정도로 많은 돈을 벌어 남보다 몇 년 더 일찍 은퇴하는 것 따위는 무의미해진다. 일기는 내 정신을 단단하게 채워준다. 정말로 일기를 쓰는 것 하나만 꾸준히 제대로 해도 성공적인 삶을 살 수 있다. 일기를 쓰는 것이야말로 인생과 투자의 승률을 50%에서 51%, 52%로 높이는 가장 확실한 방법이다.

단기적으로 나타나는 결과에 현혹되지 말기를 바란다. 눈앞의 시험을 망쳐도, 운 좋게 찍은 것이 다 맞아도 거기에 휘둘리지 말고 본질적인 승률이라 할 수 있는 사고의 깊이에만 집중하다 보면 원하는 곳에 다다를 수 있으리라 믿는다.

투자에서 명상의 효용

한편 세상에는 시간, 자본, 마음의 여유 등 내가 가진 한정된 자원을 쓰지 않고도 행복도를 높이는 방법이 존재한다. 이에 대한 힌트를 석가모니의 삶에서 얻을 수 있다. 종교 이야기를 하는 것이 아니다. 게다가 불교는 본질적으로 종교가 아

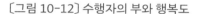

〔그림 10-12〕 수행자의 부와 행복도

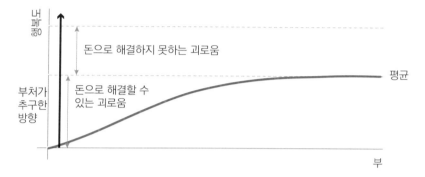

니다. 절을 하고 소원을 비는 등의 기복적인 요소는 나중에 사회적으로 덧붙여진 것이며 석가모니는 사실 생로병사의 괴로움에서 어떻게 벗어날 수 있을지를 평생 연구한 철학자라고 할 수 있다.

[그림 10-12]에서 수직으로 상승한 직선이 바로 부처가 추구한 방향, 모든 괴로움에서 벗어나 해탈에 이르는 길이라고 할 수 있다. '투자 입문서에서 뜬금없이 웬 해탈이냐?' 하는 의문이 들 것이다. 출가해 해탈하자는 이야기를 하려는 것이 아니다. 그저 석가모니를 비롯한 여러 선현이나 수행자의 삶에서 행복을 추구하는 데 유용한 힌트와 팁을 가져와 이용하자는 것이다.

금융계가 주목하는 명상의 중요성

우리가 수행자의 삶에서 가져올 수 있는 유용한 팁 가운데 대표적인 것이 바로 명상이다. 공교롭게도 미국의 전설적인 퀀트 펀드인 PDT 파트너스를 이끌었던 피트 뮬러는 요가와 명상 마니아로 알려져 있고, 세계 최대 헤지펀드인 브리지워터 어소시에이츠 설립자 레이 달리오는 자신의 성공에 명상이 다른 그 어떤 요인보다 크게 작용했다고 이야기한 적이 있다. 미국 최고의 투자은행 골드만삭스는 몇 년 전부터 직원에게 명상 프로그램을 지원했다.

금융계는 왜 명상의 중요성에 눈을 뜨고 있는 것일까? 아마도 명상을 통해 마음을 비우는 효과 때문이 아닐까 싶다. 2장에서 독립적인 의사 결정이라는 주제에 대해 다루었지만, 주식시장에서 전날의 이익이나 손실에 감정적으로 영향을 받아 그다음 날 의사 결정을 잘못 내리는 경향은 일반 투자자는 물론이고 노련한 트레이더나 투자자에게서도 자주 목격된다. 어제의 이익이 자만과 느슨함으로 이어지기도 하고, 어제의 손실이 스트레스와 조급함으로 이어지기도 한다.

매일 명상을 통해 마음을 비운 후 언제나 새로운 눈으로 어제 이익을 냈든 손실을 냈든, 지금 보유한 포지션이 무엇이든 관계없이 의사 결정을 할 수 있다면 얼마나 좋을까?

초심자의 행운

흔히 투자를 처음 하는 사람이 초기에 좋은 결정을 내리는 현상을 초심자의 행운이라 부른다. 내가 보기에 초심자의 행운은 경험이 없어 완벽하게 비어 있는 마음 덕분이기도 하다. 마음이 비어 있기에 이성적이고 합리적인 의사 결정을 할 수 있는 것이다. 실제로 경영학의 명문 펜실베이니아대 와튼스쿨에서 226명의 트레이더를 대상으로 연구한 결과, 명상을 많이 하는 트레이더의 수익률이 통계적으로 유의미하게 높았음이 드러났다.

인간의 자율 신경계는 교감신경계와 부교감신경계로 나뉜다. 교감신경계는 스트레스 상황에서 발동해 몸을 긴장시키고 맥박을 빠르게 하며 위급한 순간에 순발력을 발휘하게 해준다. 우리의 먼 조상은 맹수와 함께 살았기에 교감신경계의 역할이 생존에 필수적이었다. 하지만 현대인에게 교감신경계의 활성화 필요성은 그리 크지 않다. 문명의 발전과 생물학적 진화의 속도 차이 때문에 불필요한 스트레스와 긴장을 느끼고 있는 것이다.

상사가 소리를 지르거나 배우자와 싸울 때, 생존에 문제가 없는데도 교감신경계는 자동으로 반응한다. 이 외에도 스마트폰, 게임, 포르노, 각종 자극적 커뮤니티, 악성 댓글 등이 교감신경계를 흥분시켜서 코르티솔 같은 스트레스 호르몬을 분비하는 동시에 행복을 주는 세로토닌 분비를 저하시킨다. 이런 현상이 만성적으로 나타나면 각종 건강 관련 문제가 생긴다.

가장 손쉬운 해결책, 호흡

교감신경계와 반대로 길항 작용으로 진정과 긴장 완화 기능을 해주는 것이 부교감신경계인데, 불안감과 스트레스를 줄여주고 정신 치유 효과를 준다. 명상에 관해 오랫동안 연구해온 하버드 의대 허버트 벤슨(Herbert Benson) 박사의 연구팀에 따르면, 만트라 명상 같은 활동은 교감신경계를 활성화하는 유전자 발현을 억제해 체세포 손상을 예방해주는 효과가 있다. 이에 대해 더 알고 싶은 사람은 서울대 심리학과 고 장현갑 교수가 지은 《명상이 뇌를 바꾼다》라는 책을 참고하기를 바란다.

명상의 순기능에 대한 학술적인 연구가 많고 책도 많아서 명상이 좋다는 것을 잘 알지만 막상 실천하기는 어려운 것이 사실이다. 대부분 작심삼일로 끝날 것이다. 같은 처지였던 내가 효과를 본 방법은 시간이나 돈 없이도 할 수 있는 간단한 명상, 바로 호흡을 깊게 하는 것이다. 주기적으로 숨을 깊게 들이쉬고 내쉬기만 해도 부교감신경계가 활성화되면서 삶의 만족도가 올라갈 수 있다.

우리는 대부분 가슴으로 하는 얕은 호흡을 한다. 이제 배로 하는 깊은 호흡으로 바꾸어보자. 깊은 복식호흡을 의식적으로 하자. 잊더라도 다음에 생각났을 때 다시 하면 그만이다. 걱정거리나 스트레스가 있을 때는 아마 본인도 모르게 큰 심호흡을 할 것이다. 이런 호흡은 부교감신경계를 활성화하는 효과가 있다.

무의식 관리법

마지막으로 명상이나 호흡 외에 행복도를 높이는 데 필수적인 것 하나를 더 강조하고 싶다. 무의식을 관리하는 것이다. 우리의 의식 저변에 깊고 넓은 무의식의 세계가 존재한다는 심리학자의 이야기를 많이 들어보았을 것이다. 이 무의식을 관리하는 것은 생각보다 중요하다. 아주 어릴 때 보고 듣고 경험하는 것은 필터링 없이 무의식에 쌓인다. 그래서 아이에게 텔레비전 같은 영상을 보여줄 때는 매우 조심해야 하며, 미국심리학협회에서도 이에 대해 부모들에게 조심할 것을 강력하게 권고한다. 나이가 들어서도 부정적인 경험·감정·스트레스가 무의식에 많이 쌓이면 부정적인 아웃풋이 많아지는데, 이 사실을 자각하는 사람은 많지 않다. 게임, 포르노 같은 자극을 추구하고 인터넷 공간에서 악성 댓글을 다는 행위는 전부 무의식에 악영향을 준다.

자신의 부정적인 경험이나 감정을, 자극을 추구함으로써 풀거나 타인에게 부정적인 방식으로 풀게 되면 이는 다시 자신의 무의식에 피드백되는 악순환이 이어진다. 악성 댓글의 경우 내가 너무 괴로워서 그것을 분출하려고 다른 사람의 기분을 나쁘게 하려는 행동인데, 사실 이 분출을 가장 생생하고 밀접하게 체험하는 사람은 다름 아닌 자기 자신의 무의식이다. 자신에게 가장 큰 해가 가는 것이다. 그리고 이렇게 무의식에 쌓인 부정적 심상들은 자신이 긍정적인 생각을 하고 행복을 찾아가는 데 두고두고 방해 요소가 된다.

무의식을 관리한다는 것은 너무나도 추상적인 개념이고 실천하기도 힘든 일이다. 내가 실천해서 효과를 보고 있는 굉장히 간단한 팁 하나를 소개하겠다. 바로 긍정적인 경험을 의식적으로 인지하는 것이다. 최소한 하루에 한 번은 좋고 행복한 경험이 있을 텐데, 그런 기억을 품기 위해 의식적으로 노력하는 것이다. 아무리 고단하고 힘든 하루였어도 사소한 행복 하나쯤은 있을 것이다. 몹시 갈증이 나는데 시원한 물을 한 잔 마셨다든지, 고단한 일과를 마치고 침대에 누워 평온함을 느꼈다든지, 이때 느낀 행복감을 최대한 무의식에 담으려고 노력해보자. 감사 일기를 쓰는 것도 아주 좋은 방법이다.

행복의 필요조건과 충분조건

이제 작별할 시간이다. 독자가 이 책을 덮더라도 다음 사실을 꼭 가슴에 안고 세상과 시장을 헤쳐나간다면 좋겠다.

10장 서두에서 이야기했듯이 우리가 경제적 자유를 좇는 궁극적인 이유는 괴로움을 피하기 위해, 즉 '세상이 내가 원하는 대로 되지 않는 것'을 피하기 위해서다. 그리고 괴로움 중에는 돈으로 해결할 수 있는 것도 분명히 있기 때문에 돈을 경시하거나 돈을 벌기 위한 노력을 게을리해서는 절대 안 된다. 다만 돈이 모든 괴로움의 만병통치약이 아니라는 사실을 인지하고 경제적 자유를 추구해야 한다.

자유와 행복은 동의어가 아니다. 어린아이에게 불량 식품을 마음껏 먹을 자유나 게임을 마음껏 할 자유를 준다면 그 결과는 불을 보듯 뻔하다. 아이는 성장하는 동안 조금씩 주어지는 자유에 적응해나가며 좌충우돌하는 청소년기를 지나 성인이 되면서 지나온 인생에 대해 후회하게 된다. 그런 과정에서 행복을 극대화하는 자유와 절제의 균형을 배운다.

일반적으로 20~30대가 되어 배우는 절제는 주로 자기 신체를 어떻게 할 것인가에 대한 절제, 인간관계와 사회생활에 대한 절제이지, 금전 관리에 대한 절제가 아니다. 인생 후반이 되기 전에는 대부분 경제적 자유를 얻지 못한 채 항상 금전적으로 제약을 받기 때문이다. 이런 상황에서 급작스럽게 찾아온 금전적 자유는 어린아이에게 불량 식품이나 게임이 무제한 주어질 때처럼 성인을 망가뜨릴 수도 있다.

시카고에서 옵션 트레이더로 일하던 시절 나의 멘토이자 스승이었던 아일랜드 출신 시니어 트레이더는 수년 전 스스로 목숨을 끊었다. 또 건너 아는 다른 지인은 코인으로 떼부자가 되었다가 마찬가지로 스스로 생을 마감했다. 극소수의 극단적인 예시만 드는 것 같은가? 〈포브스(Forbes)〉 설문조사에 따르면, 자산이 1,500억 원이 넘는 400대 부자 중 37%가 평균적인 미국인보다 행복도가 낮았다.

돈은 행복의 필요조건이라는 것은 분명하다. 그러나 충분조건은 아니다. 현재의 모든 불행을 돈 탓으로 돌리고 행복해지려는 노력을 경제적 자유 이후로 미뤄서는 안 된다. 지속가능한 행복은 절제가 동반되어야 한다는 것 역시 잊어서는 안 된다. 이 책을 집어 든 지금 이 순간부터 좋은 음식을 먹고, 명상과 깊은 호흡을 하고, 주위 사람에게 너그러이 대하고, 내게 행복은 무엇인가에 대해 깊이 고찰하면서 점점 행복해지기를 기원한다. 이것이 선행된다면 경제적 자유를 얻을 확률도 높아질 것이다.

에필로그

손실로 고통스러워하는 투자자에게

코로나19 시기에 처음으로 주식을 시작한 독자 중에는 2022년 하락장의 여파로 고통을 받았거나 지금도 그 고통에서 헤어 나오지 못하고 있을 사람이 있으리라 생각한다. 나 역시 20대 시절 마진콜, 반대 매매, 계좌 폭파를 수없이 경험했고 감당할 수 없는 수준의 빚을 진 적이 있다. 그렇다고 해서 여러분의 고통을 다 이해할 수는 없겠지만 '나'라는 개인이 겪어온 과정을 이야기하며 작으나마 도움이 되고자 한다.

손실을 입었다면 '다시 그때로 돌아가더라도 같은 행동을 반복할 것'이라는 사실을 직시하는 것이 중요하다. 어느 품종의 거위는 품고 있던 알이 굴러떨어지면 목을 둥글게 회전하면서 알을 다시 둥지로 밀어 올리는데, 도중에 누가 알을 옆에서 빼도 목 회전을 끝까지 마친다고 한다. 그 행동이 뇌에 프로그래밍된 것이다. 개의 행동도 예측이 쉽다. 주인을 만나면 꼬리를 흔들고, 간식을 주면 침을 흘린다.

인간은 어떨까? 우리는 인간에 대해 많은 환상을 가지고 있지만 인간 역시 뇌에 이미 프로그래밍된 행동을 자동 반사적으로 할 때가 많다. 내가 지금 당신의 뺨을 때리면 당신은 화를 낼 것이다. 소중한 누군가가 아프면 슬퍼할 것이다. 전 재산을 잃으면 너무나 고통스러울 것이다. 술을 마시면 기분이 좋아질 것이고 지나치게 마시면 숙취로 괴로워할 것이다. 자유 의지는 일정 부분 허상이며 인간은 복잡하면서도 단순한 존재다. 우리는 지난 과거에 한 행동 혹은 하지 않은 행동에 대해 후회한다. '왜 그 사람 말을 듣고 투자했을까?' '왜 그때 테슬라를 사지 않았을까?' '왜 비트코인에 투자하지 않았을까?' '왜 쓸모없는 땅에 투자했을까?' 하면서 말이다.

하지만 후회가 성립되려면 '내가 과거로 다시 돌아간다면 그때와는 다른 행동을 할 수 있을 것'이라는 가정이 전제되어야 한다. 하지만 이 가정은 틀렸다. 그 행동이 잘못된 것이라는 사실을 아는 것은 지금 시점이기 때문이다. 이렇게 생각해 보자. 내게 타임머신을 탈 기회가 주어져서 그 후회할 일을 저지른 시기로 돌아갈 수 있다. 그런데 그 시기부터 현재까지의 기억을 지우고 돌아간다면 의미가 있을까?

후회한다는 것은 현재의 내가 과거의 나보다 더 나은 선택을 할 수 있다는 뜻이며, 결국 그 후회스러운 경험을 토대로 더 나은 사람이 되었다는 방증이다. 후회 없는 삶은 앞으로 나아가지 않는 삶이다. 세상에 버릴 기억이나 경험은 하나도 없다. 심지어 과거에 허송세월하며 낭비한 시간조차도 현재의 내게는 소중한 시간이다.

　나는 많은 시간을 낭비했다. 지난 20년 동안 나태함으로 인해 낭비한 시간을 생산적인 곳으로 돌렸다면 8개 국어를 배우고 억만장자가 되어 있지 않았을까 하는 생각도 한다. 당신도 후회하는 시간이 있을 것이다. 하지만 그 시간도 나름의 추억으로 자리 잡았을 것이며 나름의 효용도 있을 것이다. 시간을 낭비해본 사람만이 시간의 소중함을 알게 된다. 아무 짝에도 쓸모없어 보이는 허송세월도 미래의 도약을 위한 준비 과정이었을 수 있다. 우리는 100세 시대를 살고 있다. 1년, 2년, 5년, 10년 늦어지는 것은 아무것도 아니다.

　다만 세상에 버릴 기억이 없다고 해서 모든 시간이 동일한 가치를 지니는 것은 아니라고 생각한다. 과거는 바꿀 수 있다. 과거의 사실관계 자체는 바꿀 수 없지만 그 과거가 가지는 가치는 우리의 의지로 바꿀 수 있다. 지금은 폐지되었지만 사법고시를 예로 들어보자. 10년간 고생하고 있는 사법고시생이 있다. 11년째에 사법고시를 포기하고 평생 알코올 중독자로 살아갈 수도 있고 11년째에 사법고시를 패스해서 향후 대법관까지 될 수도 있다. 어느 쪽의 미래가 될지는 아무도 모른다. 그것은 불확실하다. 하지만 확실한 것은 지난 10년간 고생했던 시절의 가치는 두 가지 미래에 따라 크게 달라진다는 것이다.

　손실 경험도 마찬가지다. 과거의 손실 경험은 똑같은 실수로 반복한다면 아무짝에도 쓸모없는 경험이 되는 것이고, 나아가 그 손실로 빚을 내서 더욱 곤란한 상황에 빠진다면 인생에 두고두고 해가 되는 나쁜 경험으로 남을 것이다. 하지만 과거의 손실에서 교훈을 얻어 추가 손실을 막거나 그 경험을 계기로 자신을 점검하고 열심히 공부해서 재기한다면 그 손실 경험은 인생을 바꿔준 경험으로 남을 것이다.

　지금 겪은 손실은 그 자체로 좋은 것도 아니고 나쁜 것도 아닌, 가치 중립적인 것이다. 내 어리석은 마음이 그것을 고통으로 느끼고 있을 뿐이다. 그 손실이 나쁜 손실이 될지 좋은 손실이 될지는 미래에 달렸다. 그 손실을 어떻게 받아들이고 어떻게 자양분 삼는가에 따라 손실의 과거는 다르게 기록될 것이다.

　손실 경험에서 교훈을 얻고 마음을 다잡는 계기로 삼는다는 것은 말처럼 쉬운 일이 아니다. 그렇기에 큰 손실 이후에도 계속해서 손실이 반복되는 굴레에 빠지는 경우가 있다. 나도 20대 시절 비슷한 일을 겪었다. 지금 그 굴레에 빠진 사람이 있다면 딱 한 가지만 말하고 싶다. '평소라면 냈을 손실을 오늘 내지 않았다면 그만큼의 이익을 본 것’이라고 말이다. 1,000만 원을 투자해 800만 원이 될 것을 900만 원에서 손절했다면 100만 원을 번 것이고, 파생상품시장에서 도박식으로 투자하며 매일 100만 원씩 날리다가 오늘은 참았다면 100만 원을 번 것이다.

미국에서 행한 어느 연구 결과에 따르면 주식 중독은 코카인 중독과 유사하다. 손실을 보았을 때 본전 생각이 절실해져 주식에서 손 떼기가 더 어렵다. 이때 이 말을 명심하자. ‘하루 참을 때마다 하루치의 이익을 얻는 것이다.’

그렇다면 그 하루를 참는 동안 무엇을 해야 하는가? 부정적인 감정을 없애야 한다. 부정적인 감정은 편리하고 중독성이 있다. 아이가 말을 듣지 않을 때 소리 지르고 야단치는 것은 편리한 행동이다. 마음속에 있는 화를 표출할 수 있고 아이에게 공포감을 주어 쉽게 복종하도록 할 수 있기 때문이다. 그러나 아이의 교육에는 결코 바람직하지 않은 일이다.

자신보다 나은 사람을 보며 초라해질 때 질투하지 않고 노력해서 더 나은 사람이 되는 것은 고통스럽고 어려운 일이다. 반면 남을 깎아내려서 지금의 자신과 비슷하게 보이도록 하는 것은 쉽고 편리하다. 일종의 감정적 쾌락을 동반하기도 한다. 이렇듯 부정적인 감정은 중독성을 동반하며 우리는 거기에 쉽게 잠식되고 만다.

자신의 부정적 감정을 가장 가까이서 온전히 받아들이는 것은 다른 누구도 아닌 자기 자신이다. 누구에게 욕을 하거나 악성 댓글을 달 때, 그 욕과 악담을 가장 먼저 듣고 기억하는 것은 자신의 심층 의식이다. 그리고 그렇게 무의식에 쌓이는 기억은 무엇인가 새로운 일을 시도할 때, 밝고 긍정적으로 살려 할 때 발목을 붙잡고 방해한다.

타인의 능력을 시기하면 주위에 재능 있는 사람이 떠나간다. 타인의 명성을 시기하면 주위에 덕 있는 사람이 떠나간다. 타인의 재물을 시기하면 주위에 부유한 사람이 떠나간다. 그러니 자기 자신을 위해서라도 부정적인 감정을 컨트롤하고 없애야 한다. 물론 그 과정은 생각보다 쉽지 않다. 나도 20대와 30대 초반 내내 부정적이고 과격한 생각의 습관을 없애려고 오랜 기간 노력했지만 아직도 부족하다고 느낀다. 아마도 평생 화두로 삼아 풀어나가야 할 숙제가 아닐까 싶다.

마지막으로 하고 싶은 말은 행복하라는 것이다. 나도 아직 새파랗게 젊지만, 이런저런 일을 겪고 나니 엄청난 투자 수익이나 복권 당첨보다도 어려운 것이 온전한 행복임을 느꼈다. 우리가 이렇게 아등바등 살고 주식 투자로 돈을 벌려는 것은 전부 행복하기 위해서라는 사실을 잊지 않으면 좋겠다.

17년 전 일본 유학 시절 나는 하루를 3,000원으로 살았다. 식사는 거의 밥과 김치뿐이었고 고기는 일주일에 한 번 트럭에서 장사하시는 아저씨에게 싸게 사서 먹었다. 지금은 그때보다 훨씬 더 경제적으로 풍족한 생활을 한다. 월가에 있을 때도 많은 연봉을 받았고 내가 오랜 기간 정립한 가설 매매라는 투자 방법론을 통해 그 직장을 그만두고 스타트업을 시작할 수 있는 여유까지 얻었다. 그런데 하루 3,000원으로 살던 일본 유학 시절보다 현재가 더 행복한지는 잘 모르겠다.

내가 다닌 대학은 벳푸라는 온천 도시에 있었는데 해 질 녘이면 룸메이트들과 함께 근처 가정집에서 운영하는 온천 목욕탕에 가고는 했다. 늘 드라마를 보고 있던 할머니에게 100엔을 내고 목욕을 한 후, 근처 편의점에서 '폐장 전 와리비키'라고 하는 반값 도시락을 사서 맥주 한 잔과 함께 먹던 때가 종종 그립다. 이럴 때면 진정으로 행복한 것은 무엇일까, 내가 지금 놓치고 있는 것은 무엇일까, 다시 한번 생각하게 된다.

시장에서 매매를 하다 보면 가끔 손실을 보고 나서 억울하고 공평하지 않다는 생각이 들 때가 있을 것이다. 나도 20대에는 그렇게 생각한 적이 많았다. 그런데 그런 생각이 나를 불행하게 했다. 살면서 세상이 공평하지 않다는 것을 반복적으로 느낀다. 양극화는 점점 심해지고 부모의 재산에 따라 자녀의 삶이 달라지는 시대다. 그런데 개천에서 용이 날 수 있었던 과거는 과연 공평했을까? 자수성가한 사람은 과연 본인의 노력만으로 그렇게 되었을까?

부모에게 물려받는 것은 재산뿐이 아니다. 좋은 유전자는 어쩌면 금수저보다 더 큰 행운일지 모른다. 외모도 유전자이고 노력하는 의지력과 끈기조차 유전자의 영향이 크다. 그럼에도 불구하고 세상에 공평한 구석이 있다면, '행복으로 가는 길'은 누구에게나 가시밭길이라는 점 때문이 아닐까 싶다.

당신이 아는 엄친아나 엄친딸은 애초에 행복을 다 가지고 태어난 것 같은가? '내 친구는 고생 한 번 안 하고 대학도 잘 가고 취직도 잘되던데' '그들은 그저 마냥 행복한 것 같던데' 할 수도 있다. 나는 그런 행복은 무지에서 나오는 행복이라고 생각한다. 내가 말하는 진정한 행복은 조금 다르다.

다섯 살짜리 꼬마가 거짓말하지 못하는 것을 우리는 선이라고 하지 않는다. 그것은 그저 순진한 것이다. 옆에 앉은 학생의 답안지가 잘 보이지 않아서 커닝하지 않는 것, 회사 금고의 비밀번호를 몰라서 훔치지 않는 것, 아무도 뇌물을 제공하지 않아서 뇌물을 받지 않는 것, 우리는 이런 것들을 선하다고 하지 않는다. 진정한 선은 남의 답안지를 볼 수 있어도 자기 힘으로 시험을 보는 것이고, 회사 금고의 비밀번호를 알더라도 금고에 손을 대지 않는 것이며, 누군가가 뇌물을 제공하더라도 이를 거절하는 것이다.

행복도 마찬가지다. 공자가 평생을 사색해 70세가 되어 도달한 경지를 두고 종심소욕불유구(從心所欲不踰矩)라 표현했다. 마음이 하고 싶은 대로 따라 해도 결코 일정한 법도를 벗어나지 않는다는 뜻이다.

　세상의 많은 괴로움은 지나친 쾌락에서 생겨난다. 음식을 지나치게 먹으면 비만이 되고, 물욕에 지나치게 탐닉하면 채워지지 않는 갈증에 허덕이게 된다. 그래서 고락이 윤회한다는 말도 있다. 삶에 괴로움이 있는 것은 결국 중용의 경지에 닿기 위한 기제가 아닐까 생각해본다. 이렇게 생각하면 젊은 시절을 고통과 괴로움 없이 그저 금수저로 유복하게 지내는 것은 수신의 기회를 강제로 박탈당하는 것일지도 모른다.

　금융시장에서 짧은 시기를 놓고 보면 조정 없이 상승하는 주식이 있을 수 있다. 그러나 10년 이상 장기간 조정 없이 건강하게 상승하는 주식은 없다. 인생도 마찬가지다. 우리는 평균 수명 100세라는 말이 나오는 시대를 살고 있다. 젊어 고생은 사서도 한다는 말이 있듯이, 인생 전체를 보면 젊은 시절에 조정을 겪는 것은 꼭 나쁜 것만은 아니라 생각한다.

　물론 이런 생각을 하고 이 책을 읽는다고 해서 바로 손실의 고통이 사라지지는 않을 것이다. 그래서 나는 개인적으로 이런 생각을 수십 번, 수백 번씩 매일 되새겨야 했다. 나도 인생을 덜 살았으니 내 생각이 맞다고 확신할 수는 없다. 그래도 지금 당장 손실로 고통스러워하는 독자가 있다면 그에게 도움이 되고 싶어 개인적인 깨달음과 경험을 공유해보았다.

이 책의 집필을 마무리하면서 아쉬운 점이 참 많다. 여러 투자철학과 투자 전략을 소개하면서 방향성을 잡아주는 투자 입문서의 역할에 충실하려다 보니, 전략별로 구체적이고 심도 있게 다루지 못한 것 같다. 또한 보편성을 획득하기 위해 가장 일반적으로 통용되는 투자 전략만 다루다 보니, 내가 사용하는 가설 매매 방법론을 비롯해 실전적인 전략들은 거의 다루지 못했다. 거시경제와 시황 분석을 다루는 주제도 굉장히 큰 영역인데, 이에 대해서는 언급조차 하지 못했다. 아쉬움을 뒤로한 채 이렇게 작별을 하지만, 언젠가 독자들과 추후 다시 인연이 닿기를 고대한다.

"제 부족한 책을 이렇게 읽어주셔서 진심으로 감사드립니다."

월가아재의 제2라운드 투자 수업

초판 1쇄 | 2023년 2월 15일
　　 2쇄 | 2023년 2월 22일

지은이 　 | 최한철(월가아재)

펴낸곳 　 | 에프엔미디어
펴낸이 　 | 김기호
편집 　　 | 김형렬, 오경희, 양은희
기획관리 | 문성조
마케팅 　 | 박강희
디자인 　 | 채홍디자인

신고 　　 | 2016년 1월 26일 제2018-000082호
주소 　　 | 서울시 용산구 한강대로 295, 503호
전화 　　 | 02-322-9792
팩스 　　 | 0303-3445-3030
이메일 　 | fnmedia@fnmedia.co.kr
홈페이지 | http://www.fnmedia.co.kr

ISBN 　　 | 979-11-88754-76-2 (03320)
값 　　　 | 18,000원